十八~十九世纪
中日沿海地区诗文典籍交流

李杰玲　著

山东人民出版社
国家一级出版社　全国百佳图书出版单位

图书在版编目（CIP）数据

十八～十九世纪中日沿海地区诗文典籍交流 / 李杰玲著. —— 济南：山东人民出版社，2016.12
ISBN 978-7-209-10406-7

Ⅰ. ①十… Ⅱ. ①李… Ⅲ. ①中日文学－诗文研究 Ⅳ. ①F120.3

中国版本图书馆CIP数据核字(2016)第015167号

十八～十九世纪中日沿海地区诗文典籍交流

李杰玲　著

主管部门	山东出版传媒股份有限公司
出版发行	山东人民出版社
社　　址	济南市胜利大街39号
邮　　编	250001
电　　话	总编室（0531）82098914
	市场部（0531）82098027
网　　址	http://www.sd-book.com.cn
印　　装	山东新华印务有限责任公司
经　　销	新华书店
规　　格	16开（169mm×239mm）
印　　张	19.25
字　　数	310千字
版　　次	2016年12月第1版
印　　次	2016年12月第1次
印　　数	1—1000

ISBN 978-7-209-10406-7
定　　价　45.00元

如有印装质量问题，请与出版社总编室联系调换。

聞斯雅舉不亦奇乎即鼓腹謳夫詩熈々其樂只
且豈忘太平盛化之所被也復何言復何言、

寛政庚申南至日

栗原野翁巌彦明題

陳林詩集

大清廣東潮州　陳世德
　　　　　　　林光裕　著
　　　　　　　陳世德

大室濱館中對雨思郷

大室濱館對洲嵐暮雨秋風心不安愁人万里勞遙
海邊樓館對洲嵐暮雨秋風心不安愁人万里勞遙
妻何日帰郷共觴歡

題盡大室濱景圖

觀瀾亭上景松影繞洲嵐海平漁艇過蒹是盡中肴
大室濱館中思故郷

郷山千萬里客舍十三濱絶域言常異實陰恨更頻

仰望初夜月俯憶故郷人唯有西帰夢時々還拜親
同諸老先生上日和山

初過石巻興情多相伴諸賢遊日和嶺上風松總清
秀大湾名港入吟哦

石巻眺望　　　　　　　　　林光裕

山秀水清石卷頭高々樓閣見扁舟俊斯幾日諸君
送遙望海中何處洲

謝客某人　　　　　　　　　陳世德

多謝主人厚愛心席中送物勝千金潮州遠客堪相
喜又見詩章金玉音

石港赴長崎舟中

諸君之名才高賢今天送我囬郷同舩而赴長
崎因作此詩以寓感謝之意　　陳世德

北風吹雲去起汀一帆懸行舟如飛箭日昇照渚煙
主恩多摩悦諸賢檣同舩送我囬舊國與君結勝縁

同諸老先生上東那山

主人同伴喜登山景勝相看幾港濱東海遙望明月
色雲開處々棹舟還

舩中即興

雲開松下北風吟彩鷁開船東港濤囬首天涯堪眺

萍水奇賞

清　廣東潮州　陳世德
　　　　　　　林先裕
　　　　　　　陳讓光

日本陸奧仙臺　志村士轍
　　　　　　　志村弘強
　　　　　　　竹中暢
　　　　　　　勝田長泰
　　　　　　　古山世享

舟中聯句

東那對雪
宿雲凝又散朝雪擁巖巒世德浸影琉璃海搖光白玉
盤世德霧暗明樹色日出照江干裕光鶴舞珠臺曉花開
玄圃寒譲光仙人吹笛到神女捧珠肴世德鸞過瓊岫
銀鷗泛碧瀾譲光行探鮫室坐釣子陵灘暢相見多
詩賦援毫與未闌長泰

其二
雪霽舩腹白鯨霧飛滿澳頭世德樟舟逐隱々暢月色
更悠々䑺天外清風起裕逢間素影瀲灩興未應記
取莁訪戴子猷舟轍

其三
開帆北水灣口繫纜東那石磯弘宮戶灘前曉色神
岡樹上斜暉世凌天嬬岳雪黑出海金華雪飛暢鷺
浪揚空萬丈遠宏引影童圓䑺檣霜慢陳喉産逢月
穿艫照衣轍情与游魚識栗身將押鳥息機弘竹訂
曝網人散松嶺側蒼客歸䑺夜羊漁舟福尊朝木山

枕山樓詩集

閩中陳元輔昌其著

寶劍行

亭亭三尺古太阿豐城有氣衝天河揮空時作蛟龍
吼四壁蕭蕭風雨多十載琴書頻潦倒一囊攜上長
安道玉門萬里覓封侯壯心莫為風塵老塵中有客
試龍泉閃閃寒光掃碧烟丈夫但願遇知己只此相
酬非偶然世路崎嶇多荊棘䭾羸袞敞空欝抑可笑

床頭金不黃偏是腰間有顏色年年匣裏老龍紋幾
少英雄伏此君往往天涯路陸離光怪披青雲
雲氣氤氳結為鐵抱得不平正慷慨悲歌能令易水
寒淒涼不泣杜鵑血君不見囊中頭酒下咽英風千
載猶凜烈

登鼓山歹屴峰

登山須登山之巔竹杖層層路欲仙浪湘千江雲接
水雨餘三月草連天不見草間麋鹿走只有殘碑勒

蚪蚪風鳴石鼓日壇堪揮天一柱扶星斗岩頭望日
幾重重上有堅海上烟消起卧龍佐聯桑麻低萬井
高凌霄漢長諸峰峰火警鯨鯢城裏何人飛聖箭
片連年峰火警諸峰偎首皆北西大地江村鏡一

釣龍臺懷古

峰高旗鼓舊雄藩龍去臺空釣井昏草長慶宮麋鹿
夢有明遠廟林鵑魂銅駝荊棘銷兵氣版圖河山帶
淚痕猶憶當年賢節度重開無鎖鑰開門

雪堂燕遊艸

瓊河發棹　中山程順則寵文著

朝天畫舫發瓊河北望京華雨露多從此一帆
風送杏和艦齊唱太平歌

困關夜泊

八千驛路長今泊困關始明日上危灘茫茫盡
烟水

舟過延津

劍入延津杏光芒仍燭天鹽船明月下彷彿有
龍眠

鷓淡灘

但云灘瀅淡不知心更慘君看灘上人真真驚
破膽不怕灘水滿只愁竹纜斷犯得此心平
灘自平坦

題江郎石

江郎石欲擎天地卓立三峯勢莫文恨不當年
移入峽人脊山水兩稱奇

早秋江上

桐葉初飛古渡頭西風送客過滄洲江上萬里
清加畫漆得勞臣下路秋

京口晚泊

舟過江來落晚潮眼角京口覺蕭蕭青絲纜繫
垂楊下一片風煙似六朝

江天寺二首

六龍南幸布黃金風靜樓舡蕭羽林閒說　至
尊曾一覽江天縹緲白雲渡

右上（表紙）:
大明故陳元贇　著
濃州故元政和尚　著
毘尼薩埵嚴訂正

元元唱和集　全二冊

京都書林
村上勘兵衛

陳元贇ハ大明ノ逋儒、濃州元政ハ風雅ノ高僧両士ノ
親睦ハ水魚ノ如ク互ニ唱詠龍虎ニ似タリ詠詩數ゝ
二輯ニ苟モ風月ヲ嗜ム ノ諸彦文ズ一視ヲ辞ス可カ
ラザルノ書ナリ

書肆謹白

左上:
元元唱和贊外小言
荒集跋白山人陳元贇詩叙
詩貴心無邪志之色也編手常威字物而為之譽
名之色雨心之所ゝ万壑言彷ゝ人各不同公詩以非
親談献ゝ山何雖傭人ゝ詩品人也ゝ
…（漢文続く）…

右下:
（漢文本文）
…
寛文貳年冬十月下浣
　　　日
　　　艸山元政題

左下:
元元唱和集目錄

四言
　奉次草山元政上人和陶元亮年四十篆
　木詩幷序

五言絕句
　崇次竹窻芳押十首錄左代巴慈斤
　次竹第
　次半夜月初啃
　次自高槻歸舩中韻
　次秋夜寓興

五言律
　次偶興
　次旅懐
　次訪隠者不遇
　次草山脱眺

本书的出版，感谢日本国际交流基金的研究资助、江苏省教育厅博士后科研经费（文科，C类）的部分出版资助，同时还感谢广东第二师范学院（原广东教育学院）2013年博士专项研究课题经费的部分出版资助。

前　言　关于中日诗文典籍交流

　　毕生致力于江户时代中日文化交流研究的原关西大学教授大庭修曾经说过：书籍和人是中日交流的两大媒介。诚哉此言。即使在日本的锁国时期，中日之间的书籍和人物往来仍然持续不停，至今有迹可寻。当然，十八、十九世纪的中日诗文交流主要集中在沿海地区，同时伴随着中日沿海地区的经济贸易往来。

　　对于中日之间的书籍交流，我一直很有研究的兴趣。因为我从小就很喜欢书籍。我早就决定，写一本关于书的书。刚好博士毕业后开始研究中日诗歌交流，所以就把选题集中在十八、十九世纪的诗文书籍往来与诗歌唱和上。也正好可以完成苏州大学马亚中教授交给我的博士后研究课题——《清诗纪事》续编中的海外诗歌文献整理这一任务。

　　书籍不仅是历史的见证，于我而言，也是朋友，也是灯。当决定写一些关于书的文字时，书们正一如既往地安静地躺在我身边，等着我翻阅和探索。

　　夜深了，可我知道书还醒着。书一直醒着，所以才能在夜深人静处亮起一盏心灯，照我蹒跚三十年。也让我看到了历史上中日之间密切的文化交流。

　　人生的路总不是直的，中日之间的书籍流通和诗歌唱和也是如此，无论曲折或平坦，书都能照到每个角落，有的地方亮些，有的地方暗些，这是书的脾性，也是书的艺术。留一些空间去摸索、去想象。有盈有虚，是书吸引人之所在。也是研究的作用和意义所在。

　　恰好这时，意大利学者艾柯的《植物的记忆与藏书乐》就在右边的书堆上斜睨着我——她穿着暗绿的衣裳，不张扬，却富有生命感。叶子脉络依稀可辨，仿佛春天一到，马上就会冲破混沌，一片一片鲜绿地跳跃出来——这封面，凝聚着书者的良苦用心：艾柯书中要说的，都藏在这暗绿与叶脉中了！书的生命力，远远超过人的想象。

借助于一本本的书籍，中日之间的交流也成为永久的记忆和珍贵的文化遗产。

因此，书之于人，其重要可想而知。

但要彻底厘清人和书的关系，却又不大可能。正如本书的研究，只是基于过目的文献资料，集中于中日沿海地区的某些重要场景和人物的论述，无法一一详细还原当时情形，有许多细小的地方，还有待以后的探索和发掘。读书益智，论者已多，不须赘言。而对于十八、十九世纪的中日人士来说，书籍不仅是益智之物，更是相互认识、相互理解的主要媒介。书籍自诞生伊始就不离人左右，无论甲骨、竹简，抑或金属、纸张，书写材料一再变化，而其光亮未改，在人类探索世界和自身的漫漫暗途中，书籍始终以灯的形象出现。

而且，这不是一盏冰冷的灯，而是一盏悠久的、温暖的灯。

比如说，公元1736年，一个名叫陈智楷的广东诗人，听说越南有个老乡鄚天赐（祖籍雷州），时禅父位，任河仙镇长，把个蛮荒之地治理得俨然孔孟之乡。《清文献通考》卷二百九十七"四裔·港口"条如是说："（河仙镇）内多崇山，所辖地才数百里，有城以木为之，宫室与中国无异，自王居以下皆用砖瓦，服物制度仿佛前代，王蓄发戴网巾纱帽，身衣蟒袍，腰围角带，以靴为履，民衣长领广袖，有丧皆白衣，平居以杂色为之，其地常暖，虽秋冬亦不寒，人多裸而以裳围下体，相见以合掌拱上为礼，其风俗重文学好诗书，国中建有孔子庙，王与国人皆敬礼之，有义学选国人弟子秀者及贫而不能具修脯者纮诵其中，汉人有僦居其地而能句读晓文义者则延以为师，子弟皆彬彬如也。"

鄚氏还在河仙造了招英阁，礼遇四方文士，日与唱和。留下典籍，成为这段中外交流佳话的活化石。

于是，陈氏旋赴河仙，逗留约半年，深得鄚氏厚待，一起谈诗论文、咏唱河仙十景，交谊日笃。返粤后，陈氏积极联系闽粤诗人，得到热烈响应，虽然这些诗人除陈氏外都未亲到河仙欣赏十景，但留下唱和之作。陈氏整理，汇成诗册，寄给鄚天赐，一报款待之恩，二传递友情。鄚氏阅后大喜，为之作序，使行于海外。今天我们翻开《河仙十景》，看到的，又何止是文人墨客吟赏烟霞？

可见，书早已是跨越国界、传递情感、照亮历史的灯了。

十九世纪东亚局势风云变幻，国家关系不时陷入紧张，但切磋诗文、互赠书籍，经济贸易、文人往来从未断绝。正如2013年冬，笔者在广东省立中山图书馆查阅资料时，不经意发现钤盖黄遵宪"人境庐藏书"印的和刻本《养浩堂诗集》，那是宫岛诚一郎据明治十五年（1882）壬午新镌万世文库藏版所刻，并赠送师友黄遵宪的。宫岛诚一郎，出生于天保九年（1838），卒于明治四十四年（1911），是活跃于江户末期和明治时期的政治家、诗人，原为米泽藩士，号栗香等，他的日记是研究明治中日交流的重要史料，其中有很多资料是关于他与何如璋、黄遵宪的交往和笔谈。他与黄遵宪交往最密，传说二人每次见面都会谈诗论文。无独有偶，晚清浙江名儒俞樾诗名远播，1884年日人井上陈政拜入门下，学习两年后返日。俞樾七十寿辰时，井上虽已归东瀛，却不忘师恩，邀集日本诗友赋诗遥贺，整理成《东海投桃集》，寄赠俞樾，至今留存。古今中外，书灯满路。

笔者的这本小书，就是为了研究历史上中日沿海地区之间的书籍往来与人物交流而写的，主要以广东、江浙、山东和日本的长崎、仙台、横滨等地的交流进行论述，也涉及福建与日本、越南等地的文学交流，诸多未及详细论证之处，还希望以后再做专门的研究。在日本国际交流基金会的研究支持下，在东京学艺大学佐藤正光教授、苏州大学马亚中教授的指导下，在苏州大学教授周生杰师兄的鼓励、帮助和指引下，我携幼女涵钰赴日一年专事此项研究，搜集和整理资料，收获良多，得见多种孤本、珍本。这些典籍，以及典籍中记载的诗文作品，都是中日文化交流史上不应遗忘的珍贵资料。

目 录

前　言　关于中日诗文典籍交流 …………………………………………… 1

第一编　广东与日本诗文交流篇

第一章　十八世纪仙台藩儒与潮州渔民唱和 …………………………… 2
　　第一节　《陈林诗集》的篇目和内容、作者 ……………………… 3
　　第二节　《陈林诗集》补遗 ………………………………………… 12
　　第三节　潮州渔船漂流仙台始末钩沉 ……………………………… 17

第二章　十九世纪广东诗人与清诗东渐 ………………………………… 22
　　第一节　明治诗坛与学习清诗之风 ………………………………… 23
　　第二节　黄遵宪的诗歌创作与明治诗人 …………………………… 26
　　第三节　何如璋的诗作与明治诗坛 ………………………………… 32
　　第四节　广东与日本之间的汉诗交流 ……………………………… 36

第三章　清代广州、佛山的出版业与越南的粤刻汉籍 ………………… 38
　　第一节　广东与越南的诗歌唱和 …………………………………… 39
　　第二节　广州、佛山的书坊与越南古籍 …………………………… 46

第四章　广东与日本商业贸易中的汉籍交流 …………………………… 51
　　第一节　广东船务与中日文化交流 ………………………………… 53
　　第二节　中日之间的汉籍流通 ……………………………………… 56
　　第三节　日本汉诗文典籍输入广东 ………………………………… 62

第四节　通过商品贸易输入广东的其他日本书籍 …………… 72
第五章　梁启超的日语教材与"诗界革命" ………………… 75
　　第一节　《和文汉读法》的成书、版本和特色 ……………… 77
　　第二节　梁启超对"诗界革命"主张的贯彻 ………………… 82
　　第三节　《饮冰室诗话》与广州竹枝词 ……………………… 87

第二编　江浙与日本诗文交流篇

第一章　江浙刻书业与流通日本的汉籍 …………………… 92
第二章　钱肃润的诗文流传日本 …………………………… 104
第三章　乍浦与长崎贸易中的诗文典籍流通 ……………… 110
　　第一节　日本学界对乍浦—长崎贸易的研究 ……………… 111
　　第二节　日本学界对《乍浦集咏》的相关研究 …………… 115
第四章　明治改历与小野湖山刊刻汉籍 …………………… 120
　　第一节　质疑改历与汉诗否定论 …………………………… 121
　　第二节　《乍浦集咏钞》与攘夷活动的延伸 ……………… 128
第五章　小野湖山所刊《晚香园梅诗》 …………………… 138
　　第一节　林潭咏梅诗日本刊刻经过 ………………………… 138
　　第二节　小野湖山与清人的诗歌交流 ……………………… 146
第六章　日本刊行寒山、拾得诗画 ………………………… 150
　　第一节　苏州水运、商业与寒山寺文化东传 ……………… 150
　　第二节　和刻寒山诗版本述略 ……………………………… 152
　　第三节　日本的寒、拾图与越南汉诗中的寒、拾 ………… 158
第七章　和刻寒山诗所见和合文化 ………………………… 160
　　第一节　朝鲜本与和刻本寒山诗 …………………………… 161
　　第二节　隐元拟寒山诗与白隐对寒山诗的阐发 …………… 166
　　第三节　寒山、拾得与日本的和合神 ……………………… 171
第八章　江户的和合神信仰与寒山、拾得 ………………… 174
　　第一节　清朝的和合神与寒山、拾得 ……………………… 175

第二节 流行于江户的寒山、拾得和合神 …………………… 178
第三节 寒山诗集中的婚恋诗、绿袍与莲花意象 …………… 181

第三编 山东与日本诗文交流篇

第一章 山东与日本的商贸往来及文献传播 …………………… 186
　第一节 山东地方志销往日本 ………………………………… 188
　第二节 《古今图书集成》舶至日本 ………………………… 190
　第三节 泰山文献在日本 ……………………………………… 193
　第四节 东京文求堂书店汉籍销售价格 ……………………… 201
第二章 江户人的富士山汉诗与泰山想象 ……………………… 213
　第一节 富士山汉诗的特点 …………………………………… 214
　第二节 东岳先生的富士山诗 ………………………………… 219
第三章 涩川玄耳的泰山和歌 …………………………………… 221
　第一节 泰山和歌里的日本民俗 ……………………………… 222
　第二节 泰山和歌中的乱世生活 ……………………………… 228
　第三节 泰山和歌中的历史兴亡 ……………………………… 231
第四章 现当代日本诗人的泰山汉诗 …………………………… 236

编外编

日藏清代诗人诗作管见录 ……………………………………… 244

新新日本杂事诗 ………………………………………………… 290
不上锁的研究室
　——致谢 ……………………………………………………… 296

第一编

广东与日本诗文交流篇

第一章　十八世纪仙台藩儒与
潮州渔民唱和

　　公元1796年，时为清朝嘉庆元年，日本江户时代宽政八年，广东潮州一艘刚出海不久的渔船遭遇飓风，在海上漂流颠簸，六月七日，漂到仙台藩，被当地人救起，并报告官府。由于语言不通，藩府招来有名的儒者志村五城、志村时恭和志村弘强三兄弟，让他们与渔民进行笔谈，了解情况。志村三兄弟被称为"三珠树"，在仙台以儒学和作诗闻名。简短的笔谈后，藩府答应了渔民陈世德、林光裕等人的请求，派船护送他们到当时唯一开放的日中、日荷贸易港口长崎，再让来崎贸易的清商送他们回国。志村五城、志村弘强也在护送队伍中，在驶往长崎的船上，他们互相唱和，以笔代舌，沿途写下了不少诗歌，直到长崎。

　　后来，志村兄弟中的志村弘强将陈世德等人一路上所写的作品汇抄一册，题为《陈林诗集》，并将他们在舟中的联句诗附于后，美其名曰"萍水奇赏"。因此，陈世德、林光裕的诗歌，以及他们与藩儒的唱和、联句得以保存至今。但在国内，这本诗集似乎从未被研究过，就笔者管见，除了王宝平教授在《中日诗文交流集》①的序言中提到过之外，国内学术界几乎不知道有这样的一本诗集存在。本章拟以这一诗集为线索，综合当时流传下来的其他文献，对《陈林诗集》进行补遗，还原当时的历史，展现十八世纪中日之间的诗文交流，以此为窗口，更充分、更全面地了解东亚汉文学交流的历史。

---

① 王宝平主编：《中日诗文交流集》，上海古籍出版社2004年版。

第一节 《陈林诗集》的篇目和内容、作者

《陈林诗集》一卷，附《萍水奇赏》一卷，江户写本，一册，茶色封面，有虫损痕迹，无书签，线装，长23.5厘米，宽16.3厘米，序半页7行，行18字，字迹工整，无界栏，无边框，纸张脆薄，天头2.8厘米，地脚1.8厘米，有国会图书馆藏书印。正文半页10行，行20字，天头1.7厘米，地脚1厘米，无界栏，无边框，无鱼尾，正文部分虫损痕迹较明显，无目录。诗集署名为：清广东潮州陈世德、林光裕撰。未写出所抄者何人。据署名为"栗原野翁岩彦明"所做的序可知，该书的抄录整理者，应为仙台藩儒志村弘强。现全录该序如下：

盛哉太平之化，庆长、元和以来，海内清静二百年矣，将士无苦战毒逐之劳，民众有安业丰财之乐，西自肥筑，东至奥羽，暨毛人岛夷、茹毛蒙皮之属，绵亘几乎万里，咸为诗书礼乐之域，琉球朝鲜服属贡献，蕃汉载货辐辏于肥之长崎者，来去如比邻，不知隔大洋海也。若有彼人漂到于我者，不论其远迩，皆抚之养之，附商舶令送还之，率以为常也。自非德之隆治之至，安能如斯也。去岁巳未，有广东潮州人遭飓风，樯折舟坏，来奥之仙台封内，瘁凶之余，存者仅三人。仙台儒学，志村中行先生兄弟，及竹中、胜田、古山、太宰四子，同奉君命，护送往长崎。彼三人者，陈世德、林光裕、陈让光，皆颇善诗，彼此九人，海则同舟，陆则联步，所经诸名胜，多以为诗料，彼三人所赋者，录为一卷，名曰陈林诗集，与我六人相唱读者，亦录为一卷，名曰萍水奇赏。各写二通，一传乎彼，一留乎此，竣役之后，中行先生梓而传诸同好，以令兄仲敬先生与予有旧，千里邮寄，示予请言，予乃展观拍案曰：呜呼盛哉，太平之化，海之内外，一视同仁，护送万里飘海之客，令得还本土也。且夫九人者，得诗友于异域，晨夕相唱读，可不谓之一大奇乎？予京东一野人，屏居寡交，而今与闻斯雅举，不亦奇乎？即鼓腹诵夫诗，熙熙其乐只且，是亦太

平盛化之所被也，复何言？复何言？①

该序作于宽政庚申南至日，作者岩垣彦明（1741~1808），江户前、中期的汉学者，名彦明，字亮卿、孟厚，通称长门介，后又号栗翁，开塾授徒，名为"尊古堂"。著有《十八史略补正》《松萝馆诗文稿》等，与志村弘强之兄志村东屿有旧交，受其所托，为之作序。该序也收录在《松萝馆诗文稿》中。由序言可知，《陈林诗集》抄成应在宽政庚申，即宽政十二年（1800）或之后，陈世德等人漂流到仙台，是在宽政八年丙辰（1796，时为清嘉庆元年），1797年春四月左右他们到达长崎，可见此集成书已是事过三四年之后。关于漂流的具体时间和经过等，下文将会进行论证，此处从略。

岩垣彦明的序言之后，是陈世德和林光裕的诗作。由于《陈林诗集》原本无目录，也无页码，为整理和查找的方便，以诗集中第一首陈世德的《大室浜馆中对雨思乡》为第一页，加上页码，今整理如下：

表1　　　　　　　　　　《陈林诗集》目录表

诗题	作者	页码
大室浜馆中对雨思乡	陈世德	1
题画大室浜景图	陈世德	1
大室浜馆中思故乡	陈世德	1
同诸老先生上日和山	陈世德	2
石卷②眺望	林光裕	2
谢答某人	陈世德	2
石港赴长崎舟中	陈世德	2
同诸老先生上东那山	陈世德	2
船中即兴	陈世德	2
赠舶首利佑先生	林光裕	3
平泻舟中	林光裕	3
船中思乡	陈世德	3
平泻舟中对雨	陈世德	3
船舶澳津	陈世德	3

---

① （清）陈世德、林光裕：《陈林诗集》一卷附《萍水奇赏》一卷，江户写本。
② 此"卷"字疑为"港"字，陈、林等人是从仙台石港出发驶往长崎的。请参考本章图1中所示仙台藩石港。图摘自《藩史大事典》（第一卷）（雄山阁1988年版）第129页。

续表

诗　题	作者	页码
船舶澳津	陈世德	3
舟中感怀	林光裕	3
舟中感怀其二	林光裕	4
舟中即兴	陈世德	4
房州海上望富士山	陈世德	4
鸧鸡浦船上	陈世德	4
和石溪老先生述怀韵	陈世德	4
和石溪老先生述怀韵	林光裕	4
三崎眺望	陈世德	4
三崎眺望	林光裕	5
舟中眺望浦贺	陈世德	5
舟中眺望浦贺	林光裕	5
鸟羽港眺望	林光裕	5
鸟羽舟中守岁	陈世德	5
鸟羽舟中守岁	林光裕	5
和柳庵老先生除夜作	陈世德	6
和柳庵老先生除夜作	林光裕	6
舟中新正作	陈世德	6
鸟羽首春	陈世德	6
鸟羽首春	林光裕	6
春初鸟羽港舟中见某人，赠诸老先生梅花因赋	陈世德	6
春初鸟羽港舟中见某人，赠诸老先生梅花因赋	林光裕	7
岁首赠利佑先生	陈世德	7
春初泊鸟羽港	林光裕	7
春初得早梅一枝，供天后神前，花开将遍，朱老先生见赠新诗赋之奉谢	陈世德	7
春夜梦故乡	陈世德	7
分赋锦浦早春逢雨为韵得春字	陈世德	7
同前得雨字	林光裕	7
锦浦杂兴和石溪老先生瑶韵	陈世德	8

续表

诗　题	作者	页码
其二	陈世德	8
其二	林光裕	8
其二	林光裕	8
舟中望安乘浦	林光裕	8
舟次的箭浦	林光裕	8
赋春日归家	陈世德	8
月夕	陈世德	8
月夕	林光裕	9
听江笛	林光裕	9
听江笛	陈世德	9
春日思家	林光裕	9
纪州海上望熊野山次绝海和尚韵	林光裕	9
纪州海上望熊野山次绝海和尚韵	陈世德	9
船泊印南浦	陈世德	9
船泊印南浦	林光裕	10
船夜泊印南浦见哨船燃灯	陈世德	10
玩花与友人同醉	陈世德	10
玩花与友人同醉	陈世德	10
江上逢久别人又别	陈世德	10
旅中见水仙花	陈世德	10
待山月	陈世德	11
岭上逢久别者又别	陈世德	11
牧童	陈世德	11
由良澳春望	陈世德	11
由良澳春望	林光裕	11
又	林光裕	11
春怀旧游	林光裕	11
兵库澳	陈世德	12
又	陈世德	12
又	林光裕	12

续表

诗 题	作 者	页 码
赞州海上遇雨	林光裕	12
备州鞆浦舟中对雨	林光裕	12
寄船三盥岛同诸老先生赋诗有感	林光裕	12
三盥眺望	林光裕	12
三盥浦舟中见樱花赠石溪老先生	陈世德	13
三盥浦舟中见樱花赠石溪老先生	林光裕	13
舟中赏桃花	林光裕	13
舟行阻雨	林光裕	13
防州海上系舟于阿鬘浦闻海雉鸣	林光裕	13
上关夜泊	林光裕	13
暮春泊船上关浦	陈世德	14
又	陈世德	14
下关眺望	陈世德	14
赤马关舟中对雨	陈世德	14
赤马关舟中对雨	林光裕	14
赤马关舟中对雨	林光裕	14
又	林光裕	14
室津浦舟中苦雨二首	林光裕	14
寄船相岛望石门岛	陈世德	15
寄船相岛望石门岛	林光裕	15
寄船飞兰岛传言郑成功所主之地	陈世德	15
同二首	林光裕	15
发船飞兰岛	林光裕	15
西肥舟中	林光裕	16
奉别奥州石溪先生	陈世德	16
奉别奥州石溪先生	林光裕	16

  以上共得诗一百零一首，其中，署名陈世德所作为五十九首，林光裕所做有四十二首。这个抄本并不按体裁划分，从内容上看，大概按作诗时间的顺序排列下来，标题疑为手抄者志村弘强所加，因为标题中出现了许多沿途所经地

名，虽有可能是陈、林二人通过笔谈得知，但许多小地名出现在其中，极有可能是志村弘强根据当时笔谈资料整理诗集时所加。其中有两首署名陈世德所作的诗疑为误录，分别为《江上逢久别人又别》和《岭上逢久别者又别》：

青青杨柳度头春，邂逅相逢远别人。今日何图萍水会，明朝又送北江滨。

杨柳含烟漳水滨，南关岭上遇友人。前情一别三秋恨，今日又愁送客辰。

从诗意可知，这两首诗都是写偶遇久别之友的作品，匆匆一面之后又各奔东西。据常理判断，因为飓风而漂流到仙台的渔民陈世德等人在日本应该不会有"久别人"，况且当时还未到长崎，如果到了长崎，鉴于长崎有很多赴日贸易的清代商人，有可能会他乡遇故知。但是，诗集最后两首表明，到长崎时，他们就被长崎奉行送到唐馆，并会见了当年入港的船主朱鉴池等人，然后与志村一行匆匆分别。这一点，我们可以从志村兄弟的略谱中得知（下文将作详论）。所以这两首诗恐怕是仙台藩护送队伍中的某人所作，而被误录入诗集中。

诗集中多为思乡盼归之作，偶有吟赏风景之语，尤其是春天到来之时，看到沿岸的春色和樱花、富士山等，众人不禁以诗抒怀，表达对春天的赞美，现分别列几首陈世德、林光裕的诗作，以窥其风貌：

大室浜馆中对雨思乡
陈世德

海边楼馆对洲峦，暮雨秋风心不安。愁人万里劳遥梦，何日归乡共馨欢。

题画大室浜景图
陈世德

观澜亭上景，松影绕洲峦。海平鱼艇过，兼是画中看。

船中思乡
陈世德
行舟万里白云间,沧海波涛客自还。时伴诸君船上坐,西天遥望是家山。

石卷眺望
林光裕
山秀水清石卷头,高高楼阁见扁舟。役斯几日诸君送,遥望海中何处洲。

赠船首利佑先生
林光裕
沧波渺渺接遥空,理棹春风行色雄。勇力丸船送异客,千秋妙会意无穷。

舟中感怀
林光裕
舟行千里一帆新,偶遇诸阳益忆亲。汉客归乡护送日,诸君恩惠若星辰。

此外,还有一些唱和之作,如:

和石溪老先生述怀韵
陈世德
厚意同船送,诸贤结义深。各思明君惠,殷勤多爱心。

和石溪老先生述怀韵
林光裕
舟行诸贤送,受惠大恩深。千古主君好,怜思客忧心。

诗集之后，附有《萍水奇赏》一卷，为护送舟中诸人所作联句诗。参与唱和的有：清广东潮州：陈世德、林光裕、陈让光；日本陆奥仙台：志村士辙、志村弘强、竹中畅、胜田常恭、古山世享。从《舟中联句》，我们可以看出当时船上众人联句吟诗的兴致之高。

此外，联句中也不乏传达思乡之情的作品，如《早泊港在长州》："早泊港头早泊船（弘强），风罢海峤带晴烟（世德）。江边花落春将尽（光裕），泣向乡关对暮烟（世享）。"

《萍水奇赏》中所载联句诗，现也以《舟中联句·东那对雪》所在页为第一页，加上页码，这一页右下角还写有"太宰孝"的名字，故诗中唱和的"孝"应是指太宰孝。兹列诗目之表于下：

表2　　　　　　　　　　　《萍水奇赏》目录表

诗　题	作者（以联句顺序录入）	所在页码
东那对雪	士辙、世德、光裕、弘强、世享、长恭、畅、孝	1
其二	弘强、世德、畅、世享、光裕、长恭、士辙	1
其三	弘强、世享、畅、长恭、士辙、弘强、世享、畅、世德、光裕	1~2
其四	世德、畅、光裕、弘强、世享、孝、长恭	2
澳津	弘强、世德	2
其二	弘强、世德、畅、世享	2
鸰鸡浦在豆州	光裕、士辙、畅、世享、弘强、长恭、孝	2
再泊船三崎港在相州三浦郡	弘强、世享、光裕、世德	3
其二	孝、弘强、世德、光裕	3
锦浦在志州又名鸟羽首春	光裕、弘强、世德	3
其二	孝、世德、让光、光裕	3
其三	弘强、让光、世德、光裕	3
其四	孝、弘强、让光、世德	3
其五	弘强、世享、光裕	3~4
其六	弘强、世德、畅、世享、光裕、长恭、世德、弘强	4

续表

诗　题	作者（以联句顺序录入）	所在页码
其七	弘强、世德、光裕、让光	4
其八	弘强、世德	4
印南浦在纪州	世德、让光、光裕、世德	4
其二	弘强、世德、孝、光裕	4
其三	光裕、士辙、畅、弘强	5
由良港在纪州	世德、世享、畅、弘强	5
其二	弘强、世德、光裕、畅	5
其三	弘强、世德、光裕、世享	5
其四	光裕、畅、士辙、世德、世享、长恭、孝	5
题扇面画鹤	世德、弘强、畅、光裕	5
兵库港在摄州	长恭、弘强、光裕、畅	6
其二	畅、弘强、世德、长恭	6
其三	弘强、畅、光裕、长恭	6
三盥浦在艺州	畅、世德、弘强	6
其二，时霰雪骤下	弘强、世德、弘强、光裕	6
三月朔开船三盥浦赴防州，是日天晴风顺，舟行甚疾	弘强、世享、弘强、世德、畅	6
上关浦，在防州	弘强、世德、畅、长恭	7
其二，阻风雨	弘强、畅、世德	7
其三	弘强、光裕、畅、弘强	7
玛岛，在赞州	士辙、光裕、孝、弘强	7
上关浦	弘强、光裕、畅、世享	7
室津港，在长州	弘强、世德、孝、光裕	7
其二	世德、弘强、孝、光裕	8
早泊港在长州	弘强、世德、光裕、世享	8
其二	弘强、光裕、世德、弘强	8

　　由以上所列诗目可以看出，志村弘强、陈世德、林光裕三人联句作诗较多，几乎都是写沿途风景和思乡盼归之情。陈、林等人的诗作平易直率、通俗易懂，不用典，类似的描写和表达多次出现，有重复之嫌，音律较准，而略有平仄问题，如《鸧鸡浦船上》出现了失粘和三仄尾的情况，恐因平时并非专

以诗书为业之故,但诗集是否在抄写时经过了志村弘强的修改,也未可知。此集诚是反映当时情形的重要文献,出自渔民之手,与仙台藩德高望重的儒者自由唱和联句,已属不易。

这一路上走走停停,不时遇到飓风,天气不好的时候无法出船,历时近半年,他们才到达长崎。在船上,他们的交流和消遣方式几乎只有笔谈、酬唱赠答或者联句共赏,因此,他们留下来的作品应该不少,不仅只有《陈林诗集》和《萍水奇赏》中所列的,现据《三珠树集》,略作辑补,以便更全面地了解当时的诗歌创作情况。

第二节 《陈林诗集》补遗

《陈林诗集》和《萍水奇赏》若有遗漏,最可能在《三珠树集》中。《三珠树集》是志村三兄弟诗集合集,由其后人志村健雄整理付印。

"三珠树"指志村五城、志村时恭、志村弘强三兄弟,史称三兄弟才华秀拔、享有高誉,在仙台藩的儒者中,为人称道。众所周知,"三珠树"是对一个家族中连出几位高才的美誉,《旧唐书》称王勃、王勔、王勮为"三珠树"。此为借古典赞誉志村家三兄弟的高才。他们有《三珠树集》传世,集后附有家系《五城兄弟略谱》。

志村兄弟中的志村五城和志村弘强一路随船护送,参与了当时与陈世德、林光裕的唱和。其中,五城为长兄,又名士辙、子环、勘右卫门等,在江户就学于昌平校,被选为舍长,以博览强记,能文善诗著称于世。仙台藩主将其选拔为大番士,从天明二年(1782)到宽政十年(1798),历任目附、代官和公子副傅等职,活跃于地方民政第一线。退居后教授子弟,讲濂洛纯粹之学,为当时巨儒所尊敬。[①]

同时参与笔谈及唱和的,还有三兄弟中最小的志村弘强,又名仲行、笃治,号石溪、菊隐等。《陈林诗集》和《萍水奇赏》即由其抄写得以传世,而《陈林诗集》之序也是他托哥哥志村时恭找朋友岩垣彦明写的。他曾任儒役、

---

① [日]平重道:《仙台藩儒学史》,仙台地域社会研究会1962年版,第62~63页。

公子侍讲等职,文化七年(1810)担任新营养贤堂的副学头,天保五年(1834)成为藩主齐邦的老师,名望甚高。

在《三珠树集》中,我们找到不少可以补充《陈林诗集》和《萍水奇赏》的诗作,分别出自志村三兄弟和其他随船陪送的人员,从中,我们可以更加清楚地知道当时的情形,并了解到,在仙台与陈世德等人短暂的接触之后,志村时恭由于卧病,未能一起随船到长崎,所以《陈林诗集》和《萍水奇赏》中并无他的诗作。

先来看看志村五城的相关诗作:在《三珠树集》中的乾册之《五城诗集》七言绝句中,有《送清人陈世德归广东》等诗:

扶桑琴瑟大清歌,曲自高山流水多。四海弟兄今日事,孤帆送尔奈情何。

又有《送清人林光裕归广东》:"送客西溟望落晖,布帆将鸟只争飞。家乡到日人如问,为道朝阳晞发归。"《送清人陈让光归潮州》:"会时萍水别时舟,归客天涯向故丘。渺渺云帆沧海外,不知何处是潮州。"《别后忆陈世德林光裕》:"浮云萍水意何长,羽绝麟沉天一方。漂客归家澄海文,梦魂何处绕扶桑。"① 这些诗,透露出分别后淡淡的思念,站在陈、林等人的角度,设想他们内心的思乡之苦。

除此之外,志村五城还作了七言律诗,并序曰:"今兹丙辰十月,余奉官命护送清客归国,而船将发石港,诸君有作见饯,余亦赋此留别。"诗曰:

清客将归指大荒,我曹御命向肥阳。杨帆且见云天近,航海何嫌水路长。

石港风涛开气色,芙蓉岳雪约篇章。临行欲谢诸君赠,转使琼瑶满薄装。

---

① [日]志村健雄编:《三珠树集》,仙台早川活版所1911年版,第52页。

又作《送清客》:"有客将归万里船,恰如汉使泛槎年。鳌身暮卷风波雪,蜃气朝开楼阁天。域绝琉球飞岛外,云连宛岛片帆前。清尘一去无缘望,别后音书岂可传。"

《送林先生光裕归广东》:"西破长风万里波,东辞桑海意如何。他乡一洒樱花泪,绝域重飞岁月梭。初若汉槎犯斗牛,终同仙客驾鼋鼍。孤帆别日遥相忆,故国亲朋应接多。"①

以上是《五城诗集》中所收录的关于陈世德等人的全部诗作,这些在《陈林诗集》中都没有。这些诗歌表达了关怀和思念,诗人设想渔民们内心的思乡之切,表达了同情与关怀之意,在《陈林诗集》中,多是表达深深的思归之情。志村五城从陈世德等人的角度,想象他们回到故乡潮州之后想起在扶桑仙台及舟中与他们唱和联句的情景,会是一种怎样的心情呢?志村五城对别后再无法联系感到忧伤,这正如日语中所说的"一期一会",这本是参加茶道会时的用语,意为面对一生仅有一次的相逢机会,要竭尽诚意、真心以待。我们从诗句中可以看出志村五城的真诚。

而在志村弘强的《菊隐诗集》中,我们又找到了几首陈、林所做的诗,这些作品有的已收录到《陈林诗集》中,只是题目不同,兹介绍如下:

失 题

芙蓉白雪海天间,千里舟行见此山。奇香清光真如画,写来风景还故乡。

这是描写舟行长崎途中所见的富士山风景,在《陈林诗集》中,这首诗题作陈世德的《房州海上望富士山》。

《菊隐诗集》中还有其他相关的作品,《失题》有多首,其一原注写明"大清嘉庆元年七月初三日"。诗曰:"一日思乡一日深,游如孤岛道树林。圣如止处风光好,但在思乡一片心。"此外还有几首题为大清人士,或从诗意可以看出出自陈、林等人之手,今录于下:

---

① [日]志村健雄编:《三珠树集》(乾集),仙台早川活版所1911年版,第82页。

长崎奉别五城先生（七言古）

渺渺云山一路回，殷勤天涯送客来。两年相伴思非浅，且怜探胜赋诗才。

今欲离别忍不得，况值春风落花催。知君此日拥传去，翩翩归骑向仙台。

同前陈让光，时年三十九

青云拥树对春晴，护送诸贤多厚情。万里受恩感非浅，一朝愁别泪纵横。

同前林光裕，时年廿五

知君彩笔本贤才，时见诗章白云开。护送同船恩不浅，常教渔客忆仙台。

春初泊鸟羽港

阳春正月系船时，两岸花开春满枝。护送诸贤同此赏，家乡不恨归来迟。

奉寄东屿先生

天涯漂客发樯桅，几日淮军不堪哀。词赋千秋传海内，姓名旧自满仙台。

恨是再会无期日，音书何时得寄来。大东深恩波及远，吾曹万里向乡回。

这些作品，留下一首陈让光的诗歌，这是目前见到的唯一一首署名陈让光的诗歌。《陈林诗集》中没有他的作品。上述的几首诗，与《陈林诗集》一样，都表达了感恩和思乡之情。

此外，还有一些联句诗，也未见收录在《萍水奇赏》中，题为《萍水游草抄录》，其一为："烟波东海上（士辙），此地望长崎（世德）。何日开帆席（弘强),翩然到彼涯(玄畅)。"可贵的是在诗集上附有注释曰:"宽政八年护送清客陈世德、林光裕等十四人,于长崎船中作之,医竹中玄畅称道隐,外科医胜田长恭称寿闲,古山世享称顺治。"① 由此可知,随船人员中不仅有儒学者,也有医生。

值得一提的是,在志村时恭的诗集《东屿诗集》中,我们也看到了几首写给陈世德等人的诗,如《闻清人陈世德归广东,遥有此寄,二十韵》:

东极群灵府,南溟百粤船。芙蓉分岳镇,牛女换星躔。重译殊方俗,同文异代贤。鸿胪王政古,宾旅霸盟传。开馆供芳醴,缓毫命彩笺。夏氛蒸列屿,秋叶落回渊。抚枕齐庄舄,凭轩拟仲宣。乡心掩岁月,客路渺云烟。护卫罗棨戟,绸缪设祖筵。指程琼浦港,理楫石涡川。昂似乘槎士,翩似驭鹤仙。橹声随浪转,帆影向风旋。枫渚霜凝缆,芦湾雪满舷。潮鸣鲛室现,圻尽蜃楼思。归兴辞相识,交情望远鄽。玉鸡初旭地,金凤夕晖天。病卧空衔感,离歌绕寄篇。班荆知几处,绾柳有谁怜。桑梓相遇日,屋梁残梦年。衡阳雁应少,通信奈无缘。②

由此可知,志村时恭当时由于卧病,未能随船同往长崎。但在陈林等人离开仙台赴长崎之前,志村时恭担任了与陈、林等人的笔谈工作,他原想与陈、林等人谈经论道,但是"他原来未晓学,故不能谈道演艺,虽然,亦可谓奇缘"③。言语之中对陈、林等人的学问水平略感遗憾,未能与他们对等地进行交流,但千里相会,也可以说是难得的缘分。

此外,《东屿诗集》中还有《送陈世德》:"石涡津口送归舟,万里风帆不可留。东海云山行欲尽,月明深处是潮州。"又,《送林光裕》:"孤舟绝海到蓬莱,何事归心日夜催。此去天涯一回首,彩云遥隔到仙台。"陈、林等人尚在仙台的时候,志村时恭与陈世德写了一首联句诗:"潮州西隔几重阔,海外

---

① [日]志村健雄编:《三珠树集》(坤集),仙台早川活版所1911年版,第82页。
② [日]志村健雄编:《三珠树集》(坤集),仙台早川活版所1911年版,第16页。下面所引志村时恭的几首诗,也同出于此。
③ [日]远藤曰人整理:《以笔代言》(三册全),江户写本,志村东屿序。

秋风拂客颜（时恭）。万里思乡何日到，回头怅望对云山（世德）。"当陈世德等人乘船往长崎后，志村时恭写了《忆广东陈世德》："归艎望尽断鸿低，地隔重溟东与西。霞彩晓笼仙子府，月明秋满凤凰溪。越闽渔客驾鲸鳌，归去乡园兴更豪。纵有乡樽能劝醉，何如紫府对仙醪。"看来陈世德等人出发往长崎之前，志村时恭与他们有过笔谈和赠答。从上述几首诗不难看出，志村时恭作诗较为讲究韵律，字斟句酌，十分认真，有文人之气。与几位经历飓风、劫后遇救的广东渔民在仙台短暂的会面、笔谈，给志村时恭留下了较深的印象和思念。那么，陈世德等人漂流仙台的具体经过如何呢？

第三节　潮州渔船漂流仙台始末钩沉

据《潮州府志》可知，广东临海，飓风常见，卷九"飓风"载："海多飓风，往往为潮人患。"并引《投荒杂录》曰："岭南诸郡皆有飓风。"又："海上人先期数日闻有声微发，发而旋止。"① 可见当地渔民出海一般都会先观测风云，极为小心，但总难时时准确预测天气。

关于陈、林等人的漂流，首先要更正岩垣彦明《陈林诗集》序中所说的陈世德等人漂到仙台的时间。由于岩垣彦明并未亲历护送、唱和之事，加上诗集为事后抄录，故该序所说，有几点地方不准确，今以其他资料为参照，对此做出更正。

首先，序言所说的广东渔船漂到仙台的时间不符。此序中的宽政庚申指宽政十二年（1800），序言所说广东渔船漂到仙台的"去岁己未"，为宽政十一年（1799）。按这样的说法，陈世德等人在1799年遭飓风漂到仙台。但，据《三珠树集》所录诗歌及其附注，还有《五城兄弟略谱》所言，陈世德等人漂流至仙台，并非宽政十一年，略谱中对这件事的始末有较为详细的说明，应为宽政八年丙辰（1796）。

又，大庭修教授在其著作《漂着船物语》中也指出，宽政八年，广东潮

---

① 《潮州府志》光绪十九年（1893）重刊本。

州陈世德的渔船漂至仙台。① 此外，松浦章教授也在相关研究中指出潮州渔民陈世德等人漂到仙台的时间为宽政八年。②

在《三珠树集》的附录《五城兄弟略谱》中，谈到漂流、唱和之事两次。该略谱的编撰者，即志村家后人志村健雄，称："明治三年，太政官使各藩录上古来任务履历，无几藩废，其事从而止焉。此谱实为当时之稿，而存于笔者横泽净氏宅者，乃请附之诗集之尾，以我家所传族谱补注云尔。"看来其可信度较高。

该略谱第一次谈到护送陈世德事，是在介绍志村五城时："宽政八年丙辰十月，命监护广东人陈世德等，送之长崎，且菊垣亦以笔谈役从焉。十月廿四日解缆于石港，航海以赴崎阳。海路屡遇飓风，越明年四月始到长崎，于是见幕吏及西商陈晴山、朱鉴池等，致漂流人，公事既竣，而请吏许入唐馆及兰馆，而与异邦人互应酬赠答焉。既而长崎奉行命付仙台漂民宫城郡桂岛渔户清藏等八人以归，是皆安南之所送致也。宽政九年七月复命，后记此事，名曰《泛悠谈》。"③

此言其事较详，因为《陈林诗集》及《萍水奇赏》都是唱和、联句到长崎，所以到达长崎之后的事情，在诗集中无法找到详细介绍，而上述略谱所言，则填补了这一空白。志村五城等人护送陈世德等于宽政九年（1797）四月到达长崎后，即面见长崎奉行所官员，同时见到了当时已在长崎的清商陈晴山和朱鉴池，五城等人把陈世德等交给长崎奉行官和清商，完成了这次护送任务之后就在长崎奉行的允许下进入唐馆，与其他清人笔谈唱和。后来，长崎奉行又托付给他们一个任务：护送漂流到越南而后被送回长崎的仙台渔民清藏等八人返回仙台，宽政九年七月，他们返回仙台藩复命，也顺利完成了这次护送任务。

这段记载，在《藩史大事典》中得到了印证："1796，宽政八年，6月7日，中国大澳港的渔船漂流到本吉郡大室浜。"又："1797，宽政九年，6月17

---

① ［日］大庭修：《漂着船物语》，东京岩波书店2001年版，第229～230页。
② 《亚细亚文化交流研究》第4号，大阪关西大学亚细亚文化交流研究中心2009年版，第10页。
③ ［日］志村健雄编：《三珠树集》，仙台早川活版所1911年版，附录第2页。

日，(藩主)召见漂流安南国归国的荒浜渔夫。"① 关于仙台藩的史料引用，在该书所附的参考书目中，并未列出志村家谱或《三珠树集》，可见是从别的史料中引用的，更说明上述护送漂流渔民往返之事可信。

该略谱在介绍志村五城的二弟志村时恭（字仲敬，号东洲，后改号为东屿）时，也说了这件事："同八年丙辰六月，会广东渔人陈世德、林光裕及林元江等十四人漂到本吉郡大室浜，以东屿充应接笔谈等役。"② 由此可知，陈、林等人尚在仙台时，志村时恭是参与了笔谈的，所以才会留下上述与陈、林相关的诗作。

然而，略谱中也有疏漏，志村弘强的介绍中没有涉及护送一事，恰与《陈林诗集》《萍水奇赏》相反，志村弘强全程参与笔谈、唱和与联句，《萍水奇赏》中有不少是志村弘强的诗作，可以为证，兹不赘述。

值得重视的是，《以笔代言》和《宽政丙辰唐船漂着记》中有许多关于陈世德等人漂流之事的详细、直接的记录。除了《陈林诗集》和《萍水奇赏》之外，是难得的第一手资料。《以笔代言》中记录了仙台问答的情况，涉及多个方面，如广东民俗信仰、仙台藩主赠品等，《以笔代言》是由志村时恭问，陈世德答，远藤曰人整理的笔谈记录，有文字，也有插图。而《宽政丙辰唐船漂着记》中不仅有渔民图、尺寸介绍，有对中国清朝钱币的描述，还有细致的对船中器物的说明，等等，信息丰富，还有简短的问答录，如下：

  国者何国？
  大清乾隆中国人广东省广州府新宁县。③
  何月何日出？
  四月初一日出港纰风来。
  出港之时人数几何？
  无答。
  天下今之代号者何？年号者何？

---

① ［日］木村礎编：《藩史大事典》（第一卷），东京雄山阁出版1988年版，第118页。
② ［日］志村健雄编：《三珠树集》，仙台早川活版所1911年版，附录第3页。
③ 在《以笔代言》中，陈林等人说是"澄海县"的渔民。

今本国王乾隆八十有余，今退与嘉庆元年矣。求到国王肯引回国，可悦家中父母妻子。

广州拜何神？

玄仙老爷，天后圣母，水仙老爷。

前文已说过，由于语言不通，当时中日人士之间的交流主要通过笔谈。除了这些问答记录之外，还有一些说明，可作补充，兹摘录如下：

性①陈名世德

第

……

……林……光德

……陈……让光

……林……招声

……陈……元合

以下同性

阿猪

阿娘

松

阿夏

阿意

性 朱 名 ？

……林……隆辉

合十有四人

产物：鱼、砂、米、烟草②

---

① 为尽量保持与原文一致，原文中的错别字也一并按原样录入，比如这里的"性"字，应为"姓"。该笔录为当时仙台藩接待人中之一所写，并不能据此判断陈世德等人文字书写方面有不足。文中省略号原为空格，为表示间隔并尽量保留原文献的样子，故用省略号代替空格。

② 《宽政丙辰唐船漂着记》，江户写本，公文书馆藏。

由此我们可以知道当时船上有十四人，并不如栗原野翁岩垣彦明所说"存者三人"，此外，陈世德"求到国王肯引回国，可悦家中父母妻子，"可知上述十四人中并无陈、林等人的"父母妻子"，所列名单应是当时在渔船上的帮佣。而且，这份手写的问答记录中还有一幅渔民图，如下图2所示：

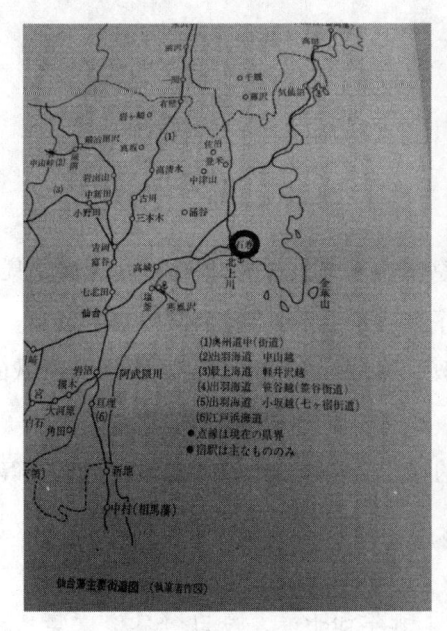

图1　仙台藩石港　　　　　　　图2　漂流仙台广东渔民图

这段漂流历史和《陈林诗集》《萍水奇赏》无论在东亚汉诗文交流的研究上，还是在广东地方文献、仙台地方文献研究上，都是不可忽视的。在中国馆藏方面，笔者查找多时，对于陈、林等人的漂流情况和《陈林诗集》的相关记载，没有什么收获。当时参与唱和的多人之中，只有志村弘强整理了诗稿，并有意地保存了下来，使之不至湮灭，历经两百多年的风雨，这些手写文献显得尤其可贵。

第二章 十九世纪广东诗人与清诗东渐

明治三十一年（1898）年，东京富山房刊行重野成斋的《成斋文集》卷二中有这样的一篇序《养浩堂诗集序（代）》，《养浩堂诗集》是宫岛诚一郎的汉诗集，经过黄遵宪多次点评和删改，这是宫岛诚一郎请重野成斋所做的序，序中透露出当时清朝驻日公使一行，即何如璋、黄遵宪、沈文荧、王韬等，与日本诗人在生活上、在诗歌创作上的密切交往，日本诗人经常请何、黄等人为他们修改、点评诗作，序文如下：

> 米泽宫岛栗香工诗，梓平生所作如千卷，命曰《养浩堂集》，谒予序。予识栗香，在戊辰年，时奥羽用兵。栗香奉朝旨，周旋甚至。藩政厘革之际，以与有力，然未知其能韵事。今阅斯集，往往载当日诸作，乃知拮据奔走中，尤不废吟哦，非笃好不至此。虽然栗香素非业诗者，乃性情所溢，适获篇什而已。而其所以能动人者，顾必有其故焉。闻栗香善事父母，色养备至，家庭之间，雍雍怡怡，尝为其父开寿筵。至清国使臣，皆有赠言，啧啧称其孝养。盖米泽先生主鹰山君，以孝道治国，贤德著闻，流风余韵，至今蔼然在人。然则栗香之诗发自至性，而本于贤君熏陶之余，非徒巧者也。温柔敦厚诗之教，不其然乎。其诗妙处，清使诸人批评具在，予特推其所以然之故，以为之序。

这篇序文所涉及的诗歌理念，如温柔敦厚、知人论世等，都可以追溯到我国《诗经》。不仅如此，通过这篇序文，还可以看到广东诗人在清诗东渐中所扮演的重要角色。清朝政府与日本建立正式外交关系，派遣何如璋作为首任驻日公使，同行的还有黄遵宪等人。他们都是当时一流的文人，都曾高中科举，功名在身，在传统文学、文化的修养方面造诣很深，而对当时兴起的西方文化也颇为关注，对洋务有一定的见识，是最为合适的外交官。① 本章特以第一任驻日公使何如璋及参赞黄遵宪这两位广东籍外交家、诗人为例，从日本现存明治时期的相关文献出发，对当时日本汉诗诗坛崇尚和学习清诗的现象，以及何、黄二人与日本友人的诗文切磋交流，作一论述。

第一节　明治诗坛与学习清诗之风

　　明治时期的汉诗诗坛，在盛唐的风吹过之后，开始崇尚和学习清诗，正如张伯伟教授在研究清代诗话在日本的流传情况时所指出的那样：江户后期诗坛上有一个重要的动向，即关注清诗犹胜于唐宋诗。江户末期到明治时期的汉诗中，绝句一体尤其发达，（中略）这与他们对清诗的学习态度或许有关。张教授还在同页注释三补充说：黄遵宪在《日本杂事诗》卷一自注称彼邦"七绝最所擅长"，可参考。② 这里提到的黄遵宪论及明治汉诗走向的诗和注全文如下：

汉诗盛衰

　　岂独斯文有盛衰，旁行字正力横驰。不知近日鸡林贾，谁费黄金更购诗？

　　诗初学唐人，于明学李、王，于宋学苏、陆，后学晚唐，变为四灵，逮乎我朝，王、袁、赵、张（船山）四家最著名，大抵皆随我风气以转移也。白香山、袁随园尤剧思慕，学之者十八九（唐时有小野篁慕香山，欲游唐。小说家称人见海上楼阁，道以待白香山来，殆即日本也）。《小仓山房随笔》亦言鸡林贾人，争市其稿，盖贩之日本，知不诬耳。七绝最所擅场，近世河子静（号宽斋，上毛人）、大洼天民（号诗佛，□□

---

① 张伟雄：《明治初年中日文化交流与外交交涉——以首任公使何如璋为中心》，《札幌大学综合论丛》（第7号），1999年3月，第24页。

② 张伯伟：《清代诗话东传略论稿》，中华书局2007年版，第245页。

人。有《诗圣堂集》)、柏木昶（字永日，号如亭，信浓人。有《晚晴堂集》)、菊池五山（字□□，□□人，有《五山堂诗话》) 皆称绝句名家。文酒之会，援毫长吟，高唱往往逼唐、宋。①

可知明治时期汉诗诗坛推崇清诗，而其中又最崇袁枚，喜作绝句。正是在这样的风气之下，黄遵宪才会自谦地说他自己"素不能为绝句，此卷意在逮事……不转笑为东施效颦者几希"。事实上黄遵宪的《日本杂事诗》在当时备受日本诗坛的推崇，个中原因，与明治诗坛对清人的诗话和诗歌的推崇有关，除了袁枚之外，日本诗坛还很重视赵翼及其诗说。赵翼是极有史才之人，"其诗话之作，也往往沟通文学与史学"②，所以，以诗纪事、以诗存俗的《日本杂事诗》，在明治诗坛是具有一定影响和地位的。黄遵宪最为推崇的汉诗人之一龟谷省轩就有一首《咏史》诗：

　　金阁才成又银阁，红桃艳李醉芳筵。料知经济无他术，海外唯求永乐钱。

该诗记录了足利义满的骄奢生活，含批判之意，足利义满的时代，国家动乱，战火不断，百姓生活困苦，但足利义满却大兴土木，大造庄园。

除了咏史之外，龟谷省轩的汉诗多借用历史典故和中华风俗，比如《曝书》：

　　英雄爱剑美人镜，迂儒爱书书为命。曝书殷勤告诫小奴，尘埃可拂蠹可驱。古人精神钟文字，人若污之招鬼诛。奴云先生爱书却不读，书中有鬼鬼应哭。

曝书，即晒书，古代有七夕晒书晒衣的民俗，《世说新语》载阮咸于七月

---

① (清) 黄遵宪著，钟叔河注：《日本杂事诗广注》，岳麓书社1985年版，第674页。
② 张伯伟：《清代诗话东传略论稿》，中华书局2007年版，第248页。

七日晒犊鼻裈，郝隆卧而坦肚，晒满腹经书。这首诗借古代晒书的习俗，表达了诗人爱书如命的心意。

随着明治维新的推行，日本社会涌现许多新事物、新景象，用诗歌来描述这些新事物、新景象的，也越来越多。随着以诗纪事、以诗采风、以诗问俗者相应增多，具有浓厚的竹枝词的味道。

竹枝词以清新活泼、通俗易懂的诗歌形式记录风土人情、历史掌故、山川景物，它既具文学价值，又具史料价值，是某一时代、某一地区活生生的"民俗写真"和"历史写真"，清代是竹枝词创作的鼎盛时期，广东地区也不例外，这与广东地区流行民歌，尤其是黄遵宪故乡梅州（即嘉应）客家民歌，更是广为人知。《日本杂事诗》最后一首《尾声》曰："纪事只闻《筹海志》，征文空诵送僧诗。未曾遍读《吾妻镜》，惭附和歌唱竹枝。"① 说明黄遵宪把自己的日本杂事诗比作竹枝词，可谓"卒章显志"，表明诗人以诗歌记民俗、写史事的用意。黄遵宪的诗歌创作具有浓郁的民歌风格，深受客家民歌的影响，在杨天石所著《黄遵宪》② 一书中，也有许多关于梅州客家民歌风行的论述。梅州客家民歌与黄遵宪诗作的关系可以说是学术界的一个共识，相关的论述不少，兹不一一列举。③

清代，及至民国，竹枝词创作成果颇丰，如：尤侗《外国竹枝词》和民国福庆的《异域竹枝词》，广东地区的竹枝词最早可追溯到唐代，《全唐诗》收录有直接反映岭南风情的竹枝六首，而自宋以来至民国年间，广东地区的竹枝词，包括棹歌、杂咏等竹枝体的诗歌达七千余首④，另有吟香阁编《羊城竹枝词》二卷（光绪三年刻本），《续羊城竹枝词选刊》（民国九年）和《正续羊城竹枝词》（民国十年）、《新广州竹枝词》（叶菊生，油印本）等等。

除了黄遵宪大力创作具有民歌风格的、旨在以诗纪事、以诗证史的杂事诗之外，还有郁达夫。郁达夫作了《日本谣》⑤（又称《日本竹枝词》），是其留

---

① （清）黄遵宪著，钟叔河注：《日本杂事诗广注》，岳麓书社1985年版。
② 杨天石：《黄遵宪》，上海人民出版社1979年版。
③ 另可参考拙文《日本杂事诗的中国文学书写——从日本学界的黄遵宪研究说起》，《广东技术师范学院学报》（社科版）2013年第8期。
④ 钟山、潘超、孙忠铨编著：《广东竹枝词》，广东高等教育出版社2010年版。
⑤ 詹亚园：《郁达夫日本谣十二首笺注》，《舟山师专学报》（社科版）1997年第2期。

学日本期间所作,曾于日本公开发表,《日本谣》明显受到黄遵宪《日本杂事诗》的影响,今列举两首如下:

> 碧玉年华足怨思,珠喉解唱净琉璃。
> 瓣香为我临川爇,掩面倾听幼妇词。

净琉璃,歌剧也,颇类我国之《牡丹亭》《西厢记》等。

> 杏红衫子白罗巾,高髻长眉解笑颦。
> 公子缠头随手掷,买花原为卖花人。

卖花日。黄花日为十一月十日,良家女子皆出卖纸花曰:"为了苦事业也。"一纸花价二钱,所得不下数十万。

《日本谣》与黄遵宪的《日本杂事诗》同是表现明治维新后日本的变革和社会状况。他们在作品中反映的都是明治维新后日本社会经济、生活等方面的变化。日本竹枝词创作在明治时期也较为活跃。明治诗人与清代诗人的交流,通过他们的直接笔谈,可以发现相互之间的影响很大。我们且以黄遵宪与前文提到的宫岛诚一郎等人的诗文交流为例。

第二节 黄遵宪的诗歌创作与明治诗人

对于随着首任驻日公使何如璋来到日本的黄遵宪,日本的相关资料是这样记载的:"黄遵宪,字公度,清国岭南嘉应人,随何公使而来,平生深慨国人无记载我事者,东游以来,委心于此,遂撰《日本志》十四卷,(中略)细述无遗,又别举杂事串之以诗,附之以小注,命曰《日本杂事诗》。虽记事不无谬误,至所见之博,所记之详,无有出于此人之右者也。"[①] 黄遵宪著《日本国志》,得到了日本友人的诸多帮助。黄遵宪与许多日本诗人交往,据蔡毅教

---

① 太田才次郎:《旧闻小录》卷下,东京太田才次郎出版 1939 年版,第 44 页。

授的统计，在《黄遵宪全集》中有明确记载的、与之交往的明治人士多达九十七人，今按页码的顺序，也将其名列举如下：石川鸿斋、宫本鸭北、有栖川炽仁亲王、重野成斋、岩谷六一、日下部东作、蒲生重章、冈鹿门、宍户玑、小野湖山、秋月种树、佐野雪津、伊藤博文、榎本武扬、浅田宗伯、大沼枕山、南摩纲纪、龟谷省轩、青山延寿、森春涛、鲈元邦、森槐南、宫岛诚一郎、鹤田嫩、鹤田元缟、关义臣、内田九成、原苓清风、大河内辉声、畊南仙史、增田贡、川田甕江、城井锦原、迹见花蹊、小森泽长政、儿玉士常、藤川三溪、生田水竹、副岛沧海、中村敬宇、金子弥平、井上子德、宫岛大八郎、松井强哉、谷山之忠、高木正贤、池田宽治、加藤樱老、内邨绥所、手塚寿雄、木原元礼、小山朝弘、杉村武敏、松平庆永、有马道纯、植树家壶、山田则明、宫部襄、川岛浪速、向山黄邨、曾根俊虎、高谷龙州、石幡贞、栗木锄云、本多正讷、三浦安、中川雪堂、伊地知正治、谷干城、荻原西畴、胜海舟、吉井三峰、吉井友实、古贺谨一郎、税所笃三、菊池溪琴、长冈护美、大久保利加、中村确堂，等等。

黄遵宪在明治汉诗界受到礼遇，众多日本诗人请求他修改文稿、诗稿，对此，蔡毅教授都做了详细的论述，他还在研究中指出，黄遵宪与明治"文明开化新诗"之间确实存在种种直接或间接的关联。① 所谓"文明开化"，是指明治初期思想、文化和社会制度的现代化和西化，在此社会环境影响下创作的汉诗，被称为"文明开化新诗"。黄遵宪获益于明治诗人之处颇多，不容忽略，最明显的例子是黄遵宪在写《日本杂事诗》时，诸多关于日本民俗、历史的问题都请教了日本友人，如宫岛诚一郎，这些，可以在二人的笔谈遗稿中找到证据。宫岛诚一郎在黄遵宪撰写《日本国志》的过程中起到了重要的作用，为黄遵宪提供了许多宝贵的资料，宫岛诚一郎当时任职于修史馆和宫内省，有条件为黄遵宪提供撰史所需资料。具体的例证，南开大学外国语学院刘雨珍教授在他多年对黄遵宪与日本友人交往的研究成果中已经列举了许多②，兹不复述。

宫岛诚一郎，出生于天保九年（1838），卒于明治四十四年（1911），是

---

① 蔡毅：《黄遵宪与日本汉诗》，中国文学会编《中国文学报》(71)2006年版，第50~77页。
② 刘雨珍：《黄遵宪与宫岛诚一郎交友考——以〈宫岛诚一郎文书〉中的笔谈资料为中心》，南开大学日本研究院编《日本研究论集》(2004)，天津人民出版社2004年版，第422~439页。

活跃于江户末期和明治时期的政治家、汉诗人，原为米泽藩士，号栗香等，他的日记是研究明治中日交流的重要史料，其中有很多是他与何如璋、黄遵宪等人的笔谈，其子是著名的书法家宫岛咏士。据说宫岛诚一郎四岁即学唐诗，十三岁读《左传》，同年即可作汉诗。在黄遵宪任驻日参赞的四年多里，与黄遵宪每次见面必要谈诗论文，交往可谓最密，下面是他赠黄遵宪诗之一：

> 莫说天涯与地根，电机通信意相亲。
> 连衡画策希兴亚，唇齿论交贵善邻。
> 十室由来犹有士，中原到处岂无人。
> 期君早逐经时志，海陆兼营两火轮。

宫岛诚一郎的汉诗"在江户末期和明治初年汉诗坛上影响很大"①。诗中出现了"电机""火轮"等明治社会的新事物，这些对黄遵宪的诗作不无影响。他的汉诗至今仍有一定地位，还曾被翻译成日语，如《王昭君》《九月三十日与一柳三峰饮金杉海楼，此夜旧历中秋》《九月十八日养浩堂晚酌》《晓发白河城》《三月二十四日夜自伏见买舟至浪华》《十二月七日，同重野成斋藤野海南冈鹿门归谷省轩诸子饯沈梅史于蛎滩楼梅子有诗诸子和其韵余亦效颦以送别》等②。下面再看看他的几首汉诗：

乙未二月十七日闻丁汝昌提督之死

> 同合车书防外侮，敢夸砥柱作中流。当年深契非徒事，犹记联句红叶楼。

光绪十七年（1891）北洋海军总督丁汝昌率领舰队访问日本，并参加了在东京红叶馆举办的宴会，与宫岛诚一郎有过唱和。这首诗是赞扬和纪念丁汝昌之作。

---

① 李寅生编著：《日本汉诗精品赏析》，中华书局2009年版，第350页。
② 大沼宜规：《日本汉诗翻译索引》，《参考书志研究》(75)，2011年9月15日刊，第232页。

晓发白河城

悲歌一曲夜看刀，风雨灯前鸡乱号。宿酒才醒驱马去，白河秋色晓云高。

王昭君

莫道丹青误我身，拼将玉貌镇胡尘。如何廊庙无良策，社稷安危付妇人。

黄参赞公度君将辞京，有留别作七律五篇。余与公度交最厚，临别不能无黯然销魂，强和其韵，叙平生以充赠言（其一）

幸有文字结奇缘，衣钵偏宜际此传。霞馆秋吟明月夜，麹街春酌早樱天。佳篇上梓人争诵，新史盈箱手自编。恰爱过江名士好，翩翩裙屐若神仙。

下面列举黄遵宪的《日本杂事诗》中的几首，从中可见异国民俗、男女的样貌和明治社会的新事物，也可见黄遵宪在和日本汉诗人的切磋中受到影响，通过日本汉诗人了解明治社会：

嫁　女

绛蜡高烧照别离，乌衣换毕出门时。小时怜母今怜婿，宛转双头绾色丝。

大家嫁女，更衣十三。色先白，最后黑，黑衣毕，则登舆矣。母为结束，盘五彩缕于髻。满堂燃烛，兼设庭燎，盖送死之礼，表不再归也。

夫　妇

骀荡春风仕女图，妾眉如画比郎须。并头鹦鹉双双语，此唤檀那彼奥姑。

妇既嫁薙眉，男至老无须，本旧俗。今效西人，皆眉如远山，髯如戟矣。维新以来，有倡男女同权之说者，豪家贵族，食则并案，行则同车。时逢国典，或有家庆，张灯夜会，为跳舞之戏，多妇媚士侬，双双而至。呼夫曰檀那，奴婢之于主人亦然。盖即檀越，佛教盛行，沿梵语也。呼妇曰奥姑，他人亦用此称。《辽史国语解》："凡纳后，即族中选尊者一人，当奥而坐，以主其礼，谓之奥姑。"袭辽人语也。日本语言本于梵音百之二三，本于辽东语亦百之一。近则妇人亦颇有通英语者。

下面这首是写赏樱的，日本至今仍保留着赏樱的习俗，称为"花见"。每年春天，电视媒体都会详细报道樱花开放的日期。樱花时节，樱花盛开之时，举国若狂：

樱　花

朝曦看到夕阳斜，流水游龙斗宝车。宴罢红云歌绛雪，东皇第一爱樱花。

樱花，五大部洲所无。有深红，有浅绛，亦有白者，一重至八重，烂漫极矣。种类樱桃，花远胜之。疑接以他树，故色相亦变。三月花时，公卿百官，旧皆给假赏花；今亦香车宝马，士女征逐，举国若狂也。东人称为花王。墨江左右，有数百树，如雪如霞，如锦如荼。余一夕月明再游其地，真如置身蓬莱中矣。东京以名胜闻者，木下川之松，日暮里之桐，龟井户之藤，小西湖之柳，堀切之菖蒲，蒲田之梅花，目黑之牡丹，泷川之丹枫，皆良辰美景，游屐杂沓之所也。

再来看看黄遵宪笔下的照相、人力车和报纸等：

镜写真

镜影娉婷玉有痕，竟将灵药摄离魂。真真唤遍何曾应，翻怪桃花笑不言。

燕海兰烟熏玻璃，以硫黄水涅之，使人影透入镜中，神态如生。此术出西人。近复以银硝纸承镜影,光隙人,痕留淡墨,东国效之,名镜写真。写真之家,比间而居。东都佳丽,喜照艳妆悬卖廛肆,良家子妇亦不之吝也。

人力车

滚滚黄尘掣电过,万车毂击复竿摩。白藤轿子葱灵闭,尚有人歌踏踏歌。

小车形若箕,体势轻便,上支小帷,亦便卷舒,以一人挽之,其疾如风,竟能与两马之车争先后。初创于横滨,名人力车。今上海、香港、南洋诸岛仿造之,乃名为东洋车矣。日本旧用木轿,以一木横贯轿顶,两人肩而行,轿离地只数寸。乘者盘膝趺坐,四面严关,正如新妇闭置车帷中,使人悒悒。今昔巧拙不侔如此。

新闻纸

欲知古事读旧史,欲知今事看新闻。九流百家无不有,六合之内同此文。

新闻纸以讲求时务,以周知四国,无不登载。五洲万国,如有新事,朝甫飞电,夕既上板,可谓不出户庭而能知天下事矣。其源出于邸报,其体类乎丛书,而体大而用博,则远过之也。

黄遵宪在日本诗坛受到很大欢迎,自有他的独到之处,正如蔡毅教授所评点的那样:"概而言之,黄遵宪逗留日本期间,倾力于编纂《日本国志》,不仅重视汉文史籍,并以诗人的天性,对日本汉诗投注了极大的关注。从他文集中的遣词造句,我们可以感受到他独特而敏锐的视角。"① 当然,黄遵宪并不因明治诗人的称赞而骄傲自满,他不仅虚心请宫岛诚一郎等人为他的《日本

---

① 原文为:要するに、黄遵憲は日本に滞在した期間、『日本國志』の編纂に傾注し、多くの漢文史籍を重要視したのみならず、詩人としての天性によっても、日本漢詩に大きな関心を寄せたのである。その文集に見える言葉を拾っていくと、私たちは彼の独自の鋭い視線を感じることができる。再次衷心感谢南山大学蔡毅教授赐予大作拜读、学习。

杂事诗》点评、修改、提意见,还在《日本杂事诗》卷一中如此称赞日本诗人:"余所交诸友,亦多能手,盖东人天性善属文,使如物茂卿之言,以汉音顺读之,诚不难攀跻中土,高丽、安南何论焉。"可见,他是抱着谦虚的、相互学习的态度来与明治诗人切磋交流的。在日本汉诗人当中,黄遵宪最不吝笔墨去赞扬的是赖山阳和龟谷省轩。而赖山阳在日本诗坛上确是卓越的诗人。①正是诸如黄遵宪等清代诗人与龟谷省轩、宫岛诚一郎等明治诗人的切磋交流,促进了清诗东渐和明治新风西传。除了黄遵宪之外,我们不能忽略的还有何如璋。

第三节　何如璋的诗作与明治诗坛

明治二十七年(1894),在东京鱼住嘉三郎出版的、由东洲山人编撰的《日清韩三国英名传》中,有这样的一篇小小的传记《清国前钦差大臣何如璋略传》,传记大意是说何如璋担任驻日公使期间常到横须贺造船所去察看,对造船之业大感兴趣,并上书清帝建议设立造船厂,清帝接纳了这个建议。并命何如璋为船政大臣,督办船务。太田才次郎的《旧闻小录》则是这样记载何如璋的:"何如璋,字子峩,清国岭南人,明治十年,清国之与我修好也,以如璋为公使,以张斯桂为副使,以差于我,而后之来者,为沈文荧、黄遵宪、廖锡恩、刘寿铿。何定求、王治本、王藩清等。此等之人,大抵工诗文,能书画,故人人皆喜与之相交。"② 所以何如璋不仅是政治家,也是一名受到日本汉诗人推崇的文人、诗人。与他交谈的日本人,虽然不乏政治家、军事家,但他们同时也是文人、诗人,比如胜海舟,就是一个典型的例子。

楫东正彦所撰的《海舟言行录》记载了胜海舟的言行和诗文、和歌。胜海舟,明治维新后改名为胜安芳,生于文政六年(1823),卒于明治三十二年(1899),是江户末期和明治初期的武士、政治家,精通西学,曾为赴美使节,并在海军任职,此外与西乡隆盛和大久保利通经常进行会谈。《海舟言行录》

---

① 蔡毅:《黄遵宪与日本汉诗》,中国文学会编《中国文学报》(71),2006年4月,第50~77页。
② 太田才次郎:《旧闻小录》卷下,东京太田才次郎出版1939年版,第44页。

中记载胜海舟与何如璋的一次关于两国朝廷的不大愉快的交谈，大意是说：清公使何如璋来访，谈起各国的兴亡治乱，何如璋忽然说到日本明治维新过程中出现的地方战争等内乱，胜海舟并未马上应答，忽然将话题转向了清朝建立以来发生的内讧历史，说得很详细。何如璋羞惭辞别。① 具体事实是否如此，今无从考证，不过这却可以说明，胜海舟与清国公使一行确有交往。政治只是交谈的一个方面，诗文的交谈则是另一方面。宫岛诚一郎的汉诗集《养浩堂诗集》刊行时，既请了何如璋、黄遵宪，也请了胜海舟等人作序和跋。胜海舟的汉文造诣很深，《海舟言行录》中记载他曾边读边讲解《诗经·北山》的情景②，还辑录他所做的汉诗约二十首，此处列举三首如下：

题《维新活历史》
先哲何处去，长眠唤不醒。安危在人才，望嘱只后生。

画　赞
天神本至诚，愤怒百邪惊。手握降魔剑，一挥救苍生。

奉贺冈本先生高龄
风霜八十岁，元是一遗臣。坐上百弟子，举觞祝千年。

失　题
荆棘未凋霜，芳兰惜萎芳。天公不弃拙，花月恣彷徨。③

题历史著作的、题画的……可见胜海舟汉诗创作题材较为丰富，诗句简洁易懂，讲究韵律，读来朗朗上口。何如璋所著《使东杂咏》④ 于明治十三年（1880）在东京刊行，记录了他出使日本途中和到日本之后的见闻，几乎每诗

---

① 楫东正彦：《海舟言行录》，东京光融馆明治四十年（1907）版，第 53 页。
② 楫东正彦：《海舟言行录》，东京光融馆明治四十年（1907）版，第 106~108 页。
③ 楫东正彦：《海舟言行录》，东京光融馆明治四十年（1907）版，第 283 页。
④ 何如璋著，兼阪光贞训点：《使东杂咏》，东京山中市兵卫出版明治十三年（1880）版。

之下均有自注,以解释作诗的背景,补充诗中的内容。与黄遵宪《日本杂事诗》有许多类似的地方,但所记日本史、日本风俗等不如《日本杂事诗》详细和全面。《使东杂咏》开篇即为:"相如传檄开荒去,博望乘槎凿空回。何似手赍天子诏,排云直指海东来。"诗后自注曰:"丁丑七月,奉到国书,谨赍以行,航海凡十数日,皆无大风,行人安稳,指海若亦奉护,天子威灵也。"海若,指古代传说中的海神。《楚辞·远游》:"使湘灵鼓瑟兮,令海若舞冯夷。"王逸注曰:"海若,海神名也。"洪兴祖补注:"海若,庄子所称北海若也。"这首开篇的诗表达了何如璋航海出使的时间和一路上的平安。其后是记录途中的情况。"清水洋过黑水洋,罗针向日指扶桑。忽闻舟子欢相语,已见倭山一点苍。"诗后自注曰:"自过花岛后,目之所及,一望无际。水初作浅碧色,渐作蔚蓝,更为黝黑。至二十五日申正,驾长命舟师登桅,遥望少顷,云已见高岛,盖近日本境矣。"

接着,何如璋描述了所见的日本风景和民俗、百姓生活,今仅列举几首如下:

到崎阳

缥缈仙山路竟通,停舟未信引回风。烟岚万迭波千顷,不在诗中即画中。(廿六日巳刻到崎阳。初入口,湾环回匝,山皆古秀可爱。松翠万株,中有烟云缭绕之态,岂即古之所谓三神山者耶?)

天后宫行香

虔诣神祠爇瓣香,威仪同肃我冠裳。定知依汉天相等,难怪观宾国若狂。(廿七日,余偕副使张公并诸随员诣会馆后之天后宫行香。汉官威仪,东人所未见。观者如堵,皆肃然无敢哗者,国家之声灵远矣。)

居 室

板屋萧然半亩无,栽花引水也清娱。客来席地先长跪,瀹茗同围小火炉。(东人喜为园亭。贫仅壁立者,亦种花点缀。离地尺许,以板架屋,席其上。客来脱履户外,肃入,跪坐围炉瀹茗,以淡巴菰相饷。)

长崎女子

编贝描螺足白霜,风流也称小蛮装。薙眉涅齿缘何事,道是今朝新嫁娘。(长崎女子已嫁,则薙眉而黑其齿。举国旧俗皆然,殊为可怪。而装束则古秀而文,如观仕女图。)

烟　禁

入境谊观令甲悬,谁夸过海是神仙。游踪应少餐霞癖,不近清明也禁烟。(日本烟禁极严,吸食贩卖者均处重刑。)

孔子庙

浮海乘桴寄慨深,千秋谁识圣人心。殊方今日入祠庙,洙泗环门杏满林。(长崎山麓,有夫子庙堂。门前遍植红杏,引溪水左右环之,亦称洙泗。凡有血气,莫不尊亲,不信然乎?)

西乡隆盛

征韩拂议逆心生,蛮负真同蜗角争。壮士三千轻一死,鹿儿岛漫比田横。(台湾生番之役,西乡隆盛倡其议。及罢,复议攻朝鲜。执政抑之,弃官归鹿儿岛。今春称乱,八月始平。败时,其党人千人死焉。)

黄遵宪也写了日本女子及其出嫁的风俗和纪念西乡隆盛的诗,可与何如璋之诗作一比较,二者有不少相似的地方。另外,对于黄遵宪极为推崇的汉诗人赖山阳,何如璋也写了诗歌赞扬:

赖山阳

使舶遥经安艺国,能文却忆赖山阳。此中近日刊遗稿,可有流风被一方。(赖襄子成,安艺人,能诗文。日本近刊其遗草,曰山阳遗稿。余见其所著日本政纪及外史,文甚雅健。)

对于明治维新带来的新鲜事物,何如璋也没有忘记在诗中加以表现,如

《铁道轮车》：

气吞长虹响疾雷，全题矢直铁轮回。云山过眼逾奔马，百里川原一响来。（初五日往游大阪，大阪距神户六十中里，铁道火轮四刻即至。烟云竹树，过眼如飞。车走渡桥时，声如雷霆，不能通语。上下车皆有房，为客憩止之所。）

黄遵宪曾在杂事诗的自注中说："仿西法之善者，此外西法，有火车、电线、邮便，《使东杂咏》俱有诗。"① 黄遵宪的杂事诗中也出现了不少西方科技带来的新事物，如上述的报纸、照相等，这些，都是在与日本友人交往的过程中，相互切磋、相互影响的结果。总之，清诗与日本明治汉诗的交流，是双向度的，相互的，而非单向度的影响与被影响那么简单。

第四节 广东与日本之间的汉诗交流

两国诗坛的双向交流并未随着两国政治关系在琉球被日本吞并后的恶化而停止，奉命出使日本调查琉球事件和日本军务的王之春②，写了《东京杂咏》和《东京竹枝词》。王之春（1842～1906），字爵棠、芍棠，号芍唐居士、椒生，衡州府清泉县（今衡阳市衡南县泉溪镇狮子坪）人。外交家、思想家、著名学者，洋务派代表人物、湘军名将。他是思想家王夫之八世从孙，少有才名，弱冠即入湘军。历任江防统领，广东雷琼道台，广东督粮道台，广东高廉道台，广东按察使，广东、湖北、四川布政使，山西、安徽、广西巡抚，作为钦差大臣曾出使日、俄、德、法诸国。日本吞并琉球时，王之春受遣赴日本查探，他到东京时，何如璋和副使张斯桂、参赞黄遵宪曾接待过他，从《谈瀛录》中，我们可以看到相关记载，王之春对黄遵宪的《日本杂事诗》非常喜爱和敬佩，《谈瀛录》卷一载录了几首他题写《日本杂事诗》的诗作，称赞黄

---

① （清）黄遵宪著，钟叔河注：《日本杂事诗广注》，岳麓书社1985年版，第640页。
② 深泽一幸：《王之春的〈东京杂咏〉〈东京竹枝词〉》，大阪大学言语文化部编《言语文化研究》(37)，2011年版，第141~161页。

遵宪"怀中握有灵珠在,写出生花绝妙词"。

由于何如璋、黄遵宪等人出使日本期间丰富的创作活动和诗文交流活动,促进了以诗证史、以诗存俗、以诗采风的观念的扩展。前面说过,何、黄在当时已经是一流的文人,对于饱受二百多年锁国令限制的日本汉诗人来说,他们被视为清代诗文的代表和模范,所以向他们请教的诗人甚多,在笔谈当中,何、黄直率地把自己的诗学观念表达出来,并通过修改日本汉诗人的作品和评语,对清诗东渐起着重要作用,王之春到日本后,也加入了何如璋的行列,诗文的讨论,自不在话下。关于何、黄等人与明治诗人的诗文笔谈,可以在郑子瑜、实藤惠秀精心整理出来的《黄遵宪与日本友人笔谈遗稿》找到许多,另可在《黄遵宪师友记》中找到例证,这本书已于2002年由上海书店出版社出版,读者查找很方便,另外也可以从早稻田大学的《宫岛诚一郎文书》等资料中找到不少笔谈记录,《谈瀛录》中也有部分资料,限于篇幅,本节从略。

王之春的《东京杂咏》和《东京竹枝词》描写的内容多与何、黄同,比如他们都吟咏了东京的房屋、居民、艺伎、上野公园,还有人力车等,总之,他们的诗作,从不同的角度展现了明治时代的风貌。而正是这些赴日的诗人,将清代诗歌之风吹到日本,同时也通过诗歌、日记等,将明治新风带回大陆,在这一双向的诗文交流的过程中,广东诗人,尤其是首任驻日公使何如璋和参赞黄遵宪,起着不可忽视的作用。另外,关于清代广东诗人与日本汉诗人的唱和赠答,还有不少,他们的唱和有许多共同特点,在正文中不再详细论述,读者可参考本书的"编外编",其中列举了许多例子和留存至今的文献资料。

第三章　清代广州、佛山的出版业与越南的粤刻汉籍

广州位于南海海滨，处于东、西、北三江交汇处，兼有河港、海港的功能，自古以来就是重要的对外贸易港口，商业发达。自康熙二十四年（1685）设立粤、闽、江、浙四海关之后，广州的对外贸易迅速发展起来，特别是乾隆二十二年（1757）清廷封闭闽、江、浙三关之后，广州便成了全国唯一对外贸易的港口。① 而佛山毗邻广州，位于珠江三角洲平原西北部，四周环水，交通方便，乾隆《佛山忠义乡志》卷十称其为"南北一大咽喉"。在以船舶为主要运输工具的清代，佛山商贸因此得以迅速发展，成为商贾夹道的贸易之城。从出土资料看，先秦时期，广东人就已经扬帆出海，春秋战国时广州已成为犀角、象牙等珍奇荟萃之地。② 清代广州与佛山商贸飞速发展，其中之一，便是出版业的发展，所刊刻书籍，远销东南亚国家，比如，越南至今仍保存大量由佛山书坊刻印的书籍。

书籍的交流是文化交流的一个重要载体。在十八至十九世纪的东亚汉文化圈，商业贸易与书籍流通又有着密切的联系。正如刘玉珺先生在对国内及越南现存越南古籍进行调查时发现，商业贸易是越南古籍传入中国的一个重要途径。除此之外，还通过广东的坊刻传入国内。比如中国国家图书馆所藏的两种越南古籍：《皇越地舆志》与《南圻六省地舆志》，由广东金玉楼刻印后，通

---

① 蒋祖缘：《清代佛山商人的构成及其对商业的影响》，《广州研究》1987年第8期，第54页。
② 刘波：《广州海洋文明遗迹与文物》第一章，广东人民出版社2002年版。

过南圻堤岸的"和源盛"商号发往越南各地销售。而且，现存的越南佛经有相当一部分是据广东印本翻刻的。可见，粤越之间的书籍流通，与当时粤越之间繁荣的商业贸易密切相关。①

下文就以书坊出版业为角度，探讨清代广州、佛山与越南的经济、文化交流。

第一节 广东与越南的诗歌唱和

由于地理位置上的接近，清代广东与越南在政治、经济、文化等方面都有频繁的交流。据《古今图书集成·方舆汇编·边裔典》第九十四卷"安南部"引《大清会典》，顺治十八年（1661），广东巡抚奏称安南国王黎维祺差官奉表投诚，礼部题准照琉球国例，颁赐敕谕一道。又，康熙四年（1665），题准安南国贡道由广西凭祥州起送。康熙七年（1668），题准安南国人员归国，差司宾序班一员伴送至广西，交该抚差官护送出境。越南贡使回国途中，常由两广官员一路轮流护送。在这一过程中，难免要诗文唱和一番，可知两地人员往来在两地诗文交流过程中是一个重要的因素。正如陈耕和教授所言："清初广东与东南亚国家的文化传播很大程度上通过人员迁移而得以实现。"②

人员往来主要是朝廷官员、商人和文人。当然，他们往往兼具官员和文人，或者商人和文人的身份。其中，越南人员的到来，通常是朝廷官员进贡，由两广进入，而清朝人员赴越，除了明清易代之际大批的政治移民之外，就是从事航运贸易的商人。

清代广东与越南的人员往来最主要的方式，可以说是广东的政治移民。有关学者指出："越南华侨史有一个重要特点是政治移民较多。中国的每一次王朝变更，几乎都有大批旧政权的拥护者南迁越南。宋朝灭亡、明朝灭亡最为典型，这些南来的政治移民尤以广东一带为多。"③ 比如，雷州人鄚玖及其子鄚天赐移居越南河仙镇后对该地富于广东特色的开发。

---

① 刘玉珺：《越南汉喃古籍的文献学研究》，中华书局2007年版，第70~72页。
② 陈耕和：《河仙鄚氏的文学活动，尤其关于河仙十咏》，《史学》第四十卷第二、三号。
③ 牛军凯：《东南亚华侨与广州》，广东人民出版社2002年版，第26页。

鄚玖是为逃避国内明清争权之战而避难于越南的。《大南列传前编》卷六鄚玖传曰："明亡，清人令民薙发，玖独留发而南投于真腊，为屋牙。"又据李庆新教授的调查研究，鄚氏原籍福建，始祖莫与于元朝初年为侍御，因直言贬为雷洲府经历。明清时期，雷洲莫氏居住在黎郭社的黎郭村和东岭村。鄚玖属于东岭村莫氏支族，鄚玖原名莫绍原。生于明永历九年（顺治十二年，1655）五月初八日。十七岁时南投，最初抵达南蓉，即今柬埔寨金边。后获得国王的重用，获治于河仙。① 鄚玖开发了河仙镇、奠定其物质基础后，鄚天赐继承父业，进一步发展河仙镇的文化、教育、商贸。鄚天赐统治期内河仙镇的情况如下："国内多崇山，所辖地才数百里，有城以木为之，宫室与中国无异，自王居以下皆用砖瓦，服物制度仿佛前代，王蓄发戴网巾纱帽，身衣蟒袍，腰围角带，以靴为履，民衣长领广袖，有丧皆白衣，平居以杂色为之，其地常暖，虽秋冬亦不寒，人多裸而以裳围下体，相见以合掌拱上为礼，其风俗重文学好诗书，国中建有孔子庙，王与国人皆敬礼之，有义学选国人弟子秀者及贫而不能具修脯者绂诵其中，汉人有僦居其地而能句读晓文义者则延以为师，子弟皆彬彬如也。"② 这是十八世纪四十年代河仙镇的实况。引人注意的是，鄚天赐在河仙镇建造招英阁，招纳四方文人贤士，诗酒唱和，提倡文教，河仙镇一时兴盛，远近闻名。根据出生于河仙明乡的乡土史研究专家东湖先生（本名林晋濮）的研究，又据河仙《鄚氏家谱》记事和《河仙十咏》中天赐之序指出，招英阁即河仙镇的孔子庙，既是鄚天赐与诸儒谈诗论道的地方，也是诗社所在地。

诗社最重要的成果，是《河仙十咏》的刊行。《河仙十咏》是由鄚天赐发起的、对河仙镇十景的吟咏之作，每人和诗十首，共有三十二人，总计三百二十首诗，结为一集。鄚天赐在《河仙十咏》的自序中说："安南河仙镇，古属遐陬，自先君开创以来三十余年，而民始获安居，稍知栽植，己卯夏先君捐馆，余继承先绪，理事之暇，日与文人谈史论诗。丙辰春，粤东陈子淮水航海至此，余待为上宾，每于花晨月夕，吟咏不辍，因将河仙十景相与属和。陈子

---

① 李庆新：《鄚玖、鄚天赐与河仙版权（港口图）》，《海洋史研究》第一辑，北京：社会科学文献出版社 2010 年版，第 171～216 页。
② 陈耕和：《河仙鄚氏的文学活动，尤其关于河仙十咏》，《史学》第四十卷第二、三号，第 156 页。

树帜骚坛，首倡风雅，及其返棹珠江，分题自述，承诸公不弃，如题咏就，汇成一册，遥寄示余。"可知，河仙十咏的撰成和刊刻、传播，功劳最大的，是粤东（即广州）诗人陈智楷（号淮水），正如他在集后的跋所言的那样，丙辰年（1736）他访问河仙，逗留约半年，期间得到郑天赐的厚待，他们一起咏唱河仙十景，回到广东后，郑天赐以陈智楷为媒介，联系了以闽粤为中心的华南诗人群，得到了这些诗人的唱和之作，陈智楷收集好这些唱和诗歌之后，寄给了郑天赐。也就是说，集中大部分诗人并未亲自到过河仙，观赏十景。①

现在，笔者根据陈耕和教授搜集的资料，整理《河仙十咏》的唱和诗人的籍贯，其中，广东籍诗人如下表所示（共八人）：

姓名与别号	籍　贯
郑天赐，士麟	广东雷州（其父移居越南莫城后诞生）
朱璞，仁宝	广东韶石
吴之翰，敬堂	广东紫水②
李仁长，元宝	广东南海
单秉驭，石亭	广东鉴水③
王昶，日永	广东番禺
汤玉崇，放庵	广东韩水
陈演泗，云泽	广东五羊

除了福建籍诗人（共有十人）之外（兹不列表），广东籍诗人是最多的。郑天赐设置招英阁，款待四方文人，除上述表格中的文人外，还有广东人林其然、孙天端、梁华峰、孙文珍、路逢吉、徐锡纯、陈瑞凤、卢照莹、黄奇珍、陈伯发、潘大广、阮仪、陈顽、邓明本等。④ 从中也可看出广东与越南文化交流之密切。正由于河仙镇具有浓郁的粤文化色彩，并且很多广府语系的商人来

---

① 陈耕和《河仙郑氏的文学活动，尤其关于河仙十咏》，《史学》第四十卷，第二、三号第161~162页。正文为笔者据原文（日文）翻译。
② 陈耕和先生认为，此"紫水"指广东省北江上流的紫洞水，而非甘肃省武都县东的紫水。他参考了臧励龢编《中国古今地名大辞典》。今从此说。
③ 此"鉴水"指广东茂名的鉴江。
④ 夏露：《17-19世纪广东与越南地区的文学交流》，《海洋史研究》第三辑，社会科学文献出版社2012年版，第271页。

此经商，所以河仙镇又被称为"小广州"。

此外，有不少广东籍官员、文人出使越南，并做了诗文集。如邓廷喆（？～1731），字宣人，号蓼伊，东莞茶山人，他出使越南途中的吟咏之诗、与越人的唱和诗等结集为《皇华诗草》。钱仲联先生主编的《清诗纪事》中收录了关于邓廷喆的作品和生平介绍。此不赘述。

在赴越的清人中，还有一类比较特殊，即禅僧，他们既不同于使臣，也不同于商人，但他们到越南传教，本身就是中越文化交流的生动例子，他们在越南的见闻，和在越南期间有意无意间对中国文化的传播，都有重要意义。其中较典型的例子是清代广州长寿寺住持大汕和尚。

大汕应越南顺化政权阮福周之请，渡海赴越，在顺化、会安一带居留一年半，于次年秋归粤。大汕原姓徐，号石濂，江苏吴县（今苏州）人。大约中年以后，来到广州，以"学问僧"的面目出现于当时广州的官绅、士人间，获得盛名。大汕交游日广，声势日盛，酒色财货，纵情享乐，渐渐为人诟病。① 清人王士禛曾作《妖僧大汕》："广州有妖僧大汕者，自言江南人，或云池州，或云苏州，亦不知其果籍何郡。其出身甚微贱，或云曾为府县门役。性狡黠，善丹青，叠山石、构精舍皆有巧思，剪发为头陀，自称觉浪大师衣钵弟子。游方岭南，居城西长寿庵，而日伺候诸当事贵人之门。……后闻其私贩往安南，致犀象珠玉珊瑚珍宝之属，直且巨万，连舶以归。"（《海外纪事》附录第137页）王士禛指出大汕和尚去越南，主要目的其实是从事商业活动，从中谋利。

汪兆镛所作《记大汕》则曰："大汕字厂翁，又号石濂，亦字石莲，长寿寺僧，与屈、陈、梁三子交。一时名流杜于皇、吴梅村、陈其年、魏和公、高澹人、吴园次、宋牧仲、万红友、田纶霞、王渔洋、黄九烟诸老，皆与唱和。"②

虽然清人对大汕和尚褒贬不一，但他的越南之行，却是一定程度上起到了传播粤文化的作用，并且，他把在越南的见闻撰成《海外纪事》一书，回到

---

① （清）大汕著,余思黎点校:《海外纪事》,中华书局2000年版,前言。
② （清）大汕著,余思黎点校:《海外纪事》,中华书局2000年版,第137页。

广州后刊刻发行，书中所载越南事宜，有助于粤人认识越南文化。如其《初抵大越国诗》中的几首：

> 巨洋寒雨满征帆，到岸初春著夏衫。墟上蛮歌声呖呖，庸中调笑语喃喃。番军杂沓沙千里，王使来迎书一函。自古东南传地缺，落霞仍有万山衔。

> 瘴气频蒸漠漠天，木兰风度满溪湾。近村人语烟中竹，隔岸鸡鸣云里山。画桨水翻红袖去，奇南香赠绿衣还。官家几处倾椰酒，归路松灯照醉颜。

> 漠唐开拓贡前朝，几代雄图即次消。定远歌残关塞月，伏波声震海天朝。春深野草纷纷合，夜静灵旗往往飘。晓望长林争岸出，山川一半是渔樵。①

诗中展现了一派热带风景，并描述了越南临海，多以渔樵为业的特点。另，大汕所作《操象行》则更具越南风情：

> 国王一一修供养，艤舟晨请看操象。曙色林烟未辨花，浅濑蘋风吹荡漾。十里已到演武场，四边人立如堵墙。衮龙高坐披发主，锦袍侍卫神飞扬。大越象即冀北马，肉蹄蹴踏常被野。遣熟驱生雌制雄，饥之渴之鞭捶下。调来荏苒经数旬，国家养象胜养人。日食豆粟各一斛，刈蒭军士还苦辛。

从诗中可知，当时越南重要的代步工具是大象，朝廷投入大量的物力和人力来驯象。而越南底层百姓生活艰辛，过得甚至不如一头大象。又如，大汕在越南所做的《怀陈广州》诗，有助于粤文化在越南传播："昔日五仙骑五羊，

---

① （清）大汕著，余思黎点校：《海外纪事》，中华书局2000年版。

今朝五马驾黄堂。仙人虽去岁长稔,太守自到民乂康。广州核县一十七,连山枕海萑苻窟。当宁经营数十年,闾阎耕凿事粗毕。忽逢大水天降灾,我公此日下车来。淋漓路冕往安集,中宵蒿目空徘徊。稻田谷熟浸糜烂,亦无荔枝与龙眼。尚传宝玉此乡多,使橐金装上鱼贯。石门泉脉草离离,明珠翠羽至今悲。几度经过动怀古,清风常匝大夫祠。"(《海外纪事》卷三)这首诗介绍了广州的五羊传说,说盛产稻谷,还提到了岭南特产荔枝、龙眼等等。

两国人员往来还有一种类型是越南人长期寓居在两广地区,不仅熟习汉文,并且交了不少朋友,回到越南后,他们就把在两广地区所作汉诗文结集发行。另有因为某种原因与两广人士产生诗文赠答的,如越南河内汉喃研究院图书馆藏安南阮敦仁乐山所作的诗歌抄本《道南斋初稿》。作者阮乐山幼年就流离到中国,在中国创作了若干诗歌并结集。书中另有广西临桂人胡长庆序。

又如,明命帝继位初年(1819),遣使入清,以吏部参知吴位(吴时位)充正使。次年,吴位卒于广西南宁,但是他给后人留下了一部北使集——《梅驿诹如文集》,收录了他出使期间创作的九十三首诗及十二篇赋文等,内容多为题咏途中名胜古迹以及与友人的唱和之作。

除了上述两例之外,出使清廷进贡的越南官员可以说是越南方面人员往来的主要方式,这些使臣大都具备优良的汉文文学素养,他们在出使途中多与清朝官员、文人唱和,比如景兴庚辰年(1760)越南学者黎贵惇出使清朝,他于景兴四十一年(1780)将自己使清期间的活动记录整理成《北使通录》,记录了出使行程、使团成员、所携贡品、朝见礼仪、与清臣的交往、清朝官员的诗文等等。

其中,不少出使清廷、具有优良的汉文文学素养的越南官员,其祖先,是从广东或者福建移民到越南的,如越南嘉隆元年(1802)阮朝建立,五月派贡使入清,吴仁静时为兵部右参知,任如清副使。吴仁静(?~1813)字汝山,其祖先为广东人,南投越南嘉定。《大南正编列传初集》卷十一称其"有才学,工于诗,起家为翰林院侍学。……文学该博,好吟咏,尝与郑怀德、黎光定唱和。有《嘉定三家诗集》行世。"今存有吴、黎二人的北使合集,首部为吴仁静的《拾英堂诗集》,收录其出使时所做的唱和诗八十一首。华裔越南官员、文人还有许多,兹再举几例如下:

越南学者潘清简（1796～1867）于明命十三年（1832）迁户部员外郎署承天府府丞，复进为鸿胪寺卿，充任副使访华。潘清简先祖为中国人，此次使华，有题咏、即景、自叙、怀古、唱和等各类诗一百四十七首，结集为《使程诗集》，其别集《梁溪诗草》也收录了他的北使之作。

汝伯士（1787～1867），字元立，如粤公干，所作诗文以及中国友人的赠答诗，由其子汝以姮编辑为《粤行杂草》一书，又名为《元立粤行杂草诗》《汝元立粤行杂草》，现存有四种抄本。

李文馥（1785～1849），字邻芝，号克斋，河内永顺人，祖籍福建龙溪县西乡，他曾多次到华公干，三度如粤，共有八种北使诗文集传世。[①] 李文馥合编出版为《粤行杂草》，其自序曰："岁癸巳，广东水师中营外委梁国栋、右营外委樊耀升领兵七千人，乘战船一艘出洋哨捕，以风故，收泊于我国茶山澳……蒙恩旨赏给银两，品物有加。令有司修其战船……分乘平字一、平字七两大船，护送回粤。"阮圣祖明命十三年（清道光十二年，1832）冬，中国广东水师的一艘战船在出洋巡逻时，因遇风浪而被迫停泊越南海岸，次年，阮圣祖派遣李文馥等人护送船上官兵由海路返回广东，此后，李氏等人在广东停留了大约半年，《粤行吟草》收录的就是这段时间的诗文作品。巽甫所作《书后》曰："是集，盖初适粤辰作也。酬应品题，笔墨浩瀚。其为粤中诸名士所推许。"[②] 看来越南使臣的汉诗创作也受到了清朝文人的肯定和赞赏。

追溯起来，有学者研究指出，广东文学与越南地区人员的文学交流，可追溯到秦汉时期。在清代中越之间的政治、商业交流中，粤、越诗人间的唱和一直很活跃。如上述李文馥，他对于结交内地人士非常热心，船才到广东虎门境内，便向人打听当地名流，逗留广州期间，他主动认识并融入当地文人群体，结识了缪艮、梁玉书、刘墨池、梁钊等人，并热情地与他们唱和。如广东举人冯尧卿与李文馥的诗赋之交，在冯尧卿所作的《粤行杂草序》中有较为详细的描述。

唱和诗是越南使臣、文人所做的汉诗文集中数量多、地位重要的部分。与

[①] 刘玉珺：《越南汉喃古籍的文献学研究》，中华书局 2007 年版，第 303～306 页。
[②] 葛兆光主编：《越南汉文燕行文献集成》第十三册，复旦大学出版社 2010 年版。

清人的唱和不仅受到越南使臣的高度重视，被编辑成各种诗文集，而且也受到广东文人的关注。现存的《中外群英会录》由时在广东的诗人缪艮编辑而成，主要收录清朝文人与李文馥、汝伯仕、阮文章等越南使臣的唱和之作。

可见，在粤、越之间密切的人员往来和文化交流中，诗歌起着重要作用，双方对唱和诗的重视，也在一定程度上促进了书籍的印刷和传播。这与清代广州、佛山发达的印刷出版业也有关系。

第二节　广州、佛山的书坊与越南古籍

据有关学者考察，佛山木版印刷源于宋代，兴于明代，盛于清代。清初成为中国四大木版年画生产基地之一。清中叶开始，佛山和广州、潮州一道，成为广东刻印书籍的三大中心，也是广东最重要的商业化木版印刷品集散地之一。[①] 清代广州、佛山的木版印刷十分繁荣，所刻印的书籍声名远扬，畅销内地多省区和南洋多国。据咸丰《顺德县志》卷三[②]载，在顺德，从事雕版印刷相关行业的人非常多。清代的广州、佛山，以刻印图书作为商品流传，以营利为目的的书坊大量涌现，这个时期，民间印刷业超过了历史上任何时期，直至民国时代，仍呈现一派兴旺繁荣的景象。[③] 广州、佛山书坊刊刻的书籍很多都销往越南等国，部分至今留存。

据刘玉珺在越南长期的调查统计，发现刊刻过越南书籍的中国书坊几乎都在广州或佛山，如粤东金玉楼、粤东佛镇金玉楼、粤东镇福禄大街天宝楼、粤省佛镇文元堂、广东街广盛南、广东佛山近文堂、广浩源店、粤东字林书局、粤东荣和园、粤东陈村永和源、粤东陈村永和源、粤东佛镇宝华阁、粤东英文堂等。她还发现，这些在广州、佛山刊刻的越南古籍以俗文学作品为主。[④] 这与佛山当时作为清代俗文学唱本木鱼书的重要刊刻地是分不开的。销路广、需

[①] 程宜：《明清佛山木版印刷初探》，《佛山科学技术学院学报》2012年第1期，第81页。
[②] 《顺德县志》，清咸丰六年（1856）刻本。
[③] 朱培建：《佛山书坊与木鱼书》，引自曾赤敏编著《佛山藏木鱼书目录与研究》，广州出版社2009年版，第249页。
[④] 刘玉珺：《越南汉喃古籍的文献学研究》，中华书局2007年版，第124～128页。

求大，使得广州和佛山的书籍出版，成了当时广东商人从事的重要行业之一。

据《广东省志·出版志》①的统计，从现存图书来看，佛山主要书坊有：占经楼、同义堂、宝华阁、天宝楼、芹香阁、吴文堂、华文阁、翰宝楼、文光楼、元吉轩、华文局、文林阁、翰文堂、天禄阁、金玉楼、三元堂、文盛堂等。朱培建先生对佛山近文堂做了考察，发现书坊故址在舍人街、舍人后街，今佛山禅城区东方广场与福禄路交接处一带。由于佛山雕版的精良，清代广州一些书坊所用的雕版，也多在顺德马岗乡加工，如五桂堂、以文堂、醉经堂等。②

其实，对刊刻于广州、佛山而销往越南的书籍，我国的文献类著作早有记载，如《贩书偶记》卷七著录《皇越地舆志》二卷，不著撰人姓名，约同治壬申（十一年，1872）粤东佛山金玉楼刊。本书汉喃院所收本颇多。巴黎国家图书馆收有1883年（光绪九年）金玉楼印本。③此类书籍还有：广东佛山天宝楼印于庚寅年（1890）的《如西日程》，由张明记（号梅庵，字世载）撰写并序于成泰元年（1889），另有《白猿新传》、喃文书籍《李公新传》等。天宝楼在佛山福禄大街，是木鱼书重要的刊刻地之一。另外还有近文堂，所刻越南书籍有《训蒙一曲歌》二卷，为汉喃文幼童读本，绍治年广南举人阮得镜所撰，存广东佛山近文堂和文元堂绍治年间（1841~1847）刊本。近文堂刻本还有《林生林瑞传》等。近文堂还是木鱼书重要的刊刻书坊之一。④

广州、佛山的书坊刻书数量多，质量好，远销海外，但由于晚清及民国时期社会动荡，竞争激烈，加上西方技术传入，许多书坊相继歇业，但有些书坊生存了下来，并且借用新技术新机器，改进了印刷质量。现在，笔者根据广东省立中山图书馆现存古籍（可明确出版单位或出版地的），就其中诗文类古籍，对晚清和民国初广州、佛山书坊及其所印书籍作一简单整理和介绍⑤：

---

① 《广东省志·出版志》，广东人民出版社1997年版。
② 朱培建：《佛山书坊与木鱼书》，引自曾赤敏编著《佛山藏木鱼书目录与研究》，广州出版社2009年版，第274页。
③ 何仟年：《越南传入古籍略考》，《文献》2003年第2期，第260页。
④ 刘玉珺：《越南汉喃古籍的文献学研究》，中华书局2007年版，第124~125页。
⑤ 王惠君主编：《佛山市图书馆古籍目录》，佛山市图书馆2009年版，第225~281页。

表3　　　　　　　　　广东省立中山图书馆所藏粤刻书籍举例

书　名	作　者	刊刻年代及书坊
《陈检讨集二十卷》	（清）陈维崧撰	清光绪元年（1875）宝文堂刻本
《鹿洲全集》七种	（清）蓝鼎元撰	清同治四年（1865）广东纬文堂刻本，残卷，有画像
《袁文笺正十六卷袁文补注一卷》	（清）袁枚撰，（清）石韫玉笺	民国六年（1917）广州通亚书局石印本
《补校袁文笺正七卷》	（清）袁枚撰，（清）石韫玉笺，周绂堂补校	清道光三年（1823）岭南丛雅居刻本
《粤台征雅录》一卷	（清）罗元焕撰，（清）陈仲鸿注	清道光年间（1821~1850）南海伍氏粤雅堂刻《岭南遗书》本
《云化阁诗略六卷附录一卷》	（清）易宏撰	清道光二十年（1840），南海伍氏诗雪轩刻《粤十三家集》本
《倭文端公遗书十卷卷首二卷》	（清）倭仁撰	清光绪三年（1877）粤东翰元楼刻本
《石云山人诗集二十三卷》	（清）吴荣光撰	清道光二十一年（1841）南海吴氏筠清馆刻本
《子良诗录二卷》	（清）冯询撰	清同治二年（1863）广州宝华坊刻本
《拙园诗选》	（清）冯庚飐撰	清同治年间（1862~1874）南海冯氏刻本
《鸿桷堂诗文集四卷》	（清）胡方撰	清同治三年（1864）广州劬学斋刻本
《荔庄诗存》	（清）陈铭珪撰	民国七年（1918）广州荔庄刻本
《两当轩诗钞六卷竹绵词钞二卷》	（清）黄景仁撰，（清）黎兆堂撰	清道光十三年（1833）广州刻本
《荔村草堂诗钞十卷》，另有《荔村草堂诗续钞》，清宣统二年刻本	（清）谭宗浚①撰	清光绪十八年（1892）广州刻本
《梅窝诗钞三卷梅窝词钞一卷梅窝遗稿一卷》	（清）陈良玉撰	清光绪间（1875~1908）南海劬学斋刻本，附补遗
《五百四峰堂诗钞二十五卷》	（清）黎简撰	光绪六年（1881）顺德黎氏教忠堂刻本

---

① 据钱仲联主编《清诗纪事》（同治朝卷）载，谭宗浚，字叔裕，广东南海人，同治十三年（1874）甲戌进士，授编修，历官云南盐法道。除《荔村草堂诗钞》外，还有《于滇集》一卷。

续表

书 名	作 者	刊刻年代及书坊
《五百四峰堂续集二卷》	（清）黎简撰	民国年间番禺汪氏微尚斋刻本，残卷
《崔翰林遗集二卷附录一卷》	（清）崔舜球撰	清光绪十四年（1888）南海崔氏刻本，插图
《缘萝书屋遗集四卷附录一卷》	（清）罗文俊撰	光绪二十三年（1897）广州刻本
《希古堂集甲集二卷乙集六卷》	（清）谭宗浚撰	清光绪十六年（1890），羊城萃古堂刻本
《十悔斋诗钞四卷》	（清）吴炳南撰	佛山多宝堂刻本
《诵芬堂诗草》	（清）罗廷琛撰	光绪二十三年（1897）广州刻本
《养直草庐诗集二卷》	（清）孔继芬撰	民国八年（1918）广州超华斋刻本
《刘锦川先生遗嘱》	（清）刘锦川撰	广州铅印本
《斜月杏花屋诗钞四卷》	（清）叶英华撰	民国二十五年（1936）番禺叶氏铅印《番禺叶氏遐庵丛书》本
《朱九江先生集十卷卷首一卷》	（清）朱次琦撰	光绪二十三年（1897）顺德简氏读书草堂刻本
《东塾集六卷》	（清）陈澧撰	光绪十八年（1892）广州菊坡精舍刻本
《乐善草堂诗钞》	（清）潘镜波撰	广州天成福记铅印本
《颐巢类稿三卷》	（清）陶邵学撰	宣统三年（1911）广州前翰元楼刻本
《抚吴公牍五十卷》	（清）丁禹生撰	光绪三年（1877）广州郭昌记刻本
《南山佳话二卷》	（清）邹庆时编	光绪三十四年（1908）羊城超华斋刻本
《仿南园诗社》	佚名辑	广州大成铅印本
《龙藏宋脉题咏》	黄维馨辑	民国十四年（1925）粤东编译公司铅印本

由上表可以看出，晚清和民国初，广州、佛山的书坊和私人刻书单位还有宝文堂、纬文堂、广州通亚书局、丛雅居、南海伍氏粤雅堂、南海伍氏诗雪轩、粤东翰元楼、南海吴氏筠清馆、广州宝华坊、广州勋学斋、广州荔庄、南海勋学斋、顺德黎氏教忠堂、番禺汪氏微尚斋、羊城萃古堂、佛山多宝堂、广州超华

斋、顺德简氏读书草堂、广州菊坡精舍、广州天成福记、广州前翰元楼、广州郭昌记、广州大成铅印、粤东编译公司。另外，广雅书局所刻书也有不少保留。

清代广州、佛山刻书业的兴盛可以从许多资料中找到证明，如民国《佛山忠义乡志》卷六称，当时佛山有书籍行和刻字行，书籍出版以前用木板印刷，后多用点石或铅字排印，行销内地、西北江、南洋群岛。印刷揭叠需要用人甚多，创造了大量的就业机会，"盛时不下千人云，现大小二十余家"。而刻字行也为佛山创造了许多就业岗位。由于广州港口对外开放，经济发达，且从广州到佛山距离近、交通便利，因此，刻书所用纸张也随着进入广州港口的海外商船的增多，而有了更多的选择，民国《佛山忠义乡志》卷六"实业类"称佛山纸行繁盛，有福建纸行、南北纸行和洋纸行，洋纸行的货物"多来自德国、日本，近来输入日盛"①。此外，对广州、佛山和越南的书籍交流进行研究的，还有李庆新教授的《从佛山到嘉定——18～19世纪中越交流的"书籍之路"》（《地图》，2014年第5期）。可见越、粤地区的交流早已引起相关学者的注意。

广州、佛山书坊所刻书籍销往越南等地的另一个重要因素，是大批广东商人前往越南经商，比如民国《佛山忠义乡志》卷十四记载："简照南，以字行，南海黎涌乡人……年十三，父故，诸弟俱幼，迫于生事，子身赴东瀛，依其叔贩瓷业。简照南后来办口岸，稍有积蓄之后，改营航业，创立顺泰轮船公司，置巨舶往来日本、暹罗、安南，远及欧美各大埠。"又如：佛山人冼恩球，字友忠，自小就经商于越南，信义为邦人所重。另外，多所佛山书院兴起，多个文化团体先后成立，加上士子集结文社之风盛行，这些，都不同程度刺激了出版书籍的需求，促进了清代广州、佛山出版业的继续发展。②

此外，广州十三行的发展，使得许多商人富裕起来，有些商人不仅从商，也热心于书籍出版，比如行商郑崇谦翻译出版的《种痘奇书》，介绍西方人接种牛痘的方法，又如潘正炜著《听帆楼诗钞》，并辑录刊发《听帆楼集帖》六卷，等等。在清代的广东，既是商人又是文人所从事的既是商业行为，又属于文化事业的书籍出版活动，无疑值得深入研究。

---

① 转引自广东省社会科学院历史研究所中国古代史研究室等编：《明清佛山碑刻文献经济资料》，广东人民出版社1987年版，第350页。
② 罗一星：《明清佛山经济发展与社会变迁》，广东人民出版社1994年版，第400～406页。

第四章　广东与日本商业贸易中的
　　　　　汉籍交流

康熙二十四年（1685），清政府废除迁海令，颁布展海令，允许人民出海经商，随着这一鼓励政策的推行，中日商业贸易日益繁盛，直至晚清，何如璋作为首任驻日公使出使日本而作《使东杂咏》时，对繁荣的中日港口贸易，仍有生动的描述："东头吕宋来番舶，西面波斯闹市场。中有南京生善贾，左堆棉雪右糖霜。"（《南京生》）

广东临海，是重要的对外贸易港口之一，商品经济一直较为发达。晚清时期，广东与日本的船舶商品贸易，仍在频繁地进行着。黄遵宪对此有详细记载：

早　稻

一望高高下下田，旱时瑞穗亦云连。归装要载良苗去，倘学黄婆种絮棉。

其土宜稻，九州所产，时有输入广东者。闻有旱稻，近印度苦旱，移植颇宜。曾向故内务卿索取，今译其说曰：旱稻有粳三种，有糯五种。性宜腴沃，瘠土埆田则宜培粪之。分苗插秧，深耕易耨，法与他种同。择地以英吉利人华氏所制寒暑针二十度以上为宜。播种于谷雨、立夏间。其收获也，早在九月，迟在十月。若六七十度热地，则春种夏收，岁可两熟。其地多雨，虽暑及百度，可无伤。否则择卑湿处，久旱亦不至枯槁。凡三百步地，岁获一石四五斗，大熟可得七八斗。粳宜做饭，糯宜造饼云。余客日本,知其濒海多雨,其土又宜种植,故因山为田,梯级云上,亦不忧旱荒。古名瑞穗国,殆有由然。今谓种于旱地,宜择湿土,则如频年晋、豫之灾,虑亦无济于旱。若五岭以南,或者迁地能良也。他日归,当携购其种,即不得如占城之稻、印度之棉普利无穷,苟少有裨益,亦当传播耳。所愿有心农学者试验之。①

《日本杂事诗》说,日本临海多雨,其土宜稻,"九州所产,时有输入广东者",黄遵宪甚至想到要购买稻种,在五岭以南推广种植,以益民生。说起来,广东省广州市称"五羊城",简称"穗",向来重视稻米种植,据屈大均《广东新语》卷五"五羊石"条载:

周夷王时,南海有五仙人,衣各一色,所骑羊亦各一色,来集楚庭。各以谷穗一茎六出,留与州人,且祝曰:愿此闾阎永无荒饥。言毕腾空而去,羊化为石。今坡山有五仙观,祀五仙人,少者居中持粳稻,老者居左右持黍稷,皆古衣冠。像下有石羊五,有蹲者、立者,有角形微弯势若抵触者,大小相交,毛质斑驳。观者一一摩挲,手迹莹然,诸番往往膜拜之。薰以沉水,有烟气自窍穴中出,若石津润而生云也。②

粮食贸易,只是广东与日本港口贸易的一部分,关于广东与日本的贸易状况,《日本国志》卷二十食货志六还有补充,曰:"古无商贾,第以有易无而已。至显宗时铸造银钱,商业盖权舆于此。自通使大唐,唐物麋聚,特于太宰府设唐物使一官,舶至则遣藏人检查货物,命出纳司辨给价值,其珍异之品朝廷或以献上皇……然卒以天主教倡乱,悉绝互市,并禁造大舶。禁帆用三桅,漕船外不得过五百石,著为永例。外舶抵港不许上陆,而国民出海虽遭风难,民归亦处斩。二百余年兢兢墨守,专以锁港为国是,终德川氏之世,惟长崎开港,许中国与和兰通商而已。当时输入之货绵糖、绸缎、书具、文籍为多,输

---

① (清)黄遵宪著,钟叔河注:《日本杂事诗广注》,岳麓书社1985年版,第776页。
② (清)屈大均:《广东新语》,中华书局1985年版,第180页。

出之货铜为大宗，余则昆布、鳆鱼及铜、漆、杂器耳。"① 书具和文籍是清代广东与日本贸易商品之一，而且，"日人甚喜购书，为世界上出名之一事"②，这也促进了中日书籍交流，广东与日本的港口商贸往来频繁，这一形势，无疑可推动中日书籍交流，尤其是在晚清时期，随着日本推行明治维新，西学盛行而汉学衰落，汉籍受到空前冷落的背景下，中日港口城市的贸易对汉籍的交流和汉文化的传播，仍然起着不可替代的作用。在探讨东亚文化圈汉籍及汉文化的传播时，广东无疑是一个重要的研究对象。

第一节 广东船务与中日文化交流

广东作为沿海大省，对外贸易向来较为发达。屈大均《广东新语》卷二曰："粤东濒海，其民多居水乡，十里许，辄有万家之村，千家之砦。"③ 又，卷十八曰："诸蛋以艇为家，是曰蛋家。其有男未聘，则置盆草于梢，女未受聘，则置盆花于梢，以致媒约。婚时以蛮歌相迎，男歌胜则夺女过舟。其女大者曰鱼姊，小曰蚬妹。鱼大而蚬小，故姊曰鱼而妹曰蚬云。蛋人善没水，每持刀槊水中与巨鱼斗，见大鱼在岩穴中，或与之嬉戏，抚摩鳞鬣，俟大鱼口张，以长绳系钩，钩两腮，牵之而出。"④ 二十世纪中期，日本学术界就有关于广东蛋民的研究成果，比如小川博的《中国史上的蜑——关于蜑（蛋）的诸学说的沿革》（发表于《海事史研究》12，P15～38，1969年），这与清代及近代汉籍文献传播有一定关联。关于广东的船只，《广东新语》卷十八对清代广东善用船、善造船有较为详细的介绍，兹举例如下：

粤人善操舟，故有铁船纸人，纸船铁人之语，盖下海风涛多险，其船厚重。多以铁力木为之。船底从一木以为梁，而舱艎横数木以为担。有梁

---

① （清）黄遵宪：《日本国志》，天津人民出版社2005年版，第495页。
② ［日］清水茂著，蔡毅译：《清水茂汉学论集》，中华书局2003年版，第522页。
③ （清）屈大均：《广东新语》，中华书局1985年版，第57页。
④ （清）屈大均：《广东新语》，中华书局1985年版，第485页。

担则骨干坚强。食水可深,风涛不能掀簸。任载重大,故曰铁船。①

值得注意的是,何如璋与晚清广东船务发展有密切关系。据明治二十七年(1894)刊于东京的《日清韩三国英名传》②载:何如璋在出任驻日本清国公使期间,多次到横须贺造船所观察③,深有感触,回国后上述清帝,建议在福州开设造船厂,清帝很快就接纳了这一建议,并任命何如璋为船政大臣,督办船务。

自从福州马尾船厂建立以来,由于专业人才短缺,清政府派出了几批留学生。《清史稿》卷一百三十六载:"福州船厂,自造各兵舰,始建船厂,聘工师于法,延教员于英。建船台,购机器。同治八年秋,第一号万年清轮船成。十二年冬,华匠渐谙制造,厂机亦稍备,乃遣散洋员。……光绪三年,始遣学生、艺徒至英、法二国留学。六年归国。又载曰:广东船厂,自造各兵舰,光绪十二年,两广总督张之洞于省河设厂,选募华工,采用香港英国船厂图说,自造潜水兵轮四艘,曰广元、广亨、广利、广贞。"

据统计,从1872年洋务派派出的第一批留美学生开始,到1886年福建船政局派出的第三批留欧学生为止,在甲午战争前结业回国的,不到两百名,福建船政局第一批留欧学生三十五名,第二批十名,第三批三十三名。从这些留欧学生的专业来看,在1866~1895年间,学习工科专业中军用专业中造舰和驾驶科目的人数最多,分别为十五人和二十二人。④

船政局派出的首届毕业回国留学生,除了十六名在局供职外,其他则为各省机器局和矿场罗致,其中,广东船厂就有福建船政局留学生任职的记录。⑤

近代,广东的船业和教育等,随着对外贸易的发展而得到更为广阔的传播,在服部源次郎的《一个商人的支那之旅》里,有关于广东对外贸易、居民、教育等方面的生动记录,是很重要的研究史料:"五月七日,朝五时,从

---

① (清)屈大均:《广东新语》,中华书局1985年版,第477页。
② 东洲山人编:《日清韩三国英名传》,东京鱼住嘉三郎出版明治二十七年(1894)版,第76~77页。
③ 横须贺造船所为德川幕府于横须贺市设立的造船厂。后交给明治政府,改由海军省管辖。
④ 孔令仁、李德征主编:《中国近代化与洋务运动》,山东大学出版社1992年版,第262、263页。
⑤ 孔令仁、李德征主编:《中国近代化与洋务运动》,山东大学出版社1992年版,第262、263页。

香港向广东出发,上午九时,船溯幅员二里之珠江而行,有大大的十条街道的石岛,在岛上还不时可见炮台。正午,入黄埔,在河之南的日清汽船码头停靠。广东的船型特别有趣,有三四层的,比香港的驳船要大,船内既有祭坛也有牌位,有狗也有猫,船内也养鸡,哎呀,果然是祖先代代在水上生活的……主船里,有小蒸汽船侧腹系着拖曳前行。舢板被称为'夫拉瓦波多'(笔者按:音译),很漂亮,尤其特别的是船头全是妇女与少女,因为实行男性禁止制。(看到这些)我们觉得新奇高兴是自然的。船内的装饰布置很周全,一面还挂着照片之类的,不可思议的还有车船,船的后部摆舵处有一个很大的水车。数人踏车,发出'咕噜咕噜'的声音,踩水而进,对于当时的人来说,这已是最先进的机械船了。广东是水军大本营,水运发达。据说没有户籍而生活在水上者,广东就有十五万人,中国真是一个有意思的大国。日清汽船的汽艇就在叫'沙面'的居留地着陆,在海岸边榕树茂盛葱郁的大道上漫步,海上花船的黑脸女子频频打招呼,(我)碰到了去广东小学校的校长柏森功先生,他是去年五月从台湾来的,夫人作为训导也与他一起致力于学校教育工作,学生两个年级有二十一名,通常六年后就转到日本内地的学校去……广东……大正十二年(笔者按:即公元1923年。)度贸易输入七千七百一十四万两,输出七千零八十一万两,输入棉丝布八百五十万两,砂糖、石油各三百万两,海产百三十五万,输出生丝、绢布五千万两,其他还有花莚、爆竹、烟草、药材等。"①

大庭修教授②在研究江户时代的中日商贸带来的书籍传播时也指出:日本方面的输入品,有生丝、织物、药材、砂糖、矿物、染料、涂料、皮革、唐纸、书籍等,其中织物和药材是尤为重要的输入商品。③ 可见从江户时代一直到近代,日本与广东的港口贸易状况有许多相同的地方。

服部源次郎继续观察着当时的广东:"广东省是南中国最大的需求地……

---

① [日]服部源次郎:《一个商人的支那之旅》,东京东光会出版大正十四年(1925)版,第250~258页。

② 前文已略有提及,此处补充:大庭修教授(1907~2002),文学博士,曾任日本关西大学教授、东西学术研究所所长,皇学馆大学教授、校长,大阪府立近飞鸟博物馆馆长,中国社会科学院历史研究所客座研究员,北京大学历史系兼职教授。

③ [日]大庭修:《江户时代接受中国文化之研究》,东京同朋舍昭和五十九年(1984)版,第29页。

教育尤其发达,很早就已经讴歌民主主义……五月八日,早上十点在领事代理有久直忠的带领下,去了广东大学(笔者按:即今中山大学前身),昨天是国耻纪念日,一万名学生在集会,进行慷慨悲愤的演说,从正门到讲堂,挂着孙文的影像和昨日干部委员会的身姿。教授理学士费鸿年①走来,他毕业于东京帝国大学,(我们)在二楼的接待室短暂交谈,(他说)本大学去年十二月才逐渐成为大学,由于以前的关系,这里小学、中学一应俱全,全部学生有一千五百人,实行预科二年本科三年制,英美教师较多。图书馆(笔者按:这里指当时的广东大学图书馆)前面的两棵槟榔树比图书馆还高,长得很茂盛。校舍规模虽然不大,有三百坪②左右的晴雨天体操场和体育馆两栋,是相当古老的学校,属广东政府国营的学校,每年经费额度达七十万圆。广东的教育状况是,中学程度以上的学校有五十七所,教师四百零四名,学生七千一百六十九名,这方面的经费有一千一百九十六万圆,博士所需的《四库全书》是三千七百卷的大著作,据说广东也有。"③ 这些,在今天,对研究近代广东经济、教育的人来说,仍是不可轻视的史料,这些资料出自一位日本商人之手,从中我们可以感受到,在清代和近代,广东与日本港口贸易在中日文化交流方面的重要作用。

第二节　中日之间的汉籍流通

说到中日汉籍交流,不能不说到大庭修教授的成果,大庭修教授几十年来致力于研究中日文化交流和中国文化对日本的影响,在汉籍交流方面,他指出:清朝顺治十八年(宽文元年,1661),清政府为诛灭郑氏(笔者按:此处之"郑氏"即指当时据守台湾的郑成功)而发布迁界令,禁止一切船舶出海,

---

① 费鸿年,中国生物学教育家、水产科学家。浙江省海宁县人。1900年生,1993年仙逝。1916年赴日本留学,1921~1923年在日本东京帝国大学深造。回国后先后在北京大学、广东大学(现中山大学)、武昌大学、广西大学等院校任教。其间创建了广东大学和广西大学生物系。中华人民共和国成立后,历任农业部参事、水产部副总工程师、南海水产研究所研究员兼副所长等职。
② 坪:土地和建筑物的面积,一坪约为3.306平方米。
③ [日]服部源次郎:《一个商人的支那之旅》,东京东光会出版大正十四年(1925)版,第250~258页。

使得临海五省，即山东、江南、浙江、福建和广东的居民不能与郑氏进行交易。结果，除了个别官方默许的购铜船偶尔出洋外，海外贸易深受影响。直到二十四年后，即康熙二十三年、日本贞享元年（1684），清廷虽因前年台湾郑氏的降服而撤销了迁界令，代之以展海令，但此前对东渡唐船是加以限制的。从康熙二十四年（贞享二年，1685）起，来航唐船的数量急剧增加。

清代著名的出港地，有山东、南京、舟山、普陀山、宁波、台州、温州、福州、泉州、厦门、漳州、台湾、沙埕、安海、潮州、广东①、高州、海南（当时属于广东省）等等。来自福建、广东的船被统称为"中奥船"。

在元禄元年（1688）入港的一百九十三艘的唐船中，广东船十七艘、潮州船六艘、高州船四艘。来日唐船的起锚港的分布状况为福建省八十六艘、浙江省四十艘、广东省三十艘、江苏省二十三艘、南方地区十四艘。值得注意的是，商船的出发地并不就等于其船籍，比如，有宁波船先往广东高州，后自高州来日，故称为高州船。类似的事例在《华夷变态》中屡见不鲜。② 因此，对广东商船数量的统计，并不是绝对准确的。

据大庭修教授的调查统计，随着商船贸易，广东方志输入日本的年代和数量分别为：

元禄十四年（1701，康熙四十年）：一部，《廉州县志》

享保六年（1721，康熙六十年）：《广东通志》传入日本

享保十年（1725，雍正三年）：两部，《潮州府志》《平远县志》

享保十一年（1726，雍正四年）：三部，如《顺德县志》

享保十三年（1728，雍正六年）：三部，如《翁源县志》

享保十六年（1731，雍正九年）：一部，《惠州府志》

享保十七年（1732，雍正十年）：八部，如《南海县志》

享保十八年（1733，雍正十一年）：三部，如《番禺县志》《东莞县

---

① 综观上下文，这里所言"广东"，主要指今广州一带。
② [日]大庭修：《江户时代接受中国文化之研究》，东京同朋舍，昭和五十九年（1984）版，第23~28页。另外，戚印平、王勇、王宝平据1986年第二次印刷本将该书翻译为《江户时代中国典籍流播日本之研究》（杭州大学出版社1998年版），可参考。

志》

宽政八年（1796，嘉庆元年）：一部，《新兴县志》

文化三年（1806，嘉庆十一年）：十二部，如《增城县志》《新会县志》《三水县志》《仁化县志》《英德县志》《博罗县志》《龙川县志》《揭阳县志》《海阳县志》《吴川县志》《灵山县志》等；

文化四年（1807，嘉庆十二年）：一部，《阳江县志》[①]

地方志的大量输出，与船舶商业贸易发展、当时地方志比较容易购得有关。虽然在清代，尤其晚清，广东与日本的商贸来往以货品贩卖为主，又随着明治维新之后汉学衰退而西学兴盛，对汉籍的需求大为减少，甚至达到了日本人以极为低廉的价格出售原来珍藏的一些汉籍的地步，但是，不能否认，汉籍交流并未因明治维新而停止，它依然是广东等港口城市与日本长崎等地贸易的一部分，只是比重和交流的方向有了很大改变，原来，汉籍是由中国输入日本，且日本儒学家对汉籍是渴慕不已，不惜重金购买，后来，由于日人崇尚西学而弃汉学，将其所藏汉籍低价出售，部分汉籍珍本回流到中国。对此，黄遵宪在《日本杂事诗》中有相关记载：

学校课日

五经高阁竟如删，太学诸生守兔园。犹有穷儒衣逢掖，著书扫叶老名山。

学校诸书，自西学外，日本书有舆地学，有史学；中学则唐、宋八家文、《通鉴揽要》、《二十一史约编》，而五经、四子，皆束之高阁矣。

从《日本国志》卷三十二、卷三十三，我们还可以看到这样的情景："（日人）复见夫西人之枪炮如此，轮舶如此，闻其国富强又如此，则益认汉学者流为支离无足用，于是有废之之心。"[②]

---

① 参考大庭修：《江户时代接受中国文化之研究》[东京同朋舍，昭和五十九年（1984）版]，数据和书名据第 50 页和第 281 页图表而成。

② （清）黄遵宪著：《日本国志》，天津人民出版社 2005 年版，第 794 页。

对于明治时期汉学的衰退,张伯伟教授在研究清诗话东传日本时也意识到了,他说:"以文学和学术而言,到了明治时期,欧美文学的势力不断加强,时人'变而购美人诗稿,译英士文集矣',汉诗风气也日趋式微。"①

正是在这样的风气之下,驻日公使黎庶昌才得以辑成《古逸丛书》,将许多汉籍珍本传回国内;杨守敬也才得以购买汉籍,包括部分国内已经失传了的贵重书籍,整理回国,并撰《日本访书志》:

> 铁壁能逃劫火烧,金绳几缚锦囊苞。彩鸾《诗韵》《公羊传》,颇有唐人手笔钞。
>
> 佛寺多以石室铁壁藏经,秘笈珍本,亦赖之以存。变法之初,唾弃汉学。以为无用,争出以易货,连檐捆载,贩之羊城。余到东京时,既稍加珍重。然唐钞宋刻,时复邂逅相遇。及杨惺吾广文来,余语以此事,并属其广为搜辑,黎莼斋星使因有《古逸丛书》之举,此后则购取甚难矣。②

可见在明治维新"脱亚入欧"的过程中,汉学受到冷落,许多珍贵的汉籍也随之贬卖,几无人问津。幸而,"明治十二三年……朝廷又念汉学有益于世道,有益于风俗,于时有倡'斯文会'者,专以崇汉学为主。开会之日,亲王大臣咸与其席,来会者凡数千人"③。另外,清代诗歌在日本明治时期颇受重视,也是值得注目的一个现象:"在他〔山本北山(1752~1812)〕以后,不少汉诗人却学清诗,特别是学袁枚(1716~1797),当时日本人读明诗或者清诗的目的,不止是欣赏,而且要学着做,从而使自己的诗提高。"④ 可见在明治时期汉学地位下降的背景下,清人的诗歌仍有一定地位。

除了清代诗作在日本明治时期受到欢迎之外,汉籍的东传和回流,是一项颇为艰巨的课题,其中涉及的,不仅有清代的对日贸易,还有战争的因素,战

---

① 张伯伟:《清代诗话东传略论稿》,中华书局2007年版,第281页。
② 黄遵宪著,钟叔河注:《日本杂事诗广注》,岳麓书社1985年版,第678页。
③ 黄遵宪著,钟叔河注:《日本杂事诗广注》,岳麓书社1985年版,第651页。
④ [日]清水茂著,蔡毅译:《清水茂汉学论集》,中华书局2003年版,第461页。另外,关于明治时期日本崇尚、学习清诗的情况,可参考拙文《广东诗人与清诗东渐——从明治文献出发的考察》。

争中，许多汉籍流失海外，严绍璗教授曾对此做过初步统计①，兹不赘述。关于清代，尤其是晚清，在广东与日本的港口贸易中，有多少汉籍流传，及其流传的过程，在商品贸易中，又有多少是作为礼物赠品而传到日本的，等等，都是笔者今后拟探讨的方向，和研究中要解决的问题。

现存于日本各大藏书机构中的关于广东经济、教育、文学、历史等的汉籍数量是丰富的，这些汉籍中，有多少是通过清代船舶贸易而传出去的，仍有待日后继续探索。

港口贸易活动，不仅维系了汉籍东西交流，也带动了中日诗人、文人的来往，这些交际又是推动汉籍交流的一个重要因素。比如明治时期冈千仞乘船游历中国，写下了不少旅行记与汉诗，记载了他与中国文人、诗人的交游，其中就不乏广东雅士："广东何璞山、黄公度，香港王紫诠，皆与先生（笔者按：此指冈千仞）交深。"② 在与广东友人的交往中，冈千仞获得了一些赠书，而这也是中日汉籍交流的一个重要现象："余求书志记风土者，广濑姓寄《羊城抄古》六卷，曰搜索书肆，仅得此书。乃柬希道，借纪广东风土书，致寄《广东通志》。余以为所借，作书答谢，希道答曰：'分家藏书，赠乘左右。'余深感厚义。"③ 诸如此类，在中日人员交往中出现的书籍交流，也值得深入研究。

关于江户时期和明治时期日本对汉籍和中国文学的态度与接受概况，清水茂教授也做过考察："从十七世纪到十九世纪前半叶，是日本所谓江户时代。这一时代接受中国文学的情况，从诗文到白话小说，是很全面的。江户时代以前，就日本来说，中国文学是唯一的外国文学（朝鲜士大夫文学也是汉文、汉诗），（中略）明治维新以后，中国文学已经不是日本唯一的外国文学，而成为与欧美文学等并列的外国文学之一。但在传统上，文人们关于中国文学的素养依然很深。"④ 清水茂教授举了夏目漱石和芥川龙之介的汉诗文为例。另

---

① 严绍璗：《日本藏汉籍珍本追踪纪实》，上海古籍出版社2005年版。
② [日]冈千仞著，张明杰整理：《观光纪游》，中华书局2009年版，第162页。
③ [日]冈千仞著，张明杰整理：《观光纪游》，中华书局2009年版，第178页。
④ [日]清水茂著，蔡毅译：《清水茂汉学论集》，中华书局2003年版，第463页。

外,"明治的日本汉诗人搜集清诗别集,也很流行。"① 这是清代及近代中日汉籍交流中一项重要内容,从藤原佐世《日本国见在书目录》所记载的汉籍来看,日本接受汉籍初以儒家经典为主,诗文则相对较少,而到了明治时代,清诗的交流颇为繁荣。从出生于商人家庭的汉诗人石川鸿斋身上,可看出这一点:

> 石川鸿斋,吉田人,家世为商,鸿斋不屑为利,专意于学,盖其所用力,专在诗文,而练磨刻厉,技大进,遂擅名于乡邑,后来,在东京以著述为业。鸿斋出入清使馆,与公使何如璋及随员张斯桂、沈文荧等诸人,俱相款洽。②

明治汉学家、诗人石川鸿斋与清代诗人的唱和,是汉籍(此特指诗文方面的)在明治时期的日本仍受欢迎的一个例证。此外,还有一个值得关注的现象是,明治时期涌现了一批汉诗人,他们熟悉中国文化,汉文造诣较深,有的除了研读儒家经典之外,还在教育机构中担任教职,从事汉文学、文化的教学、传播工作,比如奥平谦辅(1840~1876)、大须履贺(1841~1912)和土屋弘(1814~1926)、竹添光鸿(1842~1917)、田边为三郎(1865~1931)等等。"在以'脱亚入欧'为时尚的近代日本,强大的西学潮流将汉学逐渐挤出主流圈,儒家教养及汉诗文技能也随之处于弱势地位。但它作为一种底(暗)流,仍作用于社会的方方面面。"③ 此外,清代也是和刻汉籍西传中国的全盛期,其中较著名的例子是《吾妻镜》的西传,黄遵宪《日本杂事诗》有诗曰:"纪事只闻《筹海志》,征文空诵送僧诗。未曾遍读《吾妻镜》,惭付和歌唱《竹枝》。"朱彝尊收藏此书,并有《吾妻镜跋》一文,"此书与其后的《七经孟子考文》《古文孝经孔氏传》一样,大概由江南海商携入中土"④。因此,清代的中日汉籍交流在沿海城市的对外商贸中,是一个不容忽视的现象,虽然总体情况已不复昔日繁荣,但有识之士都深刻认识到"中国的古典知识

---

① [日]清水茂著,蔡毅译:《清水茂汉学论集》,中华书局2003年版,第513页。
② 太田才次郎:《旧闻小录》卷下,东京昭和十四(1939)年版,第29、30页。
③ 王宝平主编:《东亚视域中的汉文学研究》,上海古籍出版社2013年版,第366页。
④ 王勇、[日]大庭修主编:《中日文化交流史大系·典籍卷》,浙江人民出版社1996年版,第277页。

是学问的基础所在,如欲研究日本,必先熟悉中国"①,清代中日之间的汉籍交流对日本近代的中国学研究的发展,也有不可低估的作用。

第三节　日本汉诗文典籍输入广东

广东临海,自古海上交通发达,对外贸易繁荣,早在西汉武帝时,我国船队从广州湾出发,经南中国海,航行到南洋群岛各国。到了唐代,海上贸易进一步繁荣起来,亚洲各国的商人不断来到中国,聚集在广州等大城市。② 康熙二十三年(1684),清廷颁布展海令,鼓励闽粤沿海地区开展对外贸易,据《圣祖实录》卷一百一十六:"上谕大学士等曰:向令开海贸易,谓于闽粤边海民生有益,若此二省民用充阜、财货流通,则各省亦俱有益……薄征其税,可充闽粤兵饷,以免腹地省分转输协济之劳。腹地省分钱粮有余,小民又获安养,故令开海贸易。"展海令的颁布,大大促进了中日海上贸易,广东和福建首受其惠。

梁启超曾撰文对广东的海上交通重要地位做出说明:"还观世界史之方面,考各民族竞争交通之大势,则全地球最重要之地点,仅十处,而广东与居一焉……至最近数十年间,泰西之技术思想,以次输入中国,其发起及传播者,广东人实占重要之地位。"③ 在晚清中日诗文典籍文献流通的过程中,广东是一个重要的地点,期间,随着日本锁国令的解除,中日港口贸易愈加繁荣,中日人员往来愈加密切,书籍作为贸易商品和送礼佳品之一,频繁流通于中日之间。

晚清时期日本出版的典籍输入广东,究其途径,主要是海上商贸,其次是晚清知识分子、政治家游历日本期间,购买或者接受日本友人的赠送,笔者将这一途径称为人物往来。通过这一方式输入和刻汉籍的,就笔者目前掌握的资

---

① 大庭修中文版序,见戚印平、王勇、王宝平译《江户时代中国典籍流播日本之研究》,杭州大学出版社1998年版。

② 对此,林仁川《明末清初私人海上贸易》(华东师范大学出版社1987年版)有详细论述。另,松浦章《清代帆船与中日文化交流》(张新艺译,上海科学技术文献出版社2012年版)第三章从漂流至广东的日本人的记录出发,详细论述了清代广州港的繁荣局面。

③ 梁启超:《饮冰室合集》第二册,中华书局1989年版,第76～90页。

料来看，毕竟是少数，但也不容忽略，典型的例子，莫过于康有为与黄遵宪在日期间搜集或者获赠的书籍，大量搜购珍贵汉籍而颇有收获者，为杨守敬。晚清东游日本的知识分子、商人甚多，此处以赴日广东人为例，探讨晚清日本汉诗文等典籍输入广东的情况。

清代中国诗人、外交官等赴日者不少，在日期间，他们或带去汉籍，或购和刻书，或留下诗文，就广东而言，赴日人士为数不少，今以晚清为例，在诗文方面至今有典可查的赴日广东籍或曾在广东任职的外交官、文人、诗人，列出十五位，他们分别是：何如璋、黄遵宪、廖锡恩、何定求、张宗良、冯昭炜、黄锡铨、陈慕曾、黄一夔、郑文程、邓华熙、刘世安、孙文、许应骙、郑孝胥（广东按察使，福州人）。他们的著作至今大部分仍留存在日本的藏书机构中，如下表所示①：

表 4　　　　　　　　　晚清赴日广东人士日藏书籍表

作者简介	日藏著述/译作举要	日藏图书机构举要
何如璋（1838~1891）：字子峨。广东大埔人。光绪二年（1876）晋侍讲，加二品顶戴充出使日本大臣副使，旋改正使，聘黄遵宪为参赞随任。光绪六年归国，累迁詹事府少詹事。九年出为福建船政大臣。十年法军攻马江，毁我舰艇甚多，以失机罪革职论戍。十四年赐还，粤督李瀚章延主韩山书院讲席，卒于院舍。喜诗、书，使日期间，"（日本）朝野名士咸以诗文相质正唱和，或就乞书，得其一屏一笔，以为珍玩"（温廷敬《清詹事府少詹事何公传》）。其诗多为出使日本时作，咏日本风土民俗、明治维新后新事物	《佐濑得所翁遗德碑铭》（何如璋撰，廖锡恩楷书）、《何少詹文钞》三卷、《使东述略》一卷（附《使东杂咏》）、《使东杂记》一卷	国会图书馆、东洋文库、一桥大学图书馆、京都大学人文科学研究所
黄遵宪（1848~1905）：清代诗人、外交家、政治家、教育家。字公度，别号人境庐主人，汉族客家人，广东梅州人，光绪二年举人，历充师日参赞、旧金山总领事、驻英参赞、新加坡总领事，戊戌变法期间署湖南按察使，助巡抚陈宝箴推行新政。工诗，喜以新事物熔铸入诗，有"诗界革新导师"之称	《人境庐诗草》十一卷、《公牍不分卷》、《出军歌》、《日本国志》、《日本杂事诗》、《朝鲜策略》、《黄公度先生诗一卷》	东京都图书馆、京都大学人文科学研究所、国会图书馆、东洋文库、佐野市乡土博物馆、一桥大学图书馆

---

①　按：该表为笔者据《日人典籍清人序跋集》（上海辞书出版社 2010 年版）附录三和日本藏书机构汉籍目录、《清史列传》等制作而成。

续表

作者简介	日藏著述/译作举要	日藏图书机构举要
廖锡恩（1839~1887）：字枢仙，号子曰亭主人，广东博罗县人。光绪三年（1877）任使馆随员	《佐濑得所翁遗德碑铭》（何如璋撰，廖锡恩楷书）、《痘诊专门》二卷（廖锡恩校）	国会图书馆、东京大学综合图书馆
何定求（1854~1918）①：字子纶，乳名锡，广东大埔人，何如璋之弟。光绪三年（1877）任使馆随员，善绘画	参编《崧里何氏族谱》	未见
张宗良：字芝轩，广东香山人。在何如璋、黎庶昌公使任上担任翻译，光绪八年（1882）3月调驻美使馆	《普法战纪》二十卷（与王韬合译），另有二十四卷本	东京大学综合图书馆、东洋文库
冯昭炜：字相如，广东番禺（今属广州）人。中国驻神户领事署东文翻译官	未见	—
黄锡铨（1852~1925）：名南生，又字钧选。嘉应（今梅县）人。1880年应何如璋之聘赴日，任驻日公使文案。1882年任清驻旧金山副领事，旋调任驻纽约领事，曾参与调查解决美国排华事件。1886年调往秘鲁任二等参赞代办使事。后因病归国。曾在赣、桂办实业、洋务等，以劳绩保加二品衔三代正二品封典。1911年广东光复，被选为广东省临时议会议长，并兼任两广师范学校校长暨广东都督府顾问。1912年当选为省议会议员。1913年后历任广东都督府咨议、国会参议院议员、税务处帮办、总统府咨议、交通部咨议、国务院秘书所帮办、参议等	未见	—
陈慕曾：字雨农，亦作雨浓，号红莲馆主人，原籍浙江嘉兴，客籍广州，善诗文，明治十六年（1883）在神户	未见	—
黄一夔：粤东人，工书画，光绪五年（1879）时在日	未见	—
郑文程：字鹏迈，号莺石房主人，广东香山人	未见	—

---

① 据《大埔文史》第25辑（广东省大埔县委员会学习和文史委员编,2007年9月,第87页）《何定求传略》称其生卒年为1854~1918年。而王宝平主编《日本典籍清人序跋集》附录三则称其生年为1855年，卒年未记。此据前说。今二者并录，待识者鉴之。

续表

作者简介	日藏著述/译作举要	日藏图书机构举要
邓华熙（1826~1916）：字筱赤，又作小赤、小石。顺德人，举人出身。1886年任云南大理知府，旋升迤南道。次年任云南按察使。后历任湖北布政使，安徽、山西、贵州巡抚等。1902年因病辞官回籍。1911年与梁鼎芬等主持广东咨议局，宣布广东独立	未见	—
刘世安：字香琴，南海人，余未详	未见	—
孙文（1866~1925）：近代资产阶级革命家和思想家。原名文，字德明，号逸仙，广东香山（今中山）人。1878年起，先到檀香山、香港等地读书，开始接受西方资产阶级的文化科学知识和民主政治思想。光绪三十一年，他领导的兴中会联合光复会、日知会成立同盟会，提出"驱除鞑虏，恢复中华，创立民国，平均地权"的革命纲领，明确宣传三民主义（即民族主义、民权主义和民生主义），为资产阶级民主革命提供了理论依据	《孙中山全集》（民国十七年铅印本）	爱知大学图书馆
许应骙：字筠庵，广东番禺（今属广州）人，曾官至礼部尚书	未见馆藏著述	
郑孝胥（1860~1938）：字苏堪，号太夷，别号海藏。福建闽县（今属福州）人。光绪八年（1882）中举。十七年，任清政府驻日使书记官。回国后历任广西边防大臣，安徽、广东按察使、湖南布政使。光绪三十一年，寓居上海，筑海藏楼，集股创设日晖织呢厂。郑孝胥诗初学谢灵运，继之学柳宗元、孟郊、颜延之、韩偓、吴融、梅尧臣、王安石、姚合等。尝自评其诗曰"多苦语""太清哀"（《广雅留饭谈诗》）。与沈曾植同被陈衍推为清末"同光体"诗派之魁杰。生平事迹见《民国人物传》第四卷《郑孝胥》（中华书局1984年版）等	《使日杂诗》一卷、《孔教新编》、《海藏楼诗》十卷、《郑孝胥氏诗书》抄本、《郑孝胥苏堪先生东游篇》一卷（和刻，铅印）、《郑孝胥苏堪先生东游篇》（和刻，太田外世雄编）	爱知大学图书馆、广岛大学图书馆、东京都图书馆、中央大学图书馆、关西大学图书馆

上述晚清广东知识分子除了多多少少在日本留下文墨之外，他们还亲自体验了明治维新之后日本的革新与强盛，引起了他们不同程度的关注和忧患意识。通过购买和阅读日本书籍学习西方，以救晚清之衰落，逐渐成为东游知识分子的共同行动，因此，晚清知识分子到日本搜求书籍的意识大大提高，比如康有为就"购求日本书至多，为撰提要，欲吾人共通之"。他将寓目之日本汉籍"因《汉书》之例，撮其精要，剪其无用，先著简明之目，以待忧国者求焉"[①]。遂成

---

① （清）康有为撰，姜义华、吴根樑编校：《康有为全集》第三集，上海古籍出版社1987年版，第586页。

《日本书目志》，总目分类如下：生理、理学、宗教、图史、政治、法律、农业、工业、商业、教育、文学、文字语言、美术、小说、兵书，共十五类。其中文学类有许多明治时期刊本，汉诗有《明治新刻诗学便览大成》《明治新撰诗作便览》《明治作诗必携》《明治新编作诗便览》《明治新撰作诗精选》《作诗诀》《活用自在新编作诗必携》《作诗法讲义》《近世诗选幼学便览》《名家今咏学生必唱》《课儿诗》《维新两雄诗义》《本朝志士悲歌慷慨诗选》《朝鲜三代诗》《和汉名家诗集》《海外观风诗集》《近代诗史》《明治新撰近世名家诗钞》《明治诗史》《明治大家绝句》《明治英杰诗纂》《历世纪事咏史百首》和《明治开化和歌集》等。

由此可见，明治时期学习和创作汉诗的日本人仍然不少，诗可以采风问俗、兴观群怨，又由于汉诗用汉字作成，没有阅读障碍，所以晚清知识分子除了日本出版的关于西方科技的典籍外，也很重视搜集日本汉诗。

我们至今仍可以在广东省立中山图书馆藏书中找到这段书籍流通历史的珍贵痕迹，如下表所示，以广东省立中山图书馆和中山大学图书馆所藏和刻汉诗文文献为例，我们发现，明治年间的和刻本占多数。

表5　　　　　　　　　　广东省所藏和刻汉诗文集简表①

作　者	书题及卷数	出版地、出版时间	馆藏地及现状
[日]森鲁直辑	《日本汉文诗》六十三卷	日本放浪吟社石印本	省立古籍部，缺三十二卷，（零散成页，无法阅览）
[日]广濑淡窗撰	《远思楼诗钞》二卷《二编》二卷	天保八年至弘化四年（1837～1847）间群玉堂刻本	省立古籍部
[日]藤野正启撰，重野安绎编	《海南遗稿》三卷附录一卷	明治二十四年（1891）东京敦复堂刻本	省立古籍部

① 此表主要根据王宝平主编《中国馆藏汉文书目》（杭州大学出版社1997年版）制作而成，表中所列广东现存日本出版的汉籍，多为明治时期刊本。为行文方便，表中，广东省立中山图书馆简称"省立"、中山大学图书馆简称"中大图"。

续表

作　者	书题及卷数	出版地、出版时间	馆藏地及现状
[日] 大地昌言撰	《鸠巢先生义人录后语》	元禄十二年（1699）刻本	省立古籍部
[日] 芳野金陵撰	《金陵文钞》二卷	明治九年（1876），九春堂刻本	中大图
[日] 赖襄撰	《山阳诗钞》八卷	明治十二年（1879）双玉房刻本	省立古籍部（当时不在馆内，无法阅览）
[日] 赖襄撰	《山阳文稿》二卷	明治三年（1870）求石书堂刻本	省立古籍部
[日] 藤森大雅撰	《春雨楼诗钞》九卷	嘉永七年（1854）刻本	中大图
[日] 岩溪晋编	《檀栾集》	明治三十五～三十七年（1902～1904）东京待我归轩铅印本	省立古籍部
[日] 菅野洁撰	《白华十稿甲·文稿二卷·诗稿二卷》	明治二年（1869）兵库县明亲馆室刻本	省立古籍部
[日] 内山牧山撰	《鄙稿》	石印巾箱本	省立古籍部
[日] 宫岛诚一郎撰	《养浩堂诗集》五卷	明治十五年（1882）万世文库刻本	省立古籍部，缺二卷（2～3卷），残存2册
[日] 高野惟馨撰，竹川政辰等辑	《兰亭先生诗集》十卷	宝历八年（1758），明月楼刻本	中大图
[日] 释慈周撰	《六如庵诗钞遗编》	文政年间（1818～1829）刻本	省立古籍部

现以广东省立中山图书馆古籍部的三部和刻汉诗文献为例作分析，可以确定的是，现存广东省立中山图书馆的宫岛诚一郎《养浩堂诗集》就是黄遵宪原有藏书，书中有黄遵宪的印章，应该是宫岛诚一郎赠送的。馆藏和刻汉诗有不少值得研究的，兹对上述书目中的一部分进行详述，如下：

一、《六如庵诗钞遗编》三册，文政十年（1827）丁亥正月皇都书林津逮堂刊。卷首序为文政戊寅晚秋橘洲畑维祯①序：

---

① 畑橘洲（はたきつしゅう）：江户后期儒医，京都人，名维祯，后名柳泰，字世春，能诗文，卒于天保三年（1832），享年62岁。

令弟苗村子柔搜其遗箧，得杂体数百首，勒为三卷，谋余将公之于世，继而罹不虞之崇，错失稿本，百方觅之而终不获焉。子柔亦寻而没。怏怏阅过年日，今兹偶尔得之于近江藏田氏之手，名珠已还……吁，上人没廿余年，墓木已拱，只是神理绵绵未灭者，赖在此编乎。

释慈周（1734~1801），字六如，号白楼、无着庵，江户后期天台宗僧人、汉诗人，被视为江户时代的田园诗人之一，生于近江（今滋贺县），为医家苗村介洞之子，师从野村公台学习诗文，后转向宫濑龙门学习，生前与橘洲畑维祯交好，并与儒者皆川淇园等往来，兼通儒佛。在这部汉诗集里，有不少作品写到作者与橘洲畑维祯一起外出游玩吟诗，如《三月廿三日语畑橘洲村上东洲平野看花》："花气动人酒易醺，雅筵络饮各成群。艳云看已飞为雪，平野祠前春七分。"又有《峨山别庄畑橘洲携村东洲至引游山亭》（己未九月十七日）、《二月廿九日口号寄示畑橘洲》等。

全书分为卷上、卷中与卷下三部分，另外还附录子柔所著的《松蹊遗草》。下面来看看这些汉诗的特点。

释慈周的六如庵诗多写田园山居风光，清新淡雅，无蔬笋气，尤喜咏梅、竹和雨等，卷上的《梅雨山居》："水晶花发杜鹃啼，无晓无昏雨色低。一夜风清云解驳，半楞月挂数峰西。"另外，题画诗极多，有《石鹿岭望琵湖》《牧童图》《扇面竹》《题维明和尚墨图》（集句诗），其中，《退之蓝关图》："雪拥蓝关马不前，玄冥有意要君看。炎方行尽八千里，白雪终东到地难。"（杜诗："雨雪不到地。"）退之即韩愈，韩愈因谏迎佛骨被贬广东潮州，因作诗《左迁蓝关示侄孙湘》曰："一封朝奏九重天，夕贬潮州路八千。欲为圣明除弊事，肯将衰朽惜残年。云横秦岭家何在，雪拥蓝关马不前。知汝远来应有意，好收吾骨瘴江边。"释慈周的诗即以此生发而出，并在首句直接摘用韩愈诗句。诸如此类与中国诗人、诗句、典故密切相关的诗作，在《六如庵诗钞遗编》中并不少见，可见释慈周颇为谙熟中国诗歌。类似的还有《题太公望图》："大钓从来不用钩，抬芋容易得营丘。所欠平生惟美寝，又遭逆旅警□□。"（按：原文缺。东坡诗："苍崖虽有迹，大钓不用钩。"）

当然，释慈周的诗中不乏吟咏日本风土的，但即便如此，也多联系或化用中国诗文典故，如《题富士图应森冈白圭斋》："吾国岱宗众岳君，名飞洋海远流闻。独惭诗赋成山积，不抵一篇封禅文。"这首诗将富士山与泰山作比。

卷中也多写自然界的花石竹木，如《咏柳》《咏太湖石》。题山水花鸟画的诗作仍然较多，如《题画樱花》："妖冶风标百卉王，东方宜矣占韶光。若令川洛有兹种，宁可二花矜夜郎。"又有题人像画的，如《题子野小町像》《题李白图》等，还有就是关注民生的作品，如《渔父词》《樵夫词》和《农夫词》。另外，卷中多写春之作品，如《春晓》《春夜》《春月》《春梦》《春山》《春水》。

释慈周还有一首诗《题崎阳唐人馆宴公图》。崎阳是长崎的别称，是江户时代日本汉学者对长崎的中国式的称呼。这首诗反映了当时长崎港口中日海上贸易的繁荣局面。诗序曰："江户人佐藤坦，字大道，号一斋，今兹庚申游于崎阳，及次过京访余，携唐馆会于吴，（中略）楼名曰清远，周匝种柳云，余一展览即为题小诗，时八月八日也。"说的是江户人佐藤坦游于长崎，回来后带了一幅长崎唐馆图，向慈周索诗，慈周看了之后即席而作曰："芥针投合一楼中，殊域同文交相通。明日客帆相背发，无情万柳不遮风。"反映了江户时代的中日交流活动。

卷下则多咏秋冬之景，中有七夕诗，如《银河月如船》《七夕酒》《七夕画》，另有《秋声带雨荷》《行路秋兴》《风送菊香》《九月九日》《新霜染枫树》《寒山月》《人迹板桥霜》《冬田冰》《冬夜雨》《山寒水欲冰》和《风前雪》等等。

该集附录《松蹊遗草》署名"近江苗当刚子柔著"，应为慈周之弟苗村子柔的汉诗，也多写春夏秋冬景观，也有题画诗，与慈周汉诗风格相近。

二、宫岛诚一郎所著的汉诗集《养浩堂诗集》，广东省立中山图书馆古籍部残存三卷、二册，所用的是明治十五年（1882）壬午新镌万世文库藏版，所以省图书馆题作"光绪七年（1881）刻本"，是不正确的，估计是根据诗集中何如璋、黄遵宪在光绪七年所做的序而定刊刻年月，未加考察，才做出了错误判断。

该诗集为杨守敬题字，两册卷首扉页皆有"人境庐藏书"印，椭圆形，红色，可知这是黄遵宪从日本带回来的和刻汉籍，由此亦可见人物往来是晚清中日书籍交流的重要途径之一。

黄遵宪作为使馆参赞出使日本期间，一直与宫岛诚一郎有着密切的诗文交往。《养浩堂诗集》经过黄遵宪的多次点评和删改，倾注心力极多，黄遵宪在光绪七年八月二十九日所做的序中说"养浩堂诗例言，仆细加校阅，遂至删易过多，惶悚之至，乞宽容，而是正之为幸。诗序，仆乞杨惺吾书之，惺吾书法胜仆百倍，今既书成，即以奉缴"。黄遵宪为《养浩堂诗集》所做的序，是请杨守敬书写的。除了上述的例子之外，《养浩堂诗集》中还留有很多黄遵宪所做的序和评。

该诗集共有五卷，总计古今体诗三百九十二首，另附有笔话九则，多为何如璋、黄遵宪的赞赏之词，如何如璋评曰"大集已刻就，刻共甚精，皆楷字，亦殊不俗，可以藏之名山，传之其人，以为千古不朽之盛事矣"。黄遵宪把《养浩堂诗集》带回了中国，辗转至今，仅剩二册三卷，其余是否毁于兵火，仍待今后进一步调查。

三、《远思楼诗钞》二卷四册，分初编和二编，广濑淡窗所著，江都书林千钟房、浪华书林群玉堂合刊。广濑建（1782~1856），字子基，号淡窗，丰后（今大分县）人，主张融合各派学说，为折中学派儒者、诗人、教育者。出身于商家，是日田镇里官商家族的长子，由于体弱多病，家业由弟弟继承，因得以专研学问。1807年，自建学舍"桂林庄"（后改称"咸宜园"），广招学徒，据说有门生三千。《远思楼诗钞》为广濑淡窗辞世后由其弟子小林安石和刘矗君凤编校刊行。小林安石（1794~1854），名胜，号秋水，通称"安石"，遂以为字，丰后人（今大分县），初从学于广濑淡窗，后周游四方，并从事医业。刘矗君凤，即刘石秋（1796~1869），名矗，字君凤，通称"三吉"，别号石舟等，江户后期儒者，从学于广濑淡窗，先后于故乡丰后和京都开塾招徒，有《绿芋村庄诗钞》传世。

广濑淡窗的这部诗集多写日本风土人文，如《读徒然草六首》《博多晓望》《送林万里》《送人游宦长崎》等，其中，《送人游宦长崎》真实地反映了江户时期长崎港口海外贸易的繁荣景象，及其重要的边防意义：

环浦诸藩会，繁华二百年。关门临海岸，闾井接山巅。夜烛珠玑市，春帆书画船。俗豪人竞侈，境僻吏多权。赤狄情难测（近赤人请互市），红夷信未信（兰船久不止）。凭君嘱官长，慎勿废防边。

自从幕府实行锁国政策之后，日本朝廷严禁国人出海，也断绝与外邦的一切来往，期间唯有长崎港口开放，准许部分中国船只与荷兰船只进入长崎港口贸易。因此，在锁国的两百余年里，长崎是日本极其重要的海外贸易港口。这首诗就是对长崎在锁国期间的海外贸易繁荣做出描述，同时也提醒当政者注意加强边防，由于长崎的重要地理位置，必须加强边防管理，以防外人入侵。

这部诗集的特点是将许多人的评语与原诗一起刊印，主要的评诗者有中岛米华、草场珮川、筱崎小竹、龟井昭阳、石卿子、沈子冈、中岛棕等。

中岛米华（1801～1834），江户后期儒者，为丰后佐伯藩士，初，师从广濑淡窗，后在昌平黉向古贺侗庵学习，文政十一年（1828）在藩校四教堂从事教学，著有《日本咏史新乐府》等。

草场珮川（1787～1867），江户后期儒者、汉诗人，肥田（今佐贺、长崎一带）人，"珮川"为其号，生于佐贺藩支藩多久藩士之家，二十三岁时前往江户（今东京）师从古贺精里，后任多久藩儒官，继而为本藩儒官，与赖山阳等交往密切。

筱崎小竹（1781～1851），江户后期儒学者、书法家，本姓加藤，幼名金吾，"小竹"为其号，通称"长左卫门"。有《小竹诗文集》等存世。

龟井昭阳（1773～1836），生于筑前（今福冈西部），字元凤、号空石等，通称昱太郎，江户后期儒者，著名儒者、医家、教育家龟井南冥的长子。广濑淡窗曾师事龟井昭阳。

中岛棕（1779～1855），江户后期儒者、汉诗人，名曰"规"，通称"文吉"，号棕轩、棕隐，生于京都儒者世家，与赖山阳、筱崎小竹等交往密切，有《棕隐轩诗》《都繁昌记》等。

书首序为筱崎小竹和龟井昭阳所作。

由于目前资料的缺乏，石卿子和沈子冈的生平事迹未详，但从诗集中沈子冈的诗评可以推测是当时赴日的清代文人。沈子冈评诗多处，今摘录几则评语如下：

　　评《筑前城下作》曰："盛唐风味。"

　　评《送山安民之秋月学医》曰："雅人深致。"

　　评《宿关玄珪斋》曰："起手超老。"又曰："诗中有画。"

　　评《树影》曰："绝似宋人小品，结韵悠然。"

　　沈子冈多用唐宋诗语来评论广濑淡窗之作。广濑淡窗似与不少清代文人交游，如该诗集第二册题辞即为吴荣所书，第二编书末题辞为"生方宽书"。

　　上述的和刻汉籍是中日文化交流的一个重要侧面，从中可以看出这一交流的密切和重要，中日之间文人的交流所留下的文献资料散见于中日两国的藏书机构，是中日文化、文学交流的珍贵记录和重要见证。

第四节　通过商品贸易输入广东的其他日本书籍

　　随着明治维新步伐的加快，日本国门大开，以商品贸易为主要途径，主动对外输出书籍，有和刻汉籍，也有翻译的西方书籍，其中不少书籍传入中国。在明治十五年（1882）至明治二十九年（1896），日本对华输出书籍总计：日本出版的书籍 746540 册，金额 107204 圆；通过日本输出外国版书籍总计 110253 册，合计 50160 圆。① 可见明治以后，日本出版的书籍大量输入中国，这与笔者在广东省立中山图书馆对和刻汉籍进行调查时得出的出版时间是吻合的，这些和刻汉籍绝大部分是明治时期的出版物。

　　在和刻书籍输入中国的过程中，人的作用始终不可忽略，比如上述的黄遵宪携带回国的《养浩堂诗集》，就是典型的例子。即使是在以贸易为主的情况下，人的作用也决不可轻视。比如日人在华开设书店，活跃于明治时期的实业家、教育家岸田吟香，曾在上海开设眼药水药店，同时售卖书籍。与这种日人独资经营的方式相比，更引人注意的是中日合资的书店。如三木佐助（1852～1925）在《玉渊丛话》中称，他与神户华侨麦梅生（广东人）联营，由他在

---

①　此数据来源于王宝平主编：《中国馆藏和刻本汉籍书目》，杭州大学出版社 1995 年版，第 21 页表格。

日本收购书籍，由麦梅生销往广东，获利丰厚，这样的经营持续了八年之久。①

麦梅生，原籍广东南海西樵，早年东渡日本经商，初，在长崎经营杂货海产品，向中国输出海产品等，再从中国舶来丝绸、陶瓷、书籍等销往日本，随后在横滨、大阪、神户等地开设商行，生意蒸蒸日上。他把儿子麦少彭带到日本，帮助打理生意。麦少彭赴日继承父业，并在1899年梁启超到神户倡办华侨教育时，予以积极响应，且捐资创办神户第一所华侨学校，即神户华侨同文学校，并被推举为首任总理（理事长），在任达十年之久。②

据三木佐助《玉渊丛话》（上）"支那贸易开始之由来"可知：当时有一个居住在神户的名叫"麦梅生"的广东人，三木佐助正在雇主家做佣工，开始只是从麦梅生那里买来新舶来的中国汉籍等商品，麦梅生带到日本来的汉籍，据三木的记忆，有《康熙字典》《纲鉴易知录》《佩文韵府》《三礼通释》《四书撮言大要》《圆机活法》《英字汇》《诗学大成》《通鉴举要》《新清律》和《春秋列国志》。③

在与麦梅生多次接触之后，看到有利可图，三木佐助决定从事商贸，由于日本明治维新后汉学渐趋衰落，汉籍价格有所下跌，且随着晚清中国人东游日本者增多，认识到日本留存大量珍贵汉籍，搜求日藏汉籍的意识愈加强烈，比如何如璋、黄遵宪等就曾十分支持杨守敬在日本访求古代典籍。而且，明治之后西学兴盛，西方著作较多，而当时中国的知识分子也意识到了解和学习西学的重要性和必要性，开始通过日本接触和学习西方科技，于是大量从日本求购相关书籍。如梁启超在《论学日本文之益》一文中指出："哀时客既游日本数月，肆日本之文，读日本之书，畴昔所未见之籍，纷触于目，畴昔所未穷之理，腾跃于脑。如幽室见日，枯肠得酒，沾沾自喜……日本自维新之十年来，广求智识于寰宇，其所译所著有用之书，不下数千种。"④ 晚清知识分子对日

---

① 此则材料曾在王宝平主编：《中国馆藏和刻本汉籍书目》（杭州大学出版社1995年版）第23页简略提及。

② 关于广东华侨富商麦梅生和麦少彭的相关事迹，可参考罗晃潮《一代富豪日本华侨麦少彭》（《华人华侨历史研究》1994年第3期）、罗晃潮《扶桑觅侨踪》（暨南大学出版社1994年版）。

③ ［日］三木佐助著《玉渊丛话》（上），东京开成馆明治三十五年（1902）年版，第89、90页。

④ 梁启超：《饮冰室合集》第一册，中华书局1989年版，第80页。

本书籍的渴求,由此可见一斑。

三木佐助意识到,在这一环境下,若通过麦梅生将这些书籍运往清国倾销,则可从中赢取不少利润,这让三木佐助心动不已,于是他马上和麦梅生协商合作经营书店的事。

在他们合作期间,三木佐助在日本收购的、通过麦梅生销往广东的汉籍有《通志堂通解》《五礼通考》《正续文献通考》《文苑英华》《说郛》《太平御览》《册府元龟》《津逮秘书》《三才图会》《渊鉴类函》《学津讨原》等,另有和刻汉籍如《唐土名胜图会》《和汉三才图会》《大学衍义补》《瀛环志略》《毛诗品物图考》《圣济总录》《资治通鉴》《群书治要》《东医宝鉴》《翰墨全书》《太平御览》《外台秘要》《草露贯珠》《武备志》《辍耕录》《诗辑》和《医宗金鉴》等。① 还有从清国来的订单要采购《图书集成》、红叶山文库所藏汉籍等贵重汉籍,但是后来这些贵重的汉籍陆续被收归图书馆永久保存了。

由于历史意义重大,广东与长崎的贸易往来一直为中日学界重视,2009年11月末至12月初,东京大学举办了题为"广州·长崎比较会议"的国际专题报告,来自中国大陆、台湾、澳门,日本,荷兰,英国的学者汇聚一堂,讨论江户与明治时期广州与长崎等的贸易状况。其中,汉籍通过长崎港口从中国进入日本的情况,也在会上得到讨论。广东与长崎等日本港口的贸易是一个可持续发展的重要论题,此处所论晚清日本汉诗文等典籍以商贸为主(还有友人之间的赠送)的方式输入广东,就是这个论题中的一个小小环节。

---

① [日]三木佐助:《玉渊丛话》(上),东京开成馆明治三十五年(1902)版,第102、103页。

第五章　梁启超的日语教材与"诗界革命"

在近代文学史研究上，梁启超是无法忽略的重要人物之一。关于梁启超的生平、作品系年、政治思想、小说改良及报刊发行、教育观念等等的研究已经很多，本章以其诗歌革新主张为角度，结合其日语教材《和文汉读法》及诗歌作品、《饮冰室诗话》与广东近代诗歌来探讨。

相对于其他方面的研究来说，对梁启超的诗歌及其诗歌理论的研究比较薄弱，相关的论文不多。以日本为例，就笔者管见，仅有七篇论文专论梁启超的诗歌、诗论，有：仓田贞美《关于〈饮冰室诗话〉》（《香川大学学艺学部研究报告》，第1部13号，1960年7月）；许势常安《关于梁启超现存的诗歌》（《专修商学论集》49号，1990年3月，P1~80）；王闰梅《近代殖民地与诗社的传统意识的乖离：围绕梁启超的台湾访问来谈》（《中国研究月报》63（12），2009年12月25日，P1~14）；李海《梁启超与木村鹰太郎：围绕〈哀希腊〉而谈》（《中国研究月报》64（4）号，2010年4月25日，P14~25）；细川直吉《梁启超〈饮冰室诗话〉中的诗学》（《二松学舍大学人文论丛》87号，2011年10月，P99~121）；细川直吉《〈饮冰室诗话〉中尊师的赠诗：康有为与黄遵宪赠给梁启超的诗》（《二松学舍大学人文论丛》89号，2012年10月，P40~67）；细川直吉《梁启超〈饮冰室诗话〉：在诗话文学史上的地位及其时代性》（《二松学舍大学人文论丛》91号，2013年10月，P141~166）。就笔者管见，国内的学术界有二十多篇关于梁启超诗歌和诗论的，比如张芹荪《梁启超诗论的"新民"内涵》（《华南师范大学学报》1999年第1期）；杨红旗《诗界开一新壁垒——现代性视野中的梁启超诗体变革理论》（《四川师范学院学报》2003年第1期);邓伟《论梁启超"诗界革命"的调适与定位》(《北方论丛》2010年第3期);周少华《梁启超的诗评与现代传媒》(《海南师范大学学报》2012年第8期)等等。这些论文大多从近代诗歌的背景出发,谈论梁启超的诗歌理论。

而关于《和文汉读法》的论述,国内的论文仅有五篇,不是单论这本教材的,就是从日语语法或翻译的角度来谈,比如石云艳《梁启超与〈和文汉读法〉》(《南开语言学刊》2005年第1期);王志松《梁启超与〈和文汉读法〉——训读与东亚近代翻译网络形成之一侧面》(《日语学习与研究》2012年第2期)等等。

以上诸论都未将梁启超的诗作、诗论和梁启超在日期间所编日语教材结合来谈。梁启超在日期间的生活和所编的日语教材,对他的诗作和诗歌革新主张有着至关重要的影响。明治维新时期,日本"脱亚入欧",大量引入西方文学、科技和制度,当时日本的西方译书数量庞大,梁启超利用"同文之便"与和文汉读法迅速地达到阅读日文译著的水平,接受当时的新思潮和新体制,这对梁启超的思想无疑是一次全面的洗礼。梁启超认为,译书对于祖国的强大至关重要,通过日本的译书来接受新思想新体制,改良晚清政府,可以实现强国自主。

为此,梁启超一再疾呼开民智,认为开民智于国力强盛尤为关键,而"开民智之事约有三端,曰学校曰报章曰译书"(《和文汉读法·序》)。这些都必须先从学习外语开始。学好外语,才能通过阅读外国书籍、报章等资料来了解外面的世界,与时俱进,实行革新。

由于同文之便,学日语要比学英语花的时间短,能够通过日本译著迅速了解世界动态,吸收新思想新体制。同时,梁启超深深认识到了文学的感化作用,对文学的改良,寄予厚望。提倡诗界革命,就是其文学和政治改良运动中的一环。所以,"《和文汉读法》可以说是中国近代文学革命的契机"[①]。因此我们不能忽略梁启超的文学改良理论与《和文汉读法》的密切关系。

---

① 李秀洁:《培育梁启超思想的日本的亡命生活——中华街发行的新闻和《和文汉读法》的出版意义》,关东学院大学文学部人文学会比较文化学部会编《KGU比较文化论集》创刊号,2008年版,第41页。

那么，先来看看梁启超的《和文汉读法》这本速成教材。

第一节　《和文汉读法》的成书、版本和特色

所谓速成，这本教材是梁启超到日本不久之后撰写出版的，其中不免有许多语法错误。梁启超也认识到了这一点，但他目睹明治维新期间日本的变化，觉得时势紧迫，不容缓缓。刊登在《新民丛报》上的答读者问，让我们看到了这本书快速的形成过程：

（问）贵报第九号言读东书有简便之法，慧者一旬，鲁者两月，无不可以手一卷而味津津矣。其法若何，乞赐还答，幸甚！（山阴孙邝斋）

（答）真通东文，固非易易。至读东书能自索解，则殊不难。鄙人初徂东时，从同学罗君学读东籍，罗君为简法相指授。其后续有自故乡来者，复以此相质，则为草《和文汉读法》以语之。此己亥夏五六月间事也。其书仅以一日夜之力成之，漏略草率殊多。且其时不解日本文法，伪谬可笑者尤不少。惟以示一二亲友，不敢问世也。后鄙人西游，学生诸君竟以灾梨枣，今重数版矣。而一复读，尚觉汗颜。顷乞罗君及一二同学重为增补改定，卷末复用此法译东籍十数章以为读例，既将脱稿矣。将与鄙著《东籍月旦》及罗君新著《和文奇字解》合印之，名曰东学津逮三种。窃谓苟依此法，不求能文而求能读，则慧者一旬鲁者两月之语，决非夸言。印成后更当乞教，今恕不具。①

由于戊戌变法受到挫败，梁启超于 1898 年逃亡日本，开始了在日的十四年生活（1898～1912），梁启超自己说这本教材是"初"到日本时写的。1899 年（己亥）夏天已成此教材。

在日期间，梁启超受到了明治文化巨匠福泽谕吉、德富苏峰等的著作的影响，他作为政治家、启蒙思想家、教育者、哲学家、文学家，开始创办《新

---

① 梁启超著，夏晓红辑：《饮冰室合集集外文》（上册），北京大学出版社 2005 年版，第 89 页。

小说》和《新民丛报》，提倡"诗界革命""小说界革命""史学革命"，并创办了横滨大同学校、神户同文学校，致力于在日中国人子弟的教育。《和文汉读法》在当时华人日语学习方面起到了巨大作用。因为该书是从中国人的角度出发，专门针对母语为汉语，与日语有着"同文之便"的学习者编写的。在汉、日语言比较的基础上，揭示日语的特点，易于理解，受到欢迎。《和文汉读法》中所列举的部分语汇传到了中国，后来成为汉语的基本词语。① 关于通过《和文汉读法》列举的当时的新词语（主要是译语）及将其引入诗歌创作中，下文还会详细举例。

《和文汉读法》风靡一时，在中国也有出售。据有关研究者指出，蔡元培就曾用过这本教材来读日本书和翻译。他还劝当时任教的南洋公学的学生也用这本书来读日本书。② 该教材在日本增补印刷之后，又在上海重印发行，"使该书的传播及影响扩展到了全国。"③

现在，《和文汉读法》已经影印出版，方便查阅，关于《和文汉读法》的版本，有研究者已经进行过整理，如古田岛洋介氏指出：其一为初版本，梁启超1900年刊，该书未发现；二、再版：罗晋再版，刊行年不明，该书未发现；三、三版：丁福保《和文汉读法》，1901年刊；四、四版：梦花卢氏《和文汉读法》，刊行年不明；五、别本：丁福保《广和文汉读法》，1902年刊。④ 之后，又有研究者陆续有新发现，如船津输助所藏的《和文汉读法》。此本与无穷会本有极深的关系，同样是洋装的活字制本。船津输助所藏的《和文汉读法》还指出了《和文汉读法》中的诸多错误。⑤ 关于《和文汉读法》的版本来历，夏晓红指出梦花卢氏《和为汉读法》是按照梁启超1900年的初版本，

---

① 李秀洁:《培育梁启超思想的日本的亡命生活——中华街发行的新闻和〈和文汉读法〉的出版意义》,关东学院大学文学部人文学会比较文化学部会编《KGU比较文化论集》创刊号,2008年。全文的论述中谈及。

② 李海:《船津输助藏〈和文汉读法〉与梁启超》,财团法人无穷会《东洋文化》,复刊第百七号（通刊第341号）,东京:明德印刷出版社平成二十三年版,第57页。

③ 陈力卫:《"同文同种"的幻影:梁启超〈和文汉读法〉的改版过程与日本辞书〈言海〉》,《中国学术》总第三十一辑,商务印书馆2012年版,第247页。

④ 李海:《船津输助藏〈和文汉读法〉与梁启超》,财团法人无穷会《东洋文化》,复刊第百七号（通刊第341号）,东京明德印刷出版社平成二十三年版,第58~59页。

⑤ 李海:《船津输助藏〈和文汉读法〉与梁启超》,财团法人无穷会《东洋文化》,复刊第百七号（通刊第341号）,东京明德印刷出版社平成二十三年版,见全文的论述。

经过忧亚子增广《再版和文汉读法》，再到丁福保重印本，才形成了梦花卢氏的增刊本。①

笔者经眼的是梁启超原著、沈翔云编《和文汉读法》（附译书语汇编叙例），励志会译书处，1900年初版，无穷会神习文库藏；此外就是梁启超原著，梦花卢氏增刊《和文汉读法》，出版地、出版年不明，京都大学文学研究科图书馆所藏。② 有研究者指出其版本的变迁过程：① 梁启超手抄本（1899.2）→②沈翔云编印《和文汉读法》（1900.5）→③励志会增补《和文汉读法》（1900.6）→④忧亚子增广《再版和文汉读法》（1901.10以前）→⑤丁福保重印《和文汉读法》（增订第三版）（1901.8）→梦花卢氏增刊本《和文汉读法》（1901.11~1902?）③

归纳起来，这本教材最大的特点是对新语言（译语）的引进和使用。梁启超一再强调日语学习起来很容易也很快就可以掌握，继而很快能读懂日文书籍，尤其是日文译书，如教材中的第十四节说："日本书中凡名词必写汉字，不用假名。动词副词十之九用汉字，其有用假名者，不过十之一耳，若助动词则十之九皆用假名，其用汉字者殆少。（中略）但此种专用假名不写汉字之字在日本书籍中通行者不过数十个耳。"④ 教材中花了大量的篇幅用于语法和词汇的讲解。如教材第一则说："凡学日本文之法，其最浅而最要之第一着，当知其文法与中国相颠倒。"⑤ 该教材中列出大量日语汉字新词汇（译语），今据原文摘录一些至今仍常见常用的词汇，整理附表于下⑥：

---

① 陈力卫：《"同文同种"的幻影：梁启超〈和文汉读法〉的改版过程与日本辞书〈言海〉》，《中国学术》总第三十一辑，商务印书馆2012年版，第240页。
② 李长波编辑解说：《近代日本語教科書選集》第七卷，东京日本图书中心2010年版。
③ 陈力卫：《"同文同种"的幻影：梁启超〈和文汉读法〉的改版过程与日本辞书〈言海〉》，《中国学术》总第三十一辑，商务印书馆2012年版，第247页。
④ 梁启超原著，沈翔云编：《和文汉读法》，第7页。
⑤ 梁启超原著，沈翔云编：《和文汉读法》，第1页。
⑥ 此表为笔者根据以下内容制作：梁启超原著，沈翔云编：《和文汉读法》，第21~27页。

表6　　　　　　　　　　《和文汉读法》译语举例

日语汉字	翻译	日语汉字	翻译
繰返	再三反复之意	不人気	人心不服
面白	有趣也大其也	不景気	凋零也
最早	犹俗言早已也	満足	悦服也
中々	颇也叹息也	相談	协议也
間違	错误也	故障	异议也
丁度	恰凑巧也	心得	会心也必解也
充分	十分地满足也	手紙	信笺也
仲裁	居间调停也	手術	手段方法
一緒	合一也	披露	广告之意
破産	行店倒闭也	結構	善美之意
組織	构成也	積極	哲学译语阳极也
組合	联会也	血縁	姻族也
抽象	哲学译语想其理由也	穴探	抉摘也

其中尤其值得注意的是"抽象""积极"等语，此外还有"充分""组织""组合""破产""血缘""披露"等，在汉语中至今常见。除了这些词语，梁启超提倡的诗歌创作还大量使用诸如"汽船""欧亚""澳洲"等明治时代出现的新名词。

除了在自己的诗歌作品和小说中大量使用新词之外，梁启超还通过他创办的《新民丛报》来普及新知识和新词汇，如《新民丛报》问答栏目，很多是对新词的普及推广，从中也可以看出梁启超在新词普及方面所做的工作是成功的，吸引了许多读者的兴趣和求知的欲望，故不嫌冗长，摘录几则如下：

（问）读贵报第一号绍介新著一门原富条下，于英文之 Political Economy 欲译为政术理财学。比之日本所译经济学，严氏所译计学，虽似稍确稍骇，然用四字之名，未免太冗，称述往往不便（后略）（东京爱读生）[《饮冰室合集集外文》（夏晓红辑）上册 P81]

除了通过《和文汉读法》，梁启超还通过报刊积极推广新知识、新词汇和新体制，以此展开了对这一术语翻译所用词语的讨论，从中也可看出对西方政治经济学的思考。此外，该报还有效地介绍了日本近代出现的新名词，如：

（问）日本书中金融二字，其意云何？中国当以何译之？（东京爱读生）

（答）金融者指金银行情之变动涨落，严氏《原富》译为金银本值，省称银值。惟值字仅言其性质，不言其形态，于变动涨落之象不甚著。且省称银值，尤不适用于金货本位之国。日本言金融，取金钱融通之意，如吾古者以泉名币意也。沿用之似亦可乎。[《饮冰室合集集外文》（夏晓红辑）上册P82]

除此之外，还有很多关于对日本所译的西方学术思潮及相关名词的询问和讨论，如：

（问）中国近日多倡民权之论，其说大率宗法于卢梭。然日本人译卢梭之说，多名为天赋人权说。民权与人权有以异乎？此两名词果孰当？（东京爱读生）

（答）（前略）民权两字实不赅括，乃中国人对于专制政治一时未确定之名词耳。天赋人权（中略）其意谓人人生而固有之自由自治的权利，及平等均一的权利，实天之所以与我，而他人所不可犯不可夺者也。然则其意以为此权者，凡号称人类，莫不有之，无论其为君为民也。其语意范围，不专用于政治上也，故以日本译语为当。[《饮冰室合集集外文》（夏晓红辑）上册P82]

如今，这些译语，无论是"经济学""金融""天赋人权"，还是后面的问答中讨论到的"要素""社会"，或西方人名译语"达尔文""赫胥黎"和"斯宾塞"等，现在仍然常用，其影响，可想而知。

胡适曾经说："梁启超最能运用各种字句语调，来做应用的文章，他不避排偶，不避长比，不避佛书的名词，不避诗词的典故，不避日本输入的新名词。因此他的文章最不合'古文义法',但他的应用的魔力也最大。"①梁氏的新文体,吸收了从日本来的新词语、方言,为大众所爱,这种文体也被称为"新民丛报文体"和"梁启超文体"。① 可见梁启超并非只是提倡普及新词,还积极运用。

编成《和文汉读法》之后,梁启超阅读日文译著更加迅速和有效,从1899年年底到次年1月写成的《夏威夷游记》中,梁启超明确地提出了诗歌革新主张:"新意境、新语句、古风格。"学者普遍认为,新意境是指新思想、新理想和新意象,以时事入诗。而新语则主要是指翻译语,即上文所述新词。②

同时,梁启超在以自己的创作贯彻着诗歌革新的主张。

第二节 梁启超对"诗界革命"主张的贯彻

梁启超对诗界革命的主张和实践可以说不遗余力,随手翻开一本收录了梁启超诗歌的选集,我们就能感受到这一点。

比如《梁启超诗文选》③选了诗作十八题四十首。这些诗作有不少是游历日本和欧洲时所作,比较引人注意的是梁启超诗歌中的地名译语和政治译语,如"太平洋""澳亚""共和政体""帝国主义""门罗主义""老大帝国"等。其诗歌句式自由,长短句式交错而写,如作于1899年12月31日夜半的《二十世纪太平洋歌》开篇几句:"亚洲大陆有一士,自名任公其姓梁。尽瘁国是不得志,断发胡服走扶桑。扶桑之居读书尚友既一载,耳目神气颇发皇。"可见梁启超作诗率性而为,不拘泥于句子字数、对偶和押韵等古典诗歌体式尤为强调的地方。

有研究者认为,梁启超文学作品的魔力在于情感丰富而浓烈:"如果从文

---

① [日]庄光茂树:《关于梁启超——新文体论与〈东籍月旦〉》,日本大学经济学研究会《经济集志》(人文、自然科学编第53卷,别号1),1983年4月,东京真兴社出版,第21、27页。
② 王闰梅:《殖民地的近代与诗社传统意识的乖离——围绕梁启超的台湾访问来谈》,中国研究所《中国研究月报》第63卷第12号,东京中国研究所,第8页。
③ 黄坤选注:《梁启超诗文选》,华东师范大学出版社1990年版。

学的角度来分解'梁启超',所得恐怕也只有一种成分:情感。"①

然而,梁启超赴日之后的诗歌最显著的特点,笔者以为并非情感浓烈,而是以叙述(或曰小说笔法)和政论入诗,以新词入诗,淋漓尽致地表达心中所思所想。仍以上述《二十世纪太平洋歌》为例,上述诗句之后,梁启超以第三人称的角度,对自己的太平洋之行做出叙述:"少年悬壶四方志,未敢久恋蓬莱乡。誓将适彼世界共和政体之祖国,问政求学观其光。乃于西历一千八百九十九年腊月晦日之夜半,扁舟横渡太平洋。其时人静月黑夜悄悄,怒波碎打寒星芒。海底蛟龙睡初起,欲嘘未嘘欲舞未舞深潜藏。其时彼士兀然坐,澄心摄虑游渺茫。"

梁启超在诗歌当中屡屡发表自己的政见,如对当时的世界形势表达看法:"吁嗟乎!今日民族帝国主义正跋扈,俎肉者弱肉食者强。英狮俄鹫东西帝,两虎不斗群兽殃。后起人种日耳曼,国有余口无余粮。欲求尾闾今未得,拼命大索殊皇皇。亦有门罗主义北美合众国,潜龙起蛰神采扬。西县古巴东菲岛,中有夏威八点烟微茫。(中略)物竞天择势必至,不优则劣兮不兴则亡。(中略)尔来环球九万里上一砂一草皆有主,旗鼓相匹强权强。惟余东亚老大帝国一块肉,可取不取毋乃殃。五更萧萧天雨霜,鼻声如雷卧榻傍。诗灵罢歌鬼罢哭,问天不语徒苍苍。"②梁启超在诗中精辟地分析了当时东西方的政治形势,流露出自己的忧国忧民之心。

汉诗与政治,自古就有密切的联系,"诗言志"中的"志",通常就是指诗人的政治抱负。但是,古典诗歌中的政治之"志",是用含蓄的隐喻手法来表达的,我国古典诗歌中还以男女之情来表达政治观点,表面上是写男女爱情,但实际上说的却是政治理想或立场。典型的例子很多,如唐代张籍的《节妇吟》:"君知妾有夫,赠妾双明珠。感君缠绵意,系在红罗襦。妾家高楼连苑起,良人执戟明光里。知君用心如日月,事夫誓拟同生死。还君明珠双泪垂,恨不相逢未嫁时。"借少妇之口表达作者的政治立场。传统诗歌多以委婉

---

① 黄坤选注:《梁启超诗文选》,华东师范大学出版社 1990 年版,第 2 页。此外,王闰梅《殖民地的近代与诗社传统意识的乖离——围绕梁启超的台湾访问来谈》一文也主张从梁启超访问台湾,与台湾遗老进行诗歌唱和是一个转折点,其后的诗歌主张和诗作都偏向于情感性。详见该文全文的论述。

② 黄坤选注:《梁启超诗文选》,华东师范大学出版社 1990 年版,第 159~160 页。

含蓄的方式来表达自己的政治观点和态度，而梁启超改变了这一方式，痛快淋漓地在诗歌里直接表达自己的政治意见。除了新词的运用之外，这也可以说是梁启超的诗界革命的革新之一。

其次，梁启超认为，人区别于其他动物的主要特点在于有目的、有意识的行为："依我说，禽兽为无目的的生活，人类为有目的的生活。我所说的是告诉汝终日忙终年忙，总要向着一个目的忙去。"① 所以，认真读来，梁启超的诗作每一首都有一个鲜明的"目的"，也可以说是主题鲜明。而他的诗歌最大的主题、目的，可以用他自己的话来说明："问孕育十九世纪之欧洲者谁乎？必曰卢梭。虽极恶卢梭者不能以此言为非也。吾中国亦有一卢梭，谁欤？曰梨洲先生。梨洲生明万历三十八年，实西历一千六百十年。卢梭生西历一千七百十二年，实本朝康熙五十一年。其相去殆百岁，故以时代进化公例论之，则于百年前得一卢梭易，于二百年前得一梨洲难。……卢梭于著书之外，无他可表见者。梨洲则当鼎革之交，间关蹈海，谋所以匡复故国，遗间投大，百折不挠。盖梨洲非议论家而实行家也。"(《黄梨州绪论》)② 即其目的在于强国自主。

所以，梁启超始终把文学改良当作政治改良、救国图强的主要手段。他在《新民丛报》章程、宗旨中说："本报取《大学》'新民'之义，以为欲维新吾国，当先维新吾民。中国所以不振，由于国民公德缺乏，智慧不开。故本报专对此病而药治之。务采合中西道德，以为教育之方针；广罗政学理论，以为智育之本原。(中略)二十、小说：或章回体，或片假体，或以切于时势，摹写人情，使读者拍案称快。二十一、文苑：诗古文辞秒选附录，亦可见中国文学思潮之变迁也。"③《新民丛报》中特设小说和诗歌栏目，对文学革新的重视，首先凸显在这两种文体上。该报刊登的诗歌栏目，引起读者的关注和询问，如《新民丛报》问答栏目中，就有刊载：

---

① 梁启超著，夏晓红辑：《饮冰室合集集外文》(上册)，北京大学出版社2005年版，第746~747页。
② 梁启超著，夏晓红辑：《饮冰室合集集外文》(上册)，北京大学出版社2005年版，第127~128页。
③ 梁启超著，夏晓红辑：《饮冰室合集集外文》(上册)，北京大学出版社2005年版，第75~77页。
按：梁氏所言小说之"片假体"不明所指，核《饮冰室合集集外文》上册之文，并无误。梁氏在《〈中国唯一之文学报〉新小说》一文中，提到小说之体者，有"演义体""札记体""传奇体"，未见"片假体"之说。今存疑。

（问）贵报第四号论说第七页，载白沙先生崖山吊古诗二句，读之令人爱国之心，油然而生。极欲受其全文，以资讽诵。（后略）（上海冲冠子）

（答）陈白沙居近崖海，常临凭吊，乃为冠一字刻于其上曰："张弘范灭宋于此。"更题一诗于石阴云："忍夺中华与外夷，乾坤回首重坎悲。镌功奇石张弘范，不是胡儿是汉儿。"此石粤中多有揭本，而新会尤多，碑旁又附一诗，则前明逸民南海陈独漉恭允之作也。诗曰："山木萧萧风更吹，两崖风浪至今悲。一声望帝啼荒殿，十载愁人拜古祠。海水有门分上下，江山无界限华夷。停舟我亦艰难日，愧向苍苔读旧碑。"文中荒殿古祠云云者，附近居民，为殉国帝后立殿，并附三忠祠，以为亡国纪念也。白沙之言怒而严，独漉之言哀而苦，呜呼！独漉之遇愈惨而感愈深矣。①

梁启超借助报纸媒体，把诗界革命的主张推广开来，唤醒大众的爱国图强之心，进行从文学到政治的改良。

除了在自己的诗作中实行诗界革命之外，梁启超还积极推广当时的诗人，尤其是粤地诗人的作品，其中，推崇最高的，莫过于黄遵宪："近世诗人能熔铸新理想以入旧风格者，当推黄公度。丙申、丁酉间，其《人境庐诗》稿本，留余家者两月余，余读之数过，然当时不解诗，故缘法浅薄，至今无一首能举其全文者，殊可惜也。近见其七律一首，亦不记全文，唯能诵两句云：文章巨蟹横行日，世界群龙见首时。余甚爱之。"② 梁启超在赴日之前，对于近代新事物新体制新思想新名词尚不了解，所以对于黄遵宪的诗歌作品还不能欣赏，赴日接触这些新事物、使用新词之后，开始喜欢上黄遵宪的新诗，认为他的诗作就是一种文学改良，对救国图强也有一定的作用。

而且，梁启超对于西方诗歌有所认识，并持宽容的态度。如其诗话第八则："希腊诗人荷马，古代第一文豪也。其诗篇为今日考据希腊史者独一无二之秘本，每篇率万数千言。近世诗家，如莎士比亚、弥尔敦、田尼逊等，其诗动亦数

---

① 梁启超著，夏晓红辑：《饮冰室合集集外文》（上册），北京大学出版社2005年版，第83页。
② 梁启超：《饮冰室诗话》，人民文学出版社1959年版，第2页。按：下文引用梁启超《饮冰室诗话》之处，皆于正文中直接标注页码。

万言。伟哉！勿论文藻，即其气魄故以夺人矣。"又曰："生平论诗，最倾倒黄公度，恨未能写其全集。顷南洋某报载其旧作一章，乃煌煌二千余言，真可谓空前之奇构矣。（中略）若在震旦，吾敢谓有诗以来所未有也。以文名之，吾欲题为'印度近史'，欲题为'佛教小史'、欲题为'宗教政治关系说'；然是固诗也，非文也。有诗如此，中国文学界足以豪矣。"（诗话P4~5）

这则诗话赞扬黄遵宪的长篇史诗《锡兰岛卧佛》，将其视为东方的荷马、莎翁、弥尔顿的鸿篇巨制。从这一则诗话中我们更清晰地看到了梁启超的诗歌观念，以及他为何喜欢黄遵宪的诗歌。

梁启超奔走海外，接触新思想新事物和新体制，寻找救国图强之路，他的史学知识深厚，也很喜欢历史，他认为好的诗歌具有记叙和总结、评论和反思历史的功能，因此这类诗歌的篇幅通常比较长。而黄遵宪的诗歌，不管是《人境庐诗草》还是《日本杂事诗》，都具有记载历史，以史为鉴，或者反映近代涌现的新事物、新思想、新体制的功能，尤其是《日本杂事诗》，可以说是典型的纪事叙史之作，堪称《日本国志》的姐妹篇。关于这一点，许多学者都做了论述，笔者也曾撰文对此进行探讨①，在此不再赘述。

此外，他对黄遵宪的诗歌推崇的原因，还有："吾重黄公度诗，谓其意无一袭昔贤，其风格又无一让昔贤也。"（诗话P8）梁启超认为诗歌要有创新，不袭前人。而对于新诗之新，梁启超还认为能融汇当时新的知识及观念，也非常重要，如其诗话第四十则所云："《人境庐集》中有一诗，题为《以莲菊桃杂供一瓶作歌》，半取佛理，又参以西人植物学、化学、生理学诸说，实足为诗界开一新壁垒。"（诗话P30~31）黄遵宪的诗歌符合其诗界革命主张，所以被大力推广。

其实，梁启超也注重诗歌的整体意境之新，如："陈伯严吏部（中略）其诗不用新异之语，而境界自与时流异，浓深俊微，吾谓于唐宋人集中，罕见伦比。"（诗话P10）诗话中所列举的是陈伯严写给黄遵宪的一首诗（千年治乱余今日）。以笔者看，这首诗的特点是饱含了爱国忧民之情，表达了自己胸怀抱负无法实现的悲哀。所以，除了鸿篇巨制的史诗之外，梁启超还喜欢此类短

---

① 详见拙文《〈日本杂事诗〉的中国文学书写》，《广东技术师范学院学报》2013年第8期。

诗，能深深唤起他的同感。

回顾当时的诗坛，我们发现，随着国门打开，新思想、新体制不断涌入，尤其是在沿海大省广东，率先接触了外来的科技、词汇和思想、体制等。诗歌的革新也已经是时势所趋。

第三节 《饮冰室诗话》与广州竹枝词

我们发现，梁启超自身对于当时流行的以新语入诗的做法，也曾做过反思。《饮冰室诗话》第六十则云："（上海谭复生）自喜其新学之诗，然吾谓复生三十以后之学，固远胜于三十以前之学，其三十以后之诗，未必能胜三十以前之诗也。盖当时所谓新诗者，颇喜撏著新名词以自表异。丙辰、丁酉间，吾党数子皆好作此体，提倡之者为夏穗卿。（中略）至今思之，诚可发笑。然亦彼时一段因缘也。"（《诗话》P49）他还指出："此类之诗，当时沾沾自喜，然必非诗之佳者，无俟言也。吾彼时不能为诗，时从诸君子后学步一二，然今既久厌之。穗卿近作殊罕见，所见一二，亦无复此等窠臼矣。"（《诗话》第62则，P50）可见梁启超并不认为单以新词表异的作诗之法是好的，而且，他认为当时流行的这一做法已经走向极端，他委婉地提出了批评。他喜欢黄遵宪的诗歌，并不仅仅是因为他用新词，而是开辟了一种新的诗歌意境，吸收了新的学术和理念，并及时反映时局，记录历史。《饮冰室诗话》反复交错着时事记录、时事评论，并非专门的诗学理论书。所以，细川氏把《饮冰室诗话》归入时事记录类型的诗话，① 有其道理。

《饮冰室诗话》所记，多与当时的政治时局有关，也多与爱国志士有关。如其诗话第五十八则："近日时局可惊可叹可哭可笑之事，层见叠出，若得西涯乐府之笔写之，真一绝好诗史也。顷从各报中见数章（中略）录之。"（《诗话》P46）

值得注意的是，《饮冰室诗话》还有一个特色就是多记粤人之事与诗，除

---

① ［日］细川直吉：《梁启超饮冰室诗话——诗话文学史上的位置及其时代性》，二松学舍大学人文学会《人文论丛》第91辑，平成二十五年（2013）10月，第144~146页。

了康有为、黄遵宪等著名诗人之外，还有默默无闻的粤人的作品，如第六十七则（《诗话》P52）所记："乡人有自号珠海梦余生者，热诚爱国之士也，游宦美洲，今不欲著其名。顷仿粤讴格调成《新解心》数十章，且自为题词六首，词曰：百越雄藩镇未开，寻春怕上越王台。可堪流尽珠江水，犹有秦筝洗耳来。"

这些诗词有不少是用粤语来写的，而《和文汉读法》的初版也有粤语，梁启超用粤语解释日语。① 梁启超喜欢这一类以方言入诗而又能做到雅驯和创造新意境的作品，他说："其《新解心》有自由鉴、自由车、呆佬祝寿、中秋饼、学界风潮、唔好守旧、天有眼、地无皮、趁早乘机等篇，皆绝世好文（中略）实文界革命一骁将也。"（《诗话》P53）其中"呆佬""唔好"等为粤语。诸如此类还有诗话第七十六则所言："冰壶女史者，同学顺德谭君张孝之夫人也。夫妇同尽瘁国事，美洲风气之开，功最多焉。"（《诗话》P58）又，诗话第九十九则："乡人有自署东莞生者，以《无题》八首见寄。"（《诗话》P79）又，诗话第一百零九则："嘉应杨儒子惟徽，人境庐诗弟子也。"（《诗话》P86）。可见粤地诗人的作品多符合梁启超的诗歌革新主张。

至此，我们可以说，以新词和时事入诗，是梁启超诗界革命主张的核心内容。虽然梁启超1912年才回国，但是他的诗歌主张和诗作早在他回国前就已经对大陆产生了影响。

随着国门的打开，外来的思想、体制、语言、机械设备都纷纷进入大众的日常生活，尤其是梁启超的故乡广东地区。广东临海，是重要的对外贸易港口之一，商品经济一直较为发达，接受外来文化也处于领先地位。梁启超在《饮冰室诗话》中屡屡引用粤地诗人的作品，正是因为他们借助广东的地理优势，首先接触和接受了外来文化，包括音乐、译语、机械、武器、体制等等，所以在他们的诗歌中已经无意中贯彻了梁启超的诗界革命主张，得到梁启超的肯定。

通过马溪吟香阁著，舒锦续著的《羊城竹枝词》的前后对比和对民国期

---

① 陈力卫：《"同文同种"的幻影：梁启超〈和文汉读法〉的改版过程与日本辞书〈言海〉》，《中国学术》总第三十一辑，商务印书馆2012年版，第243页。

间的广州竹枝词的赏析，就能明白这一点。

《羊城竹枝词》一共三卷，卷一还是传统的吟咏乡土风情的作品，多写儿女之情，如："沧江水比珠江深，照见郎心与妾心。未敢望郎心似石，看来石亦会浮沉。"① 卷二则多是吟咏民风民俗，不管用语还是诗歌风格、意境，都是传统的竹枝词。卷三是《羊城竹枝词续》。

在《羊城竹枝词续》中，我们能明显地感受到时代的气息，无论是从诗歌用语上，还是从意境上，都可以说是梁启超提倡的诗界革命的生动体现。这一点，除了广东临海的地理位置之外，还与晚清和民国时期，广东人活跃于海内外诸多领域，无论是经商贸易，还是政治强国，都不乏他们的身影有关。而广州作为广东的省会城市，其诗风颇能体现当时的特点。

《羊城竹枝词》经历了几十年的时间，从晚清到民国，是以诗纪史、以诗存俗的典型例子，其序言所说："光绪丁丑马溪吟社以羊城竹枝征诗，迄今四十余年矣，己未春，如庐主人复以续羊城竹枝词命题，征咏作者甚多。（中略）而时局变迁，风会隆替，皆足以资省览。"（《羊城竹枝词续》序）

光绪丁丑年即是光绪三年（1877），序言称"迄今"四十多年，那么《续羊城竹枝词》的时间应该是在 1917 年前后，1917 年是民国六年，军阀混战，社会动荡，中西方思想文化冲撞交接，而这些，都反映在了竹枝词里。

比如："科学蒸蒸事扩张，六经芜秽虞苑荒。千年文献寻光孝，无复青蝇吊仲翔。"（《羊城竹枝词续》P62）这首竹枝词对于西方科学的涌入、传统经典的荒废这一现象发出了无奈的感叹，并用了"科学"这一新语。

对于新出现的机械，诗歌也生动地记录了当时人们的感受："游河快艇昔无双，改用三扒胜画双。人力终输机器力，电船今已满珠江。"这首诗还有小注曰："珠江游河，昔以快艇为最，后改用三扒，取其轻便，近日则多用电船。我国动用物，无一不以用外货为崇，良堪浩叹。"（《羊城竹枝词续》P67）

上述的竹枝词是对当时新的机械设备——电船取代传统的水运工具而发出的感叹。而且，新语的出现已经很普遍，如："东亚筵开胜大东，佛兰地白樱

---

① 马溪吟香阁著，舒锦绥著：《羊城竹枝词》卷一、卷二，广州科学书局 1921 年版。下文引用该书的，均于正文标注页码。

桃红。五洲一室成佳话，纽约伦敦一壁通。"（《羊城竹枝词续》P74）这首诗基本上是用当时的新词语组成的。此外，续羊城竹枝词中还记录了当时日本乐曲传入粤地的情况："多用日本鼓吹，号过洋乐。"（《羊城竹枝词续》P62）

  除了当时的新词汇频繁入诗之外，战乱的忧患，也体现在诗人的创作中，比如彭春洲等人所做的《辛丑广州纪事诗》："灵峰山是小蓬莱，天上将军避寇来。战舰如云无用处，龙舟听令夺标回。"① 又："将军出郭看飞机，谁道飞机伏杀机。谘议局前枪一响，将军魂逐白云飞。"诗后还有小注曰："三月九日镇粤将军孚琦出东郭白云山下看演飞机，归途经谘议局前，为党人温生才枪毙。"② 可知这些诗歌所具有的记录时局政治的特色。

  上述例子，除了记录当时的历史事件之外，还在诗歌后面加注，这与黄遵宪《日本杂事诗》的体式相同，可以说是当时诗歌体式改良的一个主要表现：诗后加注，以补充说明诗歌所言历史事件或者民俗。

  诸如此类的诗歌还有很多，兹不一一列举。《羊城竹枝词续》和《辛丑广州纪事诗》都是当地老百姓写的，可见随着时势的推移，诗界革命呼声中的广州近代诗歌，已经普遍地悄然发生了改变。我们可以看到：诗歌的改良革新，在民国初期已经是一种趋势，梁启超的诗界革命主张，其实是顺应时势，振臂一呼，把诗歌的革新以诗话的方式在理论上做出了归纳和肯定。梁启超在日本提出的诗界革命主张与大陆的民国诗歌创作（尤其是沿海地区的诗作）是相互呼应的关系。

---

① 丘良任、潘超、孙忠铨主编：《中华竹枝词全编》，北京古籍出版社2007年版，第185页。
② 丘良任、潘超、孙忠铨主编：《中华竹枝词全编》，北京古籍出版社2007年版，第185页。

第二编

江浙与日本诗文交流篇

第一章　江浙刻书业与流通日本的汉籍

正如关西大学松浦章教授在研究东亚各国海域贸易时指出的那样，东亚各国之间横亘着渤海、黄海、东海等，因此自古以来，东亚各国之间的交往依赖于船舶。历史上，东亚诸国中，造船技术较为发达的是中国，因此中国的渡海历史最为悠久，次数也最多。① 虽然明代实行海禁，但是到了明代后期，海禁开始缓和，海洋交通逐渐恢复生机。清代，随着展海令的颁布实施，虽然日本幕府处于锁国政策之下，但长崎港口对外开放，中国船只可以进入贸易，所以清代中日的海上交通比较活跃，私人海上贸易发展较快。

我国海上贸易发展历史十分悠久，早在西汉武帝时，船队从广州湾出发，经南中国海，航行到南洋群岛各国。到了唐代，海上贸易进一步繁荣起来，亚洲各国商人不断来到中国，聚集在广州、扬州等大城市。江苏自古就是我国主要的海上贸易地区之一。相关研究者还曾对江浙皖的海上集团做过专题研究，从中可见江浙皖一带海上贸易的繁盛。②

江苏是中日海上贸易的重要地区之一，在中日汉籍交流历史上，始终起着重要作用。不仅如此，江苏的诗词文化浓郁，也是中国儒释道思想的中心之一，对于自古接受中国传统文化的日本人来说，具有极大的吸引力，江苏仿佛古典诗词的桃花源。毕业于东京大学文学部、曾在《朝日新闻》东京本部任职，并曾担任东京女子大学教授的森本哲郎在《中国诗境之旅》中曾经这样

---

① ［日］松浦章:《近世东亚文化交流与中国帆船》,《东亚文化交涉研究》2008 年第 1 号,第 41～62 页。
② 林仁川:《明末清初私人海上贸易》,华东师范大学出版社 1987 年版,前言。

说:"到中国去旅行曾是我长期的心愿。在日本的古典中无数次地引用过的中国诗文,(所描写的)实际的姿态如在目前……"① 森本哲郎二十世纪七八十年代的中国之旅的第一站,就是扬州和苏州。出版社当时给这本书打的广告是:"桃花源、田园居,确实,就在这里。在中国江南旅行中,探寻古代文人诗境的一本好书!"

回顾清代,在日人的清国游记中,对江苏的描写可谓俯拾皆是。如冈千仞在1884年6月游历中国的三百多天里,如此描述苏州:"遥见女墙绵亘云表,此为苏州城。相传伍子胥所城。周回四十二里。城门、水门各八,《吴都赋》通门二八是也。就壁而南,万舸辐辏,中流仅余通舟余地,仰见石桥穹窿,直接城门,是为阊门,闹热特甚……楼橹巍峨,市廛宏丽,万货琳琅,灿然炫目。"② 江苏吸引着大量日本文人、诗人来游,人物的往来无疑也会促进文化交流,而文化交流中的一项重要内容,就是书籍流通。

伴随着海上贸易繁荣,书籍作为商品也频繁流通于中日之间,清代江苏、日本之间的船舶往来与书籍交流,以及由此产生的文学交流,是值得注意和研究的。

中日汉籍交流随着两国船舶商业的发展而发展,即使在日本锁国期间,仍有不少日本人通过琉球萨摩购买汉籍,当然,锁国时期,长崎可以与中国通商,所以,在日本方面,长崎是最重要的汉籍交流通道。

南京船活跃于长崎,苏州或邻近市镇的书籍、丝绸、药草等大量货物都通过南京船运往日本。需要注意的是,前文已说过,船只的船籍与出航地并不总是等同关系,比如有的宁波船回到普陀山出港,被称为普陀山船,但事实上却是宁波船籍;又比如有的宁波船会到广东装载货物,然后出港,被称为广东船,实际上是宁波船,等等。由于清朝海运资料缺乏,具体弄清每一艘出港船的船籍、路线,是不大可能的。但根据现有资料,从船主、出港地、货物等可基本确定大部分清代赴日的中国船籍。据大庭修教授调查,元禄元年(1688)赴日唐船有江苏南京船二十三艘;元禄二年(1689)以后,日本方面限制入

---

① [日]森本哲郎:《中国诗境之旅》,东京PHP研究所2005年版,序。
② [日]冈千仞著,张明杰整理:《观光纪游·苏杭日记》,中华书局2009年版,第28页。

港唐船每年七十艘，其中，春船二十艘中，有南京船五艘；夏船三十艘中，有南京船三艘；秋船二十艘中，有南京船两艘，共十艘。而正德五年（1715）有三十艘唐船赴日贸易，其中就有南京船十艘，为最多。

长崎方面为了有效控制和管理来日外国商船，特颁发信牌，持有信牌的船只，才能进入长崎贸易，否则遣返。在争夺正德新令信牌时，江浙商人与福建商人争夺，结果江浙商人胜出，从此江浙地区与日本进行船舶贸易的势力大增。①

较于福建、广东等地的海外贸易，在江苏与日本的贸易中，书籍是一宗分量较大的商品。这与江苏的刻书业和藏书业繁荣有很大关系。明中叶以后，苏州、金陵的刻书业次第兴盛，至明末，苏州的刻书业最盛。清代江苏刻书享誉日本。仅以苏州地区而言，苏州藏书历史悠久，藏书家和藏书楼众多，据统计，全国各地曾有过近千处藏书楼，其中江浙两省最为集中，特别是江苏苏州的吴县、常熟和浙江宁波的藏书家和藏书楼最为突出。吴县先后出了一百五十多位藏书家，有迹可循的藏书楼就有沈周的有竹居、吴宽的丛书堂、徐澄的望洋书堂、顾德育的安雅堂、沈与文的野竹斋、钱谷的悬磬室、吴岫的尘外轩……蒋凤藻的书钞阁、叶昌炽的明哲经纶楼等几十家。常熟历史上有名可查的藏书家有二百七十多人，其中藏书楼有毛晋的汲古阁、钱谦益的绛云楼、钱曾的也是园、庞泓的步云楼、席鉴的扫叶山房等。②

入清后，相对于苏杭一带书房刻板业持续兴盛，四川和福建的，则相对衰落，王士禛《居易录》十四中有相关记载。清代，江浙商人甚至远赴北京开书肆，他们把江南印刷的书籍售往北京，在北京，江南书商的口碑和市场极好。

南京船运来的书籍较多，无疑是在江苏刻书业迅速发展的推动之下。清代向日本供应书籍的特定书店似多设在江浙一带。江浙书商通过赴长崎贸易的船只，如南京船、宁波船等，把大量书籍售往日本。加上江浙一带多古书，销路

---

① ［日］大庭修：《江户时代接受中国文化之研究》，东京同朋舍昭和六十一年（1986）版，第 27～28 页。

② 陈其弟：《苏州藏书楼》，《中国地方志》2010 年第 8 期。

较好，所以从江浙传到日本的古籍也相应较多，甚至有谢肇淛①等著名藏书家的旧藏书。

清朝，与日本进行海上贸易的地区，以浙江、江苏和安徽为最。宽政年间，长崎奉行所中川忠英所记的《清俗纪闻》中所载中国音，以江浙地方音为最多，大庭修据此推测当时来长崎贸易的船商以江浙人为多。如元禄八年（1695，康熙三十四年）十六号南京船携《帝京景物略》赴日售卖。②又，以享保以前传到日本的地方志为例，出口日本的清朝地方志，相应地，集中在浙江、江苏和安徽三地。自元禄七年（1694）到文化四年（1807），江苏地方志每年传入的数量如下所示：

元禄七年（1694，康熙三十三年）：一部

元禄八年（1695，康熙三十四年）：一部

元禄十二年（1700，康熙三十九年）：一部

享保六年（1721，康熙六十年）：三部

享保七年（1722，康熙六十一年）：一部

享保八年（1723，雍正元年）：两部

享保十年（1725，雍正三年）：十部

享保十一年（1726，雍正四年）：十七部

享保十二年（1727，雍正五年）：五部

享保十三年（1728，雍正六年）：两部

享保十六年（1731，雍正九年）：一部

享保十八年（1733，雍正十一年）：三部

享保十九年（1734，雍正十二年）：一部

宽政八年（1796，嘉庆元年）：七部

文化三年（1806，嘉庆十一年）：十三部

---

① 谢肇淛(1556~1616)，明中叶文学家、藏书家。字在杭，长乐（今属福建）人。明神宗万历二十年(1592)进士。初任湖州通官，累官广西左布政使。兼法钱起、刘长卿、元稹、白居易及明初诸家。所作诗风格精细圆稳，情致深婉，语言俊朗。著有《小草堂集》《北河纪略》等。《历代藏书家辞典》等有载。

② ［日］大庭修：《江户时代接受中国文化之研究》，东京同朋舍昭和六十一年(1986)版，第45~47页。

文化四年（1807，嘉庆十二年）：两部

总计：七十部①

从大庭修制作的相关表格②可以看到，南京船所载书籍的数量和密度都比较大，如正德四年（1714）午一号南京船就携带汉籍二十七种三十一部；享保四年（1719）更是有多艘南京船携带汉籍入港，其中数量最大的是亥二十九号南京船，带汉籍五十二种一百九十八部。但总的来说，在船舶贸易商品中，相对于砂糖、药草等，汉籍所占比重总体较小，且集中在南京船和宁波船。

在东传长崎的汉籍中，清诗是不可忽略的一个部分。文化十二年（1815）十二月，南京永茂船载十五箱书籍漂流到伊豆，船载书籍共计二百六十部，六百二十二套，③其中有不少诗歌文献，如《小仓山房诗》等，引人注意。另，我们根据正德元年（1711，康熙五十年）入港的卯五十一号船的舶载书目④来整理，可以看到如下几部清诗集或清人所辑之诗集：

一、《黄叶村庄诗集》八卷四册，这是清代吴之振所撰的诗集。吴之振（1640～1717），字孟举，号橙子，别号竹洲居士，因其家有园名曰"黄叶村庄"，故又号黄叶老人、黄叶村农，浙江石门（今桐乡）洲泉镇人。生于崇祯十三年（1640），卒于康熙五十六年（1717），年78岁。他作诗宗宋，尤擅七言。《黄叶村庄诗集》有康熙三十三年（1694）刻本，而康熙五十年（1711）就已经传入日本，可见当时清诗传到日本的速度。日本现存的《黄叶村庄诗集》的最早刻本是康熙年间刻本，均为八卷本，有确切纪年的是康熙五十一年（1712）序刊本，另有光绪四年（1878）、五年（1879）重刊本，可见该诗集曾多次传入日本。

二、《诗观初集》十二卷十二册，该集为清代邓汉仪所辑。邓汉仪（1617～1689），字孝威，号旧山，别号旧山梅农、钵叟，博洽通敏，贯穿经

---

① ［日］大庭修：《江户时代接受中国文化之研究》，东京同朋舍昭和六十一年(1986)版，第49～50页。
② ［日］大庭修：《江户时代接受中国文化之研究》，东京同朋舍昭和六十一年(1986)版，第52页。
③ ［日］大庭修：《江户时代接受中国文化之研究》，东京同朋舍昭和六十一年(1986)版，第43页。
④ ［日］大庭修：《江户时代接受中国文化之研究》，东京同朋舍昭和六十一年(1986)版，第38页。

史百家之籍，工于诗。顺治元年（1644）为远祸避难，举家迁居泰州，放弃博士弟子员的身份，绝意仕进。康熙十八年（1679），召试博学鸿儒，不第，以年老授中书舍人。日本所藏初集十二卷，为康熙十一年（1672，宽文十二年）南阳邓氏慎墨堂刊本。该书在正德元年（1711，康熙五十年）由卯五十一号船带入日本，其传播速度，在当时来说已经算是比较慢的。

三、《汪伯子箐庵遗稿》一卷一册，此乃清代汪琬之子汪筠的遗诗，汪筠生活于清朝初期，早卒，汪琬集其遗留诗稿，得数十首，成一卷，附于《汪氏传家集》后，行于世。日本所藏有清康熙年间刊本，另有雍正十年（1732，享保十七年）宗后学栋百城阁重订刊本。

汪琬（1624~1691），字苕文，号钝庵，晚号钝翁，晚年隐居太湖尧峰山，称尧峰先生。江南长洲（今苏州）人。顺治十二年（1655）进士，官户部主事，迁员外郎，再迁刑部郎中。顺治十八年（1661）以奏销案去官，降补北城兵马司指挥。康熙九年冬归隐，十八年召试博学鸿词科，授翰林院编修，预修《明史》，翌年冬即告归。十年后卒。汪琬与侯方域、魏禧合称"清初散文三大家"。汪琬敏于为文，所作散文自谓有五六千篇。论文主张节制才气，以呼应开阖，操纵顿挫，避免散乱。《四库全书总目》谓"琬性狷急，动见人过，交游罕善其终者。又好诋诃，见文章必摘其瑕颣，故恒不满人，亦恒不满于人"，其论诗忤于王士禛，仪礼则与阎若璩相诟。汪琬以善骂著名，作文时毒口不少，自己也知"刚褊多忤，好辨多言"之病。汪琬的诗"风格原近唐人。中年以后以剑南、石湖为宗，后则颓然降格矣"（沈德潜《国朝诗别裁集》）。"专以宋为师，于宋人中所心摹手追者，石湖居士而已。取径太狭，造语太纤，且隐逸闲适话头，未免千篇一律"（郑方坤《国朝名家诗钞小传》）。著有《尧峰文钞》五十卷、《钝翁类稿》一百一十八卷、《拟明史列传》二十四卷、《姑苏杨柳词》一卷等。

汪琬辑录其父汪膺的诗稿成《寸碧堂诗集》，另有《钝翁类稿》，都陆续传入了日本，受到欢迎和重视，大部分著作至今留存于日本藏书机构。

四、《今体台阁集》十卷四册，清代顾有孝、赵沄编。顾有孝（1619~1689），字茂伦，家住钓雪滩，故号雪滩钓叟，江苏吴江人，年七十一岁，明末诸生。明亡，焚弃儒衣冠。康熙十七年（1678）举博学鸿儒，不就。在钓雪滩以选诗为事。家贫，好客，有重名。与顾樵、徐介白、俞无殊、周安节为莫逆交，有"穷孟尝"之称。国内传顾有孝、赵沄所辑《江左三家诗钞》甚广，却不见《今体台阁集》。就日本藏书来看，《今体台阁集》为康熙十二年（1673）序刊本，三册；另一为五册本。

日人对清诗文献的需求增长，与江户后期、明治时期日本汉诗诗坛推崇与学习清诗有关，清代诗人中，日人又最崇袁枚，喜作绝句。我们从明治日人所编印的汉诗集即可看出，其中绝句为最多，如谷乔编《明治百二十家绝句五卷》（明治十六年刊），陈曼寿在光绪八年为这部汉诗集所做的序中也谈到了这一诗坛现象："［彼］都人士自古迄今，皆好扬扢风雅，研究韵语，奈风气所尚，率以绝句为宗……余每过书肆中，见所刻贵邦近时人诸诗选，大半皆录绝句。"①除了推崇袁枚之外，日本诗人也很重视赵翼及其诗说。赵翼富有史才，"其诗话之作，也往往沟通文学与史学"②，所以，黄遵宪以诗纪事、以诗存俗的《日本杂事诗》，也深受日本诗人的赞扬和喜爱。日本诗人也创作不少此类汉诗，如黄遵宪所推崇的龟谷省轩就有《咏史》诗。

因此，我们在赴日中国商船的货物清单中时不时可以看到关于清诗的记录。如清人之诗《名家诗观》十二本十四卷，署名康熙戊午邓仪选。又如安永九年（1780，乾隆四十五年）四月，房州朝夷郡千仓海面漂来一艘南京船，船主为沈敬瞻（苏州人），他是前年十一月十一日从乍浦出发，二十二日遇到台风，在海上漂流了一百五十多天后才到的。③沈敬瞻多次舶载商品售往日本，其中多有汉籍，其书目有的被保存下来，有被毛利高标收购的，后来献给了枫山文库，至今仍保存在日本。

值得注意的是，文化的交流从来都是双向而非单向的。清代赴日的中国商船，还担当着日籍西传的任务。西传的多为和刻汉籍与写本，具有重要的文献学价值文化交流史意义，比如船主沈敬瞻和刘云台等清代船商还曾受日人之托带日本写本《御药院方》到清朝来，以广传播。日人写本《御药院方》的抄写底本为基于元刊本的朝鲜古活字印本，是从毛利高标处借来抄写的，十分珍

---

① 王宝平编著：《日本典籍清人序跋集》，上海辞书出版社2010年版，第24页。
② 张伯伟：《清代诗话东传略论稿》，中华书局2007年版，第248页。
③ ［日］大庭修：《江户时代接受中国文化之研究》，东京同朋舍昭和六十一年（1986）版，第81~83页。

贵。但后来日人并没有收到沈敬瞻等人的回音，当时这部写本的去向和反响，限于资料，不大明了。

今国家图书馆所藏的《御药院方》，是据日本国立公文书馆、日本宫内厅书陵部的藏本影印而来的，收录于《海外回归中医善本古籍集萃》（曹洪欣主编，中医古籍出版社 2005 年）。这些通过商船从日本回传到中国来的汉籍，至今仍可在北京大学图书馆、上海图书馆、苏州大学图书馆、广东省立中山图书馆等藏书机构中找到①，只可惜相关的记录留存下来的不多。

除了上述通过贸易来推动清诗文献等汉籍流通之外，人物之间的交往，也是一个重要因素。中日诗人来往，不仅留存了大量的唱和作品，还通过赠送和购买促进清诗等文献流通于两国之间。其中较显著的例子是俞樾编《东瀛诗选》。《东瀛诗选》共收日本汉诗人五百多人，诗作五千多首。编选这部大型的日本汉诗集时，俞樾得到了岸田吟香和北方心泉寄来供他参考的日本汉诗集近两百部。此外，俞樾还将爱女绣孙的诗集《慧福楼诗草》寄赠北方心泉，希望通过他让爱女的诗作流传东瀛。② 今静嘉堂文库仍保存有光绪九年刊本《慧福楼诗草》。又如明治四十三年（1910），以东京商务总会为主的日本实业界人士组团乘船访华，明治汉学家永井禾原随团来华。③ 据禾原《观光私记》[明治四十三年（1910）东京刊]："十四日雨……访陈衡恪于中正街之宅，其父三立亦迎接。谈余，手交黄璟信阳州之书牍，且惠文廷式遗著《云起轩词钞》。"文廷式（1856～1904），近代词人、学者、维新派思想家。字道希（亦作道羲、道溪），号云阁（亦作芸阁），别号纯常子、罗霄山人、芗德。祖籍江西萍乡，出生于广东潮州，少长岭南，为陈澧入室弟子。《云起轩词钞》乃是其门人徐乃昌所刊。关西大学图书馆内藤文库今仍藏有光绪二十八年（1902）南陵徐氏刊本《云起轩词钞》一卷一册，内藤文库是基于内藤湖南和内藤伯健的藏书而成，涉及中国学的文史哲各方面；京都大学人文科学研究所

---

① 相关书目可参考王宝平主编：《中国馆藏和刻本汉籍书目》（杭州大学出版社 1995 年版）。
② 王勇、[日]大庭修主编：《中日文化交流史大系·典籍卷》，浙江人民出版社 1996 年版，第 297～298 页。
③ 相关研究可参考张明杰：《清末中日实业界的汉诗文交流——以永井禾原的〈观光私记〉为主》，见王宝平主编《东亚视域中的汉文学研究》，上海古籍出版社 2013 年版，第 353～366 页。

有光绪三十三年（1907）刊本《云起轩词钞》一卷；东洋文库有《云起轩词钞》（《怀幽杂俎丛书》本，民国徐乃昌编，清光绪、宣统年间刊）。又："二十七日，晴，风大而暑甚，早起，独赴琉璃厂买书……下午，归途团员均到琉璃厂观古董于茹古斋。""二十八日阴，至午晴。上午五钟半，独赴琉璃厂观古书。"惜未记其所买具体何书。相关的例子还有很多，兹不一一列举。

清代中国诗人、外交官等赴日者也不少，在日期间，他们或带去汉籍，或买和刻书，或留下诗文，这些都对促进中日文化、文学交流有重要意义。

以江苏为例，赴日的江苏人士为数不少，今据王宝平教授编著的《日本典籍清人序跋集》附录三统计赴日的江苏籍或曾在江苏任职的外交官、文人、诗人，有十九位，他们分别是：徐承祖、徐致远、汪凤藻、顾厚焜、王韬、王寅、卫寿金、丁祖荫、孙士希、潘祖荫、薛福成、杨岘、杨寿柱、张焕纶、黄协埙、雷启中、高心夔、洪述祖、李鸿裔。

他们的著作绝大部分至今留存在日本的藏书机构中，如下表所示①：

表7　　　　　　　　　　赴日江苏人士著述与馆藏表

作者及其简介	著作/译作举要	日藏图书机构举要
徐承祖：字孙麒，江苏省六合县人，1884年12月至1888年1月任中国驻日本公使②	《条议存稿》一卷	静嘉堂文库
汪凤藻（1851~1918）：字云章，号芝房，江苏元和（今江苏吴县）人。清光绪二十八年春，被盛宣怀任命为南洋公学总理	翻译的英国人法德思所著的《富国策》三卷、美国人丁韪良所著的《中国古世公法论略》	东洋文库、公文书馆
顾厚焜：字少逸，号敦盦，江苏元和（今苏州）人，光绪九年（1883）进士，以刑部学习主事考取游历使，与傅云龙同赴日本和美国考察	《对马岛考》一卷、《巴西地理兵要》一卷、《巴西政治考》一卷、《新政应试必读六种》六卷、《日本新政考》二卷、《美利家英属地小志》、《美国地理兵要》	东洋文库

---

① 按：该表为笔者据《日人典籍清人序跋集》附录三和日本藏书机构汉籍目录、《清史列传》等制作而成。
② 张兆敏：《徐承祖与中日长崎事件》，《史学月刊》2007年第5期，第50页。

续表

作者及其简介	著作/译作举要	日藏图书机构举要
王韬（1828～1897）：原名利宾，易名瀚，字懒今；后改名韬，字仲弢，一字子潜，号紫铨，又号弢园，别署蘅华馆主、钓徒、天南遁叟等。江苏长洲（今苏州市）人。十二岁学诗，十三岁学笺札，十四岁学文。道光二十五年（1845），以第一名入县学，督学使者张筱坡称其"文有奇气"（《弢园文录外编·弢园老民自传》）	《西学辑存》《三续聊斋志异三十四篇》《中西纪事二十四卷》《分类尺牍备览》《增批分类尺牍备览残存十八卷》《弢园尺牍》《弢园尺牍续钞》《弢园文录》《弢园文录外编》《弢园笔乘》《弢园著述总目》《弢园经学辑存》《弢园老民自传》《扶桑游记》《探地记》《操胜要览》《日本通中国考》《春秋历学三种》《泰西著述考》《淞滨琐话》《清季墨妙》《漫游随录》《火器略说》《花园剧谈》《蘅华馆尺牍》抄本、《蘅华馆诗录》等	东京都立图书馆、一桥大学图书馆、广岛大学图书馆、静嘉堂文库、东洋文库、关西大学图书馆、国会图书馆、京都大学人文科学研究所、爱知大学图书馆、神户大学图书馆、熊本大学图书馆等
王寅：字冶梅，以字行，上元（今南京）人，后流寓上海。静夫弟。工人物、山水、木石、禽鱼、兰竹。1877年2月起多次赴日	《冶梅画谱人物册》《冶梅画谱历代名公真迹缩本》《冶梅石谱》《冶梅竹谱》《冶梅兰谱》《石谱》	公文书馆等
丁祖荫（1871～1930）：原名祖德，字芝孙，一作之孙，号初我，初园居士，又号一行。江苏省常熟县（今市）城区人。著有《丁芝孙日记》《一行小集》《松陵文陵》《河东君轶事》《初我日记》等	《中西学社藏书目》等多种由其编辑或撰写校注的文献	东洋文库等
潘祖荫（1830～1890）：清代官员、书法家、藏书家。字在钟，小字凤笙，号伯寅，亦号少棠、郑盦。吴县（今苏州）人，潘世恩孙。通经史，精楷法，藏金石甚富	《功顺堂丛书》《南苑唱和诗一卷》《壬申消夏诗》《癸酉消夏诗》《攀古楼彝器款识》《滂喜斋丛书》《滂喜斋藏书记》《潘文勤公奏疏》《沈阳纪程》《秦輶日记》《芬陀利室词》《越三子集》	东洋文库、静嘉堂文库、京都大学人文科学研究所、爱知大学图书馆、立命馆大学图书馆、奈良大学图书馆、立命馆大学图书馆等
薛福成（1838～1894）：字叔耘，号庸庵。江苏无锡人。出身于书香门第、官宦之家。近代散文家、外交家、洋务运动的主要领导者之一、资本主义工商业的发起者。自幼即受时代影响，广览博学，致力经世实学，不做诗赋，不习小楷，不屑作八股文，一生撰述甚丰	《出使公牍·出使奏疏》《出使英法义比四国日记》《出使日记续刻》《出使疏牍公牍》（洋务运动电报编函牍杂文）、《大九州说》《天一阁见存书目》《定海三忠祠碑》《庸庵全集》《庸庵文外编》《庸庵内外编》《庸庵文别集》《庸庵笔记》《援越南议》《日本国志序》一卷、《书两江总督何桂清之狱》《书方烈妇事》一卷、《浙东筹防录》《澳大利可自强说》《白雷登避暑记》《论文集要》《杂记》	东洋文库、奈良大学图书馆、京都大学人文科学研究所、关西大学图书馆、一桥大学图书馆、国会图书馆、广岛大学图书馆等

续表

作者及其简介	著作/译作举要	日藏图书机构举要
杨岘（1819~1896）：字庸斋、见山，号季仇，晚号藐翁，自署迟鸿残叟，浙江归安（今湖州）人，官常州、松江知府，清朝书法家、金石学家、诗人	《曹南朱勃传》《杨见山隶书》《迟鸿轩所见书画录》四卷、《迟鸿轩诗存、文存》《迟鸿轩诗弃、文弃》《迟鸿轩诗续、文续》《陶堂诗微录、遗文》	一桥大学图书馆、国会图书馆、东洋文库、神户府立中央图书馆、东洋文库等
黄协埙（1851~1924）：字式权，原名本铨，号梦畹，别署鹤窠树人、海上梦畹生、畹香留梦室主。江苏南汇（今属上海市）人。早年博学工诗词，尤长于骈体文写作	《淞南梦影录》《粉墨丛谈》《锄经书舍零墨》	一桥大学图书馆、京都大学人文科学研究所、东北大学图书馆、关西大学图书馆等
高心夔（1835~1883）：原名高梦汉，字伯足，号碧湄，又号陶堂、东蠡，江西湖口人。咸丰九年进士，官吴县知县。工诗文，善书，又擅篆刻	《形景庵三汉碑》《高陶堂遗集》	九州大学图书馆、京都大学人文研究所
李鸿裔（1831~1885）：字眉生，号香严，又号苏邻，四川中江人。咸丰元年（1851）举人，官至江苏按察使加布政使衔，官兵部主事。罢官后，家苏州。精书法，工于诗	《苏邻遗诗》二卷	关西大学图书馆

其中，潘祖荫的滂喜斋是清代吴县（今属苏州）有名的藏书楼。

另外，在清代江苏诗人作品流传到日本的相关研究中，镇江人王豫编选的《江苏诗征》引人注目，它在清代地方诗歌总集中规模较大。据《清史列传》卷七十三《文苑传四》、《扬州府志·王豫传》、张慧剑《明清江苏文人年表》所载，王豫（1768~1826），字应和，号柳村，江苏江都人。道光初元，举孝廉方正，力辞不就。尝下榻于焦山佛阁，王豫根据沈德潜《国朝诗别裁集》之法，辑江苏诗人五千四百三十余家，为《江苏诗征》。历时十二年乃成。姚文田闻而异之，题曰"诗征阁"。嘉庆十四年（1809），携《江苏诗征》稿至杭州向阮元请教，阮称其"发潜德之幽光"。豫性酷嗜诗，"论诗以王、孟、韦、柳为宗，高澹醇雅，不为风气所转移"。著有《种竹轩诗文集》八卷、

《儒行录》《明世说新语》《王氏法言》《王氏清萟录》，辑《江苏诗征》一百八十三卷、《群雅集》三十九卷、《群雅二集》二十二卷、《京江耆旧集》十三卷、《淮海英灵集》等。

日本所藏王豫著述多种，一桥大学图书馆和京都大学人文研究所藏有《京江耆旧小传》一卷，东北大学图书馆藏有《京江耆旧集》十三卷，静嘉堂文库、东洋文库、国立国会图书馆等有清道光元年（1821）刊本《江苏诗征》。据大庭修教授的调查发现，这部大型的地方清诗文献（一套六册）是在天保十一年（1840）由子一号船（船主为刘念国）舶来日本的。①

又，宝历四年（1754，乾隆十九年），戌号外船舶至日本的汉籍中，有明末清初陈瑚所著《确庵文稿》（含诗），公文书馆、京都大学人文科学研究所等收藏了清刊本《确庵文稿》（含诗）。② 陈瑚（1613～1675），字言夏，号确庵、无闷道人、七十二潭渔父，明末清初学者，与同里陆世仪、江士韶、盛敬齐名，被人合称为"太仓四先生"。崇祯十六年（1643）举人。其父邃于经学，家教有法，贯通五经，务为实学。明亡，绝意仕进，奉父居昆山。康熙八年（1669），诏举隐逸，知州以其名上，力辞不就。游其门者，多英俊之士。康熙十四年（1675）卒，年六十二岁。

自古以来，海上交通就是东亚各国文化交流的重要途径，书籍是文化交流的重要媒介。在这样的环境下，港口贸易，以及随之而起的书籍流通、诗歌唱和等，比如本章所讨论的清代江苏、日本之间的船舶与清诗文献往来，就很值得继续关注和探讨。历史上，正是通过贸易、人与物的不断来往，逐渐形成了繁荣的汉文化圈，而在这一漫长的形成过程中，会有许多文化交流的具体现象需要持续而深入的研究。

---

① ［日］大庭修：《江户时代摄取中国文化研究》，东京同朋舍昭和六十一年（1986）版，第143页。
② ［日］大庭修：《江户时代摄取中国文化研究》，东京同朋舍昭和六十一年（1986）版，第123页。

第二章　钱肃润的诗文流传日本

关于明末清初钱肃润，国内学术界关注不多，但他的诗文集在日本有收藏，并保存良好。据推测，钱肃润的著作，在江户时代已经传入日本，并被保留至今。钱肃润（1619～1699），字础日，明清之际无锡（今江苏无锡）人，明诸生，崇祯十七年（1644）后隐居不仕，康熙时曾北游齐鲁，著有《十峰草堂集》等。据《无锡名人辞典首编》（赵永良主编，南京：南京大学出版社，1989年，P53）载："钱肃润，顺治十一年（1654），以不改明代服饰，被捕解到南京刑讯，折一足，因自号跛足生。十六年，与昆山归庄、太仓陆世仪等渡太湖再访西洞庭，先夕宿长洲徐增家，论诗竟夕。康熙间，游泰山、曲阜孔林。十七年游楚归，作自传文《十峰主人传》，辞不应博学鸿儒荐。辑有《南忠记》《泰山诗选》一卷，《阙里诗选》一卷，《文教》二十卷，著有《燕台小品》《十峰文选》《十峰诗选》《十峰诗选二集》《史论一编》七卷。"[①]据笔者在日本看到的文献，钱肃润所编《阙里泰山诗选》[②]包含《阙里诗选》三卷和《泰山诗选》三卷，并不是各一卷。

今日本所藏钱肃润相关著作，如《匏郚诗稿》（清毛端士撰，钱肃润等评）、《南忠纪》一卷、《南华真经影史》九卷、《尚书体要》六卷等，都是影印，而《阙里泰山诗选》则是康熙间的刻本，且国内已经失传。因此，在实地文献调查的基础上，本章对此作一论述。

---

① 相关信息，亦可参考《锡山书目考》《梁溪文钞》《归玄恭年谱》。
② 资料阅览得到了前田育德会的许可和帮助，特此表示感谢。

《阙里泰山诗选》共四册,由两册《阙里诗选》和两册《泰山诗选》组成,无锡钱肃润、淮阴周子密合选。刊本长24厘米,宽15.7厘米,线装,四周单边,单鱼尾,版心为"阙里诗选"书名及卷数、页码。乌丝栏,半页九行,行二十一字,正文中有评语、有圈点。天头3.7厘米,地脚1.3厘米,无题签。刊本内页分三栏标注出版信息:锡山钱础日、淮阴周子密合选,阙里泰山诗选,五云阁绣梓。上题:周霖公(按即周龙甲)鉴定。序首页有方形朱印两枚,其一为前田氏尊经阁图书馆印,另一枚为阴刻朱印,未辨何印。

《阙里诗选》有钱肃润作于康熙岁次己酉(1669)孟冬朔日(初一)之序,并有印。次为时任山东等处提刑按察司提督学政佥事加一级周龙甲霖公题于康熙八年(1669)岁次己酉仲冬之诗选总序,并有印,次为目录。据钱序可知《阙里诗选》是为歌颂孔子而选录的历代诗歌,自周至清初,并附有钱肃润所作诗十首,周惕诗五首,周忱十一首。据周龙甲序可知,周惕和周忱均为其子。

钱序曰:"阙里诗,颂孔子之诗也。(中略)逮世愈远,孔子之道日著,颂孔子者日益难。汉司马迁庙堂低徊不能去,尝咏诗云:'高山仰止,景行行止。'以子长之才,不自为诗而但引诗颂之。然则颂孔子之诗益难言哉。虽然,君公卿大夫无诗,庶人有诗。则鲁人衮衣诵可采也。(中略)戊申夏,学宪周公过阙里,谒圣林庙,肃润于是观礼焉。周览遐慕,欲作诗颂孔子。不可得。退与周子惕忱辈沉思数日,始各得诗数章颂之。既阅《阙里志》,见其岁久残失,字画漫漶,(中略)迩来诸集纷纷,真赝杂出,殊不可观。肃润愁然忧之曰:予亦游圣人门者,敢不正其伪,存其是乎。于是与两周子穷搜博览,(中略)越一载而选成。拜手言曰:此历代来所为颂孔子诗也。夫孔子之道虽不以诗显,而颂孔子诗未尝不关乎道也。"由此可知《阙里诗选》的由来及其大概的内容,诗选是钱肃润随周龙甲游历孔子故里,归后与周氏二子咏诗数章,并选辑历代咏孔子之作而成,其中不乏鲁人之作。《阙里诗选》自周至清初诸人之诗,并附有钱肃润十首、周惕五首、周忱十一首。关于该诗选的编次,钱肃润说:"阙里诗凡三卷,前二卷以年代为叙,其不可考者,先后失次,抑或有之。后一卷随录随刻,难分先后,且就一时所见采辑成集,未及广征。"①

---

① (清)钱肃润、周子密合选:《阙里泰山诗选》,康熙八年(1669)五云阁绣刻本,第4页。

《阙里诗选》中收录了钱肃润的《恭谒圣庙诗四十韵》《恭谒圣林诗四十韵》《杏坛》《手植松》《诗礼堂》《金丝堂》《登洙水桥》《题子贡手植楷》《谒复圣庙》和《颜井》。另外，钱肃润的泰山诗也有言及孔子的，如《登岱五首》之一："世无孔子谁能大，欲小天下来登山。乍入门时尚平地，渐升阶后觉重关。置身万岭千峰内，放眼三江四海间。更上山头最高处，果然风景空尘寰。"① 这首诗把作者登岱的视觉效果和感受，融汇对孔子之道的领悟、歌颂来描写，十分恰切生动。

周龙甲序交代了《阙里泰山诗选》的成书背景，故不嫌冗长，摘录如下："余奉命校士山东，适齐登泰山入鲁谒阙里时，同游梁溪钱子础日、暨吴越二三友、儿曹惕、忱皆往焉。（中略）一日，钱子告余曰：齐有泰山、鲁有阙里，二者非独雄表山东，亦天下望也。（中略）（诗选）越一载而二集成，出示余。（中略）既而钱子谓余曰：是二集也，以何集先？余对曰：自有天地即有泰山，无怀虑。羲以下七十余君，皆封焉。泰山之名旧矣。阙里由孔子名，是泰山前而阙里后也。虽然，孔子不登泰山，天下后世谁知泰山者。（中略）是泰山之尊以孔子尊也。孔子生长阙里，道重泰山。泰山不借阙里光乎。是泰山虽在前而阙里未可后也。子其图之。钱子曰：尊阙里亦撰是集者，初心也。谨受教，乃以阙里、泰山定其次。"② 由此可知，周龙甲往山东执行公务时，钱肃润、周惕、周忱等人随同前往泰山、曲阜游玩，有所吟诵，并决定选录古今诵孔子、泰山之诗。由于此集旨在尊孔崇道，所以定先后次序为先阙里诗选后泰山诗选，合称阙里泰山诗选。

《泰山诗选》两册，有钱肃润作于康熙八年（1669）冬十一月朔古历下亭之序，并有印，序曰："泰山何山，泰山诗何诗，可不严耶？余于是集不务为钩奇索隐，荒唐诡谲之说，务期正大典雅，合乎诗人颂美，与夫大圣人题咏泰山之意，而后人斯集焉。因与子密、子敦昆季辈，朝夕参考，评论不辍，其不当意者辄置之。主乎精，不主乎杂；主乎简，不主乎繁。自汉魏迄今凡三卷，多者数首或五六首或四三首。少者一首，计其数，约三百余篇。"无跋。可知

---

① （清）钱肃润、周子密合选：《阙里泰山诗选》，康熙八年(1669)五云阁绣刻本，第4、5页。
② （清）钱肃润、周子密合选：《阙里泰山诗选》，康熙八年(1669)五云阁绣刻本，周龙甲序。

钱肃润编选《泰山诗选》的原则和选诗的数量。该集的目次如下：

卷一：汉：张衡一首。魏：曹植三首。晋：陆机一首，谢道韫一首。宋：谢灵运一首。唐：李义府一首，卢照邻一首，萧楚材一首，薛克构一首，王维一首，李白七首，杜甫一首，刘禹锡一首。宋：范致冲三首，查道一首，吕定二首，林希逸一首。元：元好问一首，段辅一首，张养浩一首，徐世隆一首，王恽一首，张志二首，李简一首，王旭二首，王蒙一首。

卷二：明：宋濂一首，方孝孺一首，曾棨一首，汪广洋一首，黄肃一首，黄哲一首，徐有贞一首，王守仁五首，卢琼一首，秦金一首，柴奇一首，边贡五首，乔宇一首，赵鹤四首，李东阳一首，李梦阳二首，陈沂一首，马汝骥一首，张邦教一首，张衮一首，潘埙一首，姚奎三首，梅守德一首，窦明一首，高诲二首，刘麦一首，仲永言一首，陶钦皋一首，吴遵一首，曾钧一首，王世贞二首，王麟一首，李攀龙三首，王教一首，俞宪一首，王绍远一首，马一龙一首，朱湘一首，高仪一首，吴岳二首，张佳胤一首，陈经邦二首，于慎行四首，詹仰庇一首，李杰一首，胡汝桂一首，李戴一首，顾大典一首，徐中行一首，金节一首，吴同春一首，周天球一首，刘勑一首，龚勉三首，邹德溥二首，钟宇淳二首，袁茂英一首，喻均一首，李化龙一首，魏允贞二首，张维新一首，谢肇淛四首，彭宗孟一首，傅国一首，李养正二首，王在晋二首，张岐一首，米万钟一首，钟惺一首，钱谦益一首，李之才一首，王士性一首，徐延寿一首，吴本泰一首，林古度一首。

卷三：清：王铎一首，薛所蕴一首，张缙彦四首，吴伟业一首，魏裔介二首，耿焞二首，何启图一首，傅应星一首，蒋超四首，顾如华一首，戴京曾二首，王庋一首，施闰章三首，卢纮四首，冯斑二首，吴南岱三首，程可则二首，王金龙二首，施维翰一首，李天馥一首，魏裔鲁九首，周龙甲二首，曹尔堪四首，项锡胤四首，何元英一首，丁澎五首，林杭学五首，丘象升三首，钱芳标二首，王元崇二首，陆舜一首，沈胤范一首，汤调鼎二首，戴本孝一首，魏裔讷一首，陈玉綦一首，潘取临四首，王士禄二首，叶方恒一首，孙郁二首，吴道来一首，程封一首，胡禹翼一首，施谭先一首，赵其隆二首，臧允德二首，吕应详二首，马世俊二首，堵廷棻六首，盛符升七首，陆丛桂五首，吴振宗一首，李枝翘一首，马骏一首，黄之翰一首，安致远一首，张遗一首，卞为琼二首，宋峒一首，张笃庆二首，黄钟一首，王尔铨一首，陈俶一首，叶鸣鸾一首，童衍四首，吴璜二首。附：钱肃润十三首、周惕十首、周忱十四首。

这部诗集由钱肃润、淮阴周惕选，每位作者均附简要的介绍。除了选诗，还有评论，由广陵陆志遇、会稽赵其隆、吴郡沈晋初、淮阴周忱参评。

今录《泰山诗选》数首于下，以飨读者：

卷三（42 页）李枝翘（字条侯，睢宁人）《赠钱础日游泰山》："云里桃花何处寻，鸡鸣芳草洞阴阴。天门北峙双峰台，海日东封万顷深。秦汉共尊群玉会，春秋不改大夫心。青阳咫尺传言近，梁父谁为慷慨吟。"评曰："典核高老秦汉二语，直可不朽泰山。"

卷三附录（1 页）钱肃润（字础石，无锡人）《孔子小天下处》："孔子大圣人，岳岳群方表。何必登泰山，始觉天下小。"评曰："是翻案，亦是正论。"

卷三附录（3 页）钱肃润《无字碑》："茫茫天地初，灏气归太空。本未有文字，安问拙与工。仓颉自创始，雕琢开混濛。鬼哭天宇粟，祸端酿其中。云何其男子，自谓功德崇。不屑帝王伍，妄追三皇踪。上古封禅君，多有结绳风。秦碑竟无字，直与无怀。一字即可没，诗书又何庸。后人睹空碑，仿佛见祖龙。"评曰："说得无字碑有如许作用，直欲返朴归淳，祖龙竟有知己。"钱肃润泰山诗读来颇有历史沧桑之感。他如《登岱》诗，则又有豪迈悲壮之气："昨夜红霞带紫烟，朝来候日日茫然。摩崖碑立天将半，望海楼空月尚连。魂魄犹登百岁后，心胸先荡一峰前。振衣千仞舒长啸，缥缈临风已欲仙。"评曰："登岱诗一味写景便难出色，础日只为不肯犹人，故脱尽风云月露，字面宁高。毋平宁生，毋熟其胆识，已翔千仞之上。"又《登岱》曰："襟齐带鲁峙重重，万国河山淑气钟。五岳体元推帝震，百王封禅尽朝宗。当年秦树留风雨，此际明堂卧虎龙。极目海天来日观，扶桑晴照满高峰。"① 其泰山诗可谓多寓幽思，而又能登高望远，时有豪迈之情溢于言表，放怀自适，余韵缥缈。

《阙里泰山诗选》今藏于前田育德会，前田育德会是日本前田氏的私家图书馆，自十六世纪开始，前田氏即为日本加贺藩主。第五代藩主前田纲纪

---

① （清）钱肃润、周子密合选：《阙里泰山诗选》，康熙八年（1669）五云阁绣刻本，第 6 页。

(1643~1724)格外注重搜集图书、搜求文献,致力于收藏中、日、朝鲜的古本、抄本、珍本典籍。现在,前田氏的图书馆已经成为中日汉学研究的重要资料库。其中的藏书不少是通过江户时代长崎和中国沿海地区的贸易传到日本后,由长崎的书籍检察官或幕府的官员转呈前田氏的,据笔者目前掌握的资料来看,钱肃润的《阙里泰山诗选》很有可能是通过江浙地区的清商船只运抵长崎,再从长崎转到前田氏的手中。因为,该刊本为康熙八年(1669)冬序刊,流传到日本,应该在1669年之后,而这段时间恰好是日本锁国时期,日本仅仅开放长崎港口,允许中国、荷兰的部分船只往来贸易,而且管制和检查较为严格,所以,该书应该通过长崎,以商品或者赠品的方式流传到了日本。限于资料的缺乏,钱肃润的《阙里泰山诗选》具体何年何月、由何种方式传入日本并被前田氏收藏的,目前还无法解答。

第三章　乍浦与长崎贸易中的
　　　　　诗文典籍流通

道光二十年（1840）六月，浙江平湖港口乍浦受到了英军的正面攻击，道光二十一年（1841）十二月，数十艘军舰出现在乍浦，开始炮轰，乍浦顿时陷入慌乱之中，道光二十二年（1842）四月，英军军舰再次直接攻击乍浦，给乍浦造成极大伤亡，这件事，在乍浦当地诗人沈筠所编的诗集《乍浦集咏》中，被诗人们称为"壬寅扰乱"。

同是1842年，英国创办了一份画报《伦敦新闻画报》，是世界上第一份以图画为内容主体的周刊，除了文字描述之外，这份报纸还用木刻版画和石印画再现了生动的新闻现场。该报从创刊开始，就派遣了大量记者到清朝来报道，对清朝的形势寄予极大的关注。据沈弘教授的统计，仅1857到1901年，该报派出的画家和记者就发回了上千张关于中国的速写和几十万字的报道。[1]

在《伦敦新闻画报》1842年的报道中，就有关于英军炮轰乍浦的。《伦敦新闻画报》第一卷第二十三号（1842年10月15日），有这样一段文字："最近英军在中国攻克的乍浦即使在最详细的英国地图上也是找不到其痕迹的……乍浦位于钱塘江入海口的那个海湾的北岸，与其遥遥相对的就是位于北纬30°35′的舟山群岛。这是一个繁荣昌盛的对外贸易集散地。"接着记者引用了一艘英国鸦片船上的大副的日记说："在这儿我们看到了六艘专做日本贸易的

---

[1] 沈弘编译《遗失在西方的中国史》，北京：北京时代华文书局，2014。下文所引关于《伦敦新闻画报》中关于乍浦的报道，均出自该书18～22页，文中不再一一标注。

御用平地帆船，在三年内它们已经跑了五趟日本。……乍浦并非一个小城镇，虽然他的规模还比不过上海，但它作为对日本贸易的集散地而闻名遐迩。"在同年第一卷第二十七号（1842年11月12日）的相关报道中，该报记者再次强调了清代的乍浦"跟日本有大宗贸易往来"。

翻阅日本学术界对乍浦的研究，我们不难发现，清代乍浦作为与日本长崎贸易的重要港口，乍浦在晚清遭受鸦片战争，从而引起幕末知识分子的危机感，抄选和翻刻《乍浦集咏》，这使乍浦成为日本学术界热切关注的研究对象。

第一节　日本学界对乍浦—长崎贸易的研究

据江户时代赴长崎贸易的中国商船船员提供的资料《华夷变态》中的记载，元禄五年（1692）有一艘宁波船从乍浦出发，驶往长崎。而宽政年间刊行的、由中川忠英所编的《清俗纪闻》（约完成于1790年）卷十就有一幅浙江平湖印照图，同卷还有关于中国商船从乍浦出港赴日的记载："浙江乍浦海防分府：查验船户范三锡于乾隆六十年九月二十一日装载红铜进口，于本年十月二十五日装糖、药材等货物出口，带食米一百石往东洋。"另有乍浦海防验明并发给官商钱继善牌照，让其出港赴日贸易，采办洋铜的记录。

乍浦作为清代中日贸易的重要港口，在贸易史方面，深受日本学术界的重视，主要的研究论文举例如下：

春名彻《港市：乍浦记忆录》，调布学园女子短期大学《调布日本文化》第6号，平成八年（1996）3月25日；春名彻《〈乍浦集咏〉及其影响：诗集的命运》，调布学园女子短期大学《调布日本文化》第3号，平成五年（1993）3月25日；立松昇一《中国江南的港城"乍浦镇"——自其起源至今》，拓殖大学人文科学研究所《人文·自然·人类科学研究》第14号，2005年10月31日；松浦章《清代浙江乍浦的日本贸易与沿海贸易的关系》，关西大学《东亚文化交涉研究》，2008年3月31日创刊号；松浦章《关于长崎贸易中的在唐货主：乾隆—咸丰日清贸易的官商和民商》，社会经济史学会《社会经济史学》45卷1号，1979年6月30日；松浦章《关于唐船船员的私人贸易：日清贸易中的个体贸易（1785～1861）》，社会经济史学会《社会经济史学》41 卷 3 号，1975 年 10 月 15 日；松浦章《关于乍浦的日本商批发店：日清贸易中的批发商》，《日本历史》（305），吉川弘文馆，1973 年 10 月。

下面对以上论文的主要观点进行介绍，以管窥日本学术界对清代乍浦—长崎贸易及乍浦诗东传的研究概况：

日本学术界引起对乍浦的注意和研究热潮的，首倡之功应属于大庭修教授，其成果惠泽学界甚多。日本学界对乍浦的研究，几乎都借鉴了大庭修教授的研究成果。通过日本学术界对乍浦的研究成果的分析，我们发现，他们对乍浦—长崎贸易的关注与清代乍浦诗人沈筠所编的《乍浦集咏》的东传紧密相连，诗集除了乍浦当地文人所作之诗外，还包括悼念鸦片战争中，乍浦殉难人士痛斥英军暴行的诗作。1846 年《乍浦集咏》刊行后，就由商船运到长崎，1848 年，在尾张养病的伊藤圭介偶尔读到此书，便选录了其中有关鸦片战争的诗作，编印了《乍川纪事诗》两册；次年（1849）在江户（今东京），小野湖山出版了《乍浦集咏钞》两册。①

当然，乍浦在中日贸易史上的重要地位，是日本学界最关注的地方。他们关于乍浦的研究，几乎无一例外地一再强调在江户时代，尤其是正德新令颁发之后，乍浦成为与长崎贸易的中国方面的主要港口，因而乍浦在近世日本海外交通史和贸易史上扮演着重要角色，而说到《乍浦集咏》东传日本后的影响，几乎都会从鸦片战争和江户幕末形势这一角度来谈。比如春名徹在《〈乍浦集咏〉及其影响：诗集的命运》一文中，先是简略地追溯了《乍浦集咏》传到日本的经过（这部分借鉴了大庭修的研究成果），然后论述了《乍浦集咏》与鸦片战争的关系，指出伊藤圭介的《乍川纪事诗》几乎全是选取了《乍浦集咏》中关于鸦片战争的诗作，有其时代含义。而著名汉诗人小野湖山（本姓横山）所选的《乍浦集咏钞》，以"横山卷"之名刊行，虽然晚出于伊藤圭介的《乍川纪事诗》，但从其销售情况来看，似乎影响要比伊藤的选本大。二者相同的一点是，小野湖山也有感于时势而选录出版这本诗钞，所选大多为鸦片

---

① 较详细介绍见王勇、大庭修主编：《中日文化交流史大系·9·典籍卷》，浙江人民出版社 1996 年版，第 93 页。

战争有关的乍浦诗。秉持着史诗观的小野湖山，仅从数首诗就阐发一代的治乱兴废，比如他从诗中所记的乍浦一地的鸦片战争，推测当时清朝海防和政治的总体情况。

这两种和刻乍浦诗选，无一例外地舍弃了集中描述乍浦风光的诗作，而将编选重点放在仅占《乍浦集咏》全集大约一成比例的、关于鸦片战争的诗作上，表现出了当时的知识阶层对幕府后期政治危机的隐忧。

春名彻对《乍浦集咏》的研究，在大庭修的基础上有所延伸，其论述重点在于对《乍浦集咏》东传日本后的具体反响，除了上述两种和刻乍浦诗集之外，他还涉及以《乍浦集咏》为参考书的日本出版物，如岭田枫江（1818~1883）的《海外新话》五卷［嘉永二年（1849）刊］，岭田枫江与小野湖山是朋友，他也对鸦片战争颇多感触，《海外新话》描述了鸦片战争与林则徐禁烟，主要依据是从中国传到日本的、反映鸦片战争情况，虽是中国人所作，但不清楚具体是谁的《夷匪犯疆录》，① 这部汉籍在日本也引起了极大的反响，此外，《海外新话》还参考了《乍浦集咏》。

另外两例以《乍浦集咏》为参考书的，是岩崎俊章编撰的《东航纪闻》十卷和山本锡夫（1809~1864）在《榕室丛钞》（五十六册）中的第八册摘录的《乍浦集咏》。后者摘录的乍浦诗与鸦片战争没有多大关系。

清代乍浦也是海难日本漂流民被送回日本的出港地之一，这一点，大庭修、松浦章也做过介绍。《东航纪闻》中也有相关记载。春名彻指出，在1750年之后的约一百年间，经由乍浦送还归国的日本漂流民事件约有六十件，而被送还的漂流民则约有二百人。② 1992年夏天，春名彻访问了乍浦，《港市：乍浦记忆录》记录了这次乍浦之行，并将上海图书馆所藏的《乍浦志》与1992年他所看到的乍浦做了比较，画了图，介绍了乍浦的天后宫（妈祖庙）。由于大量商船都是由乍浦出发驶往长崎，所以《清俗纪闻》的编者中川忠英所接

---

① 经笔者调查发现，中国图书馆曾根据该书和刻本影印出版，其名为《夷匪犯境闻见录》，该书为清道光间东南地区官员编纂的一部有关鸦片战争的文献汇录。此书约成于1843年后，稿本不久流入日本。1857年由日本明伦堂印行。国内无刊本，今国家图书馆文献缩微复制中心据辽宁省图书馆珍藏的日本明伦堂汉籍活字本影印出版，1995年10月出版。

② 春名彻：《港市：乍浦记忆录》，调布学园女子短期大学《调布日本文化》第6号，平成8年（1996）3月25日，第15页。

触的多是江浙一带的船商，从他们口中得知的，也多是关于江浙的风俗礼仪及建筑。比如这里春名徹所说的乍浦天后宫，据说就是《清俗纪闻》卷十二所画的天后宫图的原型。春名徹看到 1992 年乍浦的天后宫之后，对《清俗纪闻》中的天后宫图与现实中的天后宫做了比较，发现当时乍浦的天后宫遗址几乎已经变成一块空地，只留下一间瓦片小屋。春名徹还对上海图书馆所藏的《乍浦备志》中的乍浦图进行了比较，并追溯乍浦在对日港口贸易中的重要作用，对江户幕府正德新令的实施、清朝大量采购日本铜与乍浦贸易的关系等等，也进行了梳理。

立松昇一则对乍浦的今昔进行了研究，主要从乍浦的今天、乍浦的历史、《乍浦集咏》和日本漂流民所看到的乍浦这几个方面来论述。其中尤其值得一提的是，立松昇一对乍浦的历史从唐代贞元五年（789）朝廷设置乍浦盐税征收官、唐代会昌四年（844）朝廷在乍浦设置负责海运事务的镇遏使、南宋淳祐六年（1246），朝廷在乍浦设置市舶司，管理海外贸易，检查出入船舶，征收关税并管理外国商人，为朝廷购买商品等，一直写到 1999 年乍浦建设电气能源有限公司液化气基地港（一千五百吨级泊位），以条目形式简明扼要地列出来乍浦的历史大事记，从中可以看出历史上乍浦作为对外贸易海港的重要性。立松昇一还对《乍浦集咏》中所载的八首反映鸦片战争的诗进行了日文翻译和解读。

在众多经由乍浦被送还归国的日本漂流民中，嘉永三年（1850）船员利七所乘坐的荣力丸号遭到海难漂流海上，后到乍浦，在乍浦逗留约一年四个月之后从乍浦回国。立松昇一以利七在乍浦的见闻，包括饮食、祭礼、家居、寺庙、妇女缠足等等为例进行了详细的个案解析。

在众多对乍浦的研究成果中，不能忽略松浦章关于清代乍浦的日本贸易的研究。松浦章的研究，若与其他日本学者比较的话，其特点在于他精通汉语，不仅从日本文献出发，还广泛涉猎中国史料，从大量的中国文献出发研究清代中日海上贸易，这样，他既可以与其他日本学者一样，充分利用日文文献，又可以从中国相关史料中找到更多的研究角度，得到更多的研究成果，独创新见，也更让人信服。比如他的巨著《清代帆船与中日文化交流》和《清代内河水运史研究》①,就是这方面的显著成果。其论文《清代浙江乍浦的日本贸易与沿海贸易之关联》也体现了他的中日文献结合、大量使用中国史料和现当代出版的相关书籍的研究特点。在这篇论文中,松浦章参考了中国方面的资料有:明代《世宗实录》《神宗实录》、清代《圣祖实录》《高宗实录》《仁宗实录》《宣宗实录》、张之洞的《张文襄公奏议》、乾隆二十二年(1757)《乍浦志》、乾隆五十七年(1792)《乍浦志续纂》、道光二十三年(1843)补刻本《乍浦备志》《古今图书集成》《国民日日报》(台湾学生书局,1979年5月)、刘序枫《清代的乍浦港与中日贸易》(张彬村、刘吉石主编《中国海洋发展史论文集》第5辑,"中央研究院"中山人民社会科学研究所,1993年版)等。这篇论文论述得非常细致,也很全面,包括乍浦在中日贸易中的地位;乍浦出港船运载的货物种类(如广东砂糖、福建茶叶、江南米等,各地产物汇聚乍浦,然后由乍浦输往国外);明代乍浦受到的倭寇攻击;清代乍浦海贼出入,清朝在乍浦设置水师,加强海防;内河航运与乍浦的关系;台湾商船频繁出入乍浦港等。其资料之丰富、论证之翔实,让后来的研究者惊叹。

繁荣的乍浦—长崎港口贸易不仅促进了商业发展,也促进了书籍的流通。大庭修调查发现,江户时代漂流到日本伊豆八丈岛的戌号外船(南京船),船主为高山辉、程剑南,船上所载书籍不少,据说,这艘船就是从乍浦出港的。②

第二节 日本学界对《乍浦集咏》的相关研究

在鸦片战争中受到英军炮轰的乍浦,不仅是清代与日本长崎贸易的重要港口,也是清诗通过商船贸易大量传到日本的出港地,显著的例子就是当地诗集《乍浦集咏》在刊印同年即传到日本,并迅速引起了较大反响,出现了两种和刻乍浦诗选。

在日本,乍浦至今仍然受到许多学者的关注,其研究成果令人瞩目。但国

---

① 松浦章著,张新艺译:《清代帆船与中日文化交流》,上海科学技术文献出版社2012年版;松浦章著,董科译:《清代内河水运史研究》,江苏人民出版社2010年版。
② 大庭修:《江户时代摄取中国文化之研究》,同朋舍昭和六十一(1986)版,第124页。

内对乍浦在清代贸易和清诗东传历史中的重要地位,却缺乏应有的关注,不能不让人感到遗憾,因此这里详细介绍一下《乍浦集咏》的东传及其影响。

大庭修在对江户时代中日文化交流进行调查研究时,深深认识到乍浦作为清代宁波船、南京船等中国商船赴长崎贸易的主要出港地,是与日本贸易的主要基地。他对乍浦的关注,使他首先发现了《乍浦集咏》的价值,也是他最早呼吁中日学者关注这部诗集。他说,该集所收均为当地人士的诗集,并没有什么有名的诗人。完全是一部地方性的出版物,在中国几乎没有传本。乍浦自身也没有这部书,甚至也忘记了曾出版过此书。① 大庭修因此感到很遗憾,于是,在1990年访问乍浦时,他将红叶山文库本《乍浦集咏》影印后,赠送给了平湖市。② 但是这件事当时似乎也并未引起多大的反响,《嘉兴日报》和平湖市文化广电新闻出版局(体育局、文物局)在"平湖文化"官网上曾对这件事和沈筠《乍浦集咏》进行过简短的介绍。钱仲联教授主编的《清诗纪事》第三册第2752页有关于"沈筠"的条目,但所记甚略,仅提及沈筠的《守经堂诗集》十六卷,并未言及《乍浦集咏》东传及其对日本的影响。

虽然大庭修教授说《乍浦集咏》在中国几乎没有传本,并不准确,但也反映了国内学术界对这部地方诗集和乍浦在清代对日贸易中的重要地位缺乏认识。王宝平教授2001年左右查到南京图书馆收藏有《乍浦集咏》,并告知了大庭修教授。③ 另据笔者检索,上海图书馆古籍部也有此书,为清刻本,另藏有小野湖山抄本(1849年刊)。国家图书馆也有小野湖山抄录的《乍浦集咏钞》四卷。大连图书馆藏有《乍浦集咏》复本。

日本藏书机构中有清刻、和刻(含钞本、评点本)乍浦诗集多种,其收藏信息,为读者阅读之方便,今列简表如下④:

---

① 王勇、大庭修主编:《中日文化交流史大系·9·典籍卷》,浙江人民出版社1996年版,第172页。
② 参考大庭修:《〈乍浦集咏〉还乍浦》,《东方》130,1992年1月。
③ 大庭修:《漂流船物语》,东京岩波书店2001年版第六章。
④ 此表为笔者根据日本汉籍数据库提供的资料制作,特此鸣谢!

表8　　　　　　　　　　　日藏乍浦诗集

题　名	编/选/钞者	所藏地点
《乍浦集咏钞》三卷附录一卷	沈筠辑，横山愿抄录，嘉永二年刊	国会图书馆
《乍浦集咏钞》三卷附录一卷	沈筠辑，日本横山氏抄录，嘉永二年刊本	东京大学图书馆
《乍浦集咏钞》三卷附録一卷	沈筠辑横山卷抄録；嘉永二年江戸菊屋幸三郎等刊本	京都大学人文科学研究所
《乍浦集咏》十六卷	沈筠编道光二十六年刊	公文书馆
《乍浦集咏》十六卷	沈筠辑道光二十六年乍浦沈氏刊本	东洋文库
《乍浦集咏》十六卷	沈筠辑道光二十六年刊本	金城学院大学图书馆
《乍浦集咏》十六卷	沈筠辑道光二十六年刊本	关西大学图书馆
《乍浦集咏》十六卷	沈筠辑道光二六年乍浦沈氏刊本	京都大学人文科学研究所
《乍浦集咏》抄端本十	嘉永三年刊	龙野历史文化资料馆
《乍浦集咏钞》三卷、《乍浦集咏钞、附录》一卷	沈筠辑横山卷（湖山）选；嘉永二年东京游焉唫社别所氏刻江户菊屋幸三郎等重印本	实践女子大学图书馆
《乍浦集咏钞》三卷附一卷	横山卷编嘉永二年刊	公文书馆
《乍浦集咏钞》三卷附一卷	沈筠编小野湖山（横山卷）批点嘉永二年（1849）刊本	关西大学图书馆
《乍浦集咏钞》三卷附一卷	沈筠编横山卷选嘉永二年序刊	东京都立中央图书馆
《乍浦集咏钞》三卷附录一卷	沈筠辑横山卷抄录嘉永二年游焉唫刊本	新潟大学图书馆
《乍浦集咏钞》三卷附录一卷	沈筠辑横山卷摘录嘉永二年序刊本	东京大学综合图书馆
《乍浦集咏钞》四卷	沈筠撰横山巷抄嘉永二年江户菊屋幸三郎刊本	东洋文库
《乍浦集咏钞》四卷	沈筠编嘉永二年刊	静嘉堂文库
《乍浦集咏钞》四卷	沈筠编横山卷抄录；高津涛校；中邨正校嘉永二年游焉吟社刊	东北大学图书馆
《乍浦集咏钞》四卷	沈筠辑横山抄录嘉永二年（1849）游焉吟社刻本	饭田市立中央图书馆

续表

题 名	编/选/钞者	所藏地点
《乍浦集咏钞》残二卷	沈筠辑横山湖山抄录嘉永二年序游焉吟社刊本	新发田市立图书馆
《壬寅乍浦殉难录》一卷，补遗一卷、《乍浦人物备采》一卷、《乳水流芳录》一卷、《瑶池冰雪编》一卷	沈筠撰光绪十四年嘉兴沈氏守经堂重刊	国会图书馆
《乍川纪事诗》二卷	伊藤圭介编嘉永元年（1848）刊	公文书馆
《乍川纪事诗》二卷	伊藤圭介编嘉永元年（1848）冈田屋刊	佐贺县图书馆
《乍川纪事诗》二卷	沈筠辑伊藤圭介钞嘉永元年（1848）刊	国会图书馆

由上表可见日藏《乍浦诗集》相关资料的丰富，也反映出这部诗集在日本受欢迎的程度。上文已说过，《乍浦集咏》刊于1846年，当年即由乍浦港出发的中国商船运到日本，大庭修调查发现，当时就运送了二十四部到长崎。《乍浦集咏》传到日本后，马上被幕府官员购买，购买过《乍浦集咏》的幕府官员有：

阿部伊势守正弘老中①：购买弘化三年（1846）由午1～7号船运来的《乍浦集咏》，售价一文目②八分；

牧野备前守忠雄老中：购买弘化三年（1846）由午1～7号船运来的《乍浦集咏》，售价一文目八分；

本多越中守忠德：购买弘化三年（1846）由午1～7号船运来的《乍浦集咏》，售价一文目八分；

本庄安芸守道贯：购买弘化三年（1846）由午1～7号船运来的《乍浦集咏》，售价一文目八分。③

《乍浦集咏》是日本学者在乍浦研究中尤为关注的话题，该书在乍浦出版

---

① 老中：指江户幕府及诸藩的官职名，直属于征夷大将军，统辖国政，宽永年间才将官职名定位"老中"，最低俸禄为两万五千石，又称为"家老"。
② 文目计钱单位，钱一枚为一文目。
③ 大庭修：《江户时代摄取中国文化之研究》，同朋舍昭和六十一年（1986）版，第381,382,386,387,391页。

当年就已传到日本,就当时汉籍传播来说,其速度之快,令人惊叹。

就笔者管见,国内对《乍浦集咏》进行介绍的,有王晓秋教授,他指出,《乍浦集咏》收录当地和外地作者五百六十五人的诗歌数千首。当时鸦片战争刚结束,诗集中收录了一些揭露和控诉英军侵占乍浦、烧杀掳掠罪行的诗篇。该书在日本文化界引起强烈反响,其时日本正面临西方国家的"叩关",国势也很危急,日本人士选编两种乍浦诗集刊行,主要目的是欲以之作为"警世之书",用英帝国侵略中国罪行的记述,唤醒日本人奋起自强。后世的日本学术界认为,《乍浦集咏》在当时的日本"起到显著的启蒙作用"。[1] 从伊藤圭介与小野湖山对《乍浦集咏》的选编来看,确实如此。

在上述日本学界关于清代乍浦—长崎港口贸易的全面而详细的研究之下,我们似乎很难再找到乍浦研究可拓展空间,但是,笔者在研究中发现,中日贸易中的书籍流通,尤其是清诗东传与和刻汉诗西传这一课题,仍缺乏系统而深入的专题研究,有很大的空间可以探索。比如,《乍浦集咏》卷八中有一首名为林大椿的人写的《为杨西亭嗣雄写东海归帆图系之以诗》:

海外长留五载余,帆回雪浪慰离居。相逢漫问归装物,可有新来日本书?[2]

从这首诗可以看出,随商船往返于乍浦、长崎的杨西亭,时不时携带日本刊行的书籍回国。在乍浦—长崎贸易的两百多年中,有多少清诗文献东传日本,又有多少日本汉诗通过商船运到国内,其数量之大可想而知。

---

[1] 王晓秋:《近代中日关系史研究》第四章第二节,鸦片战争相关的书籍、资料。可参考《近代中日关系史研究》,中国社会科学出版社,1997年。

[2] 松浦章:《清代帆船与中日文化交流》,上海科学技术文献出版社2012年版,第112页。

第四章　明治改历与小野湖山刊刻汉籍

锁国令解除之后，日本迎来并接受了欧美的科技、制度，包括历法。江户幕末，对太阳历的关注和议论就已经开始萌动。随着西方科技汹涌而至，明治政府脱亚入欧的步伐越来越快，在废佛毁释的运动中，改历和汉籍无用论等也渐渐沸沸扬扬闹起来，比如当时的实学者山片蟠桃就提出这样的观点：欧洲太阳历是"万代不易之法"。① 在主张改历的提案中，较为典型的还有当时在昌平黌执教的长野卓之允，他说："与历相关的历注从来都不过是阴阳师（历师）的说法，这样的迷信是文明开化的阻碍。"进而，他还提出："最近渡来日本的汉籍都是不需要的东西，全部烧掉的话也没有什么不可以。"② 改历是明治政府脱亚入欧政策的显著路标，江户时代一直使用的太阴太阳历，到明治五年（1872）12月5日停止使用，第二天开始是明治六年1月1日，此后一直使用太阳历。在激化的脱亚入欧进程中，对汉籍与汉诗的排斥是显而易见的。当然，对汉诗、汉籍的贬低和否定，与1840年清政府在鸦片战争中屡吃败仗不是没有关系，日人意识到欧美的强大，把欧美视为学习的榜样。

因此，即使是日本已有的汉籍，都大量被销毁或贱卖，在市场上低价抛售者更是不可胜数。也正是在这样的背景下，杨守敬才能在书市上购到大量珍贵古籍运回去，并成《日本访书志》。有学者研究指出："解除锁国令，迎来明治维新，揭开了脱亚入欧的帷幕，对汉籍的价值也没有得到正确认识，在此过

---

① 武田櫂太郎：《历与日本人的八十八个谜》，东京大和书房2015年版，第189页。
② 武田櫂太郎：《历与日本人的八十八个谜》，东京大和书房2015年版，第191页。

程中，汉籍流出国外的情况不时发生。这一时期，从日本流到中国的书籍，包括一些刻书版片，其数量是膨大的。"① 汉籍外流与明治维新脱亚入欧有关，这一点是众所周知的，此外，还有三个具体原因：一是日本解除锁国令之后，欧洲的外交官和研究者纷纷涌入日本，开始对日本进行研究，他们购买大量书籍，其中就有不少汉籍；二是明治元年颁发神佛分离令，随之而至的废佛毁释运动对寺院藏书是一个极大的破坏和打击；三是废藩置县，藩校藏书外流，大名、公家藏书也大量散卖。② 坚守汉诗阵地的《新文诗》第一集的序言说："厌旧喜新，人情皆然。然举世趋新，耳目所触，无物不新……自洋学之盛，蟹文横行，鸟迹渐少。而春涛老人，独守旧业，征近著于诸友，每篇批评，每月刊行，使览者惟见其可喜，而不觉其可厌。"③ 小野湖山（1814～1910）就是森春涛"征近著于诸友"之一，而且他也在以自己的方式坚持着汉诗创作，同时抄选和刊刻清人诗集、诗论、文论等。文化十一年（1814）正月，小野湖山出生于近江国浅井郡田根村，其父为横山玄笃，从事医业，本姓小野，称是小野篁后裔，湖山名巻，通称仙助，又称士达、舒公等，④ 是近代日本诗坛著名诗人。

在汉诗和汉籍都被贬值的明治时代，小野湖山坚持抄选和刊刻汉籍，《乍浦集咏钞》便是其中之一，抄自清人沈筠的《乍浦集咏》，该书在乍浦已失传，由于大庭修教授的研究和介绍，该书才逐渐引起了中日学术界的关注。

本节以小野湖山刊刻的清诗为例，结合明治维新的时代背景，分析当时汉诗人的活动，从中管窥十九世纪初期清诗在东瀛传播和接受的情况。

第一节 质疑改历与汉诗否定论

改历对于诗人的触动，显然是极大的。从诗歌创作的心理体验来说，四季

---

① 佐藤道生：《日本汉籍之国外流出——明治前期概观》，庆应义塾大学文学会《艺文研究》第88号，东京インスクリプト，2005年版，第24页。
② 佐藤道生：《日本汉籍之国外流出——明治前期概观》，庆应义塾大学文学会《艺文研究》第88号，东京インスクリプト，2005年版，第26,27页。
③ 森春涛编：《新文诗》，东京额田正三郎，明治八年12月：瓮江渔史所撰《读新文诗》。
④ 德田武：《小野湖山年谱稿》（一），《明治大学教养论集》（2012年1月，通卷478号），东京明治大学教养论集刊行会。

节气和时间感,没有谁比诗人更敏感。春花秋月,夏蝉冬雪,每一个季节转换的小小变化,都能引发诗人的创作灵感,吟诵成篇,这一点,钟嵘在《诗品》中早就说过:"气之动物,物之感人,故摇荡性情,形诸舞咏……若乃春风春鸟、秋月秋蝉、夏云暑雨、冬月祁寒,斯四候之感诸诗。"对季节变化的敏感,体现在诗人对时间变化的认识与把握尤为重视,对节气风俗,诗人也尤为关注,每每将岁时志置于案上,随时翻阅,《岁华一枝》的序言所说:"文墨之士,置于几案间,则不独志岁月之名,亦将有黼黻其文章矣……吾侪之人,不可不藏一本也。"① 可见文人墨客与岁时日历的密切关系。

小野湖山是日本近代著名诗人,也是尊王攘夷论者,积极入世,以诗代言,发表着对时局的评论和强烈的参与意识。清人俞樾《东瀛诗选》中关于小野湖山的小传曰:"侗翁人品高迈,自少壮时以教学自给,万年名闻朝廷,特起之于家,为文学清要之官,旋即辞归。"内田诚成指出小野湖山"生平有经世之志,不欲以诗人名,而诗甚工"②。湖山抱着经世致用的想法,不愿意仅闭门作诗、赏风弄月。幕末明治,欧美的坚船、技术和制度不断涌入,加上鸦片战争中乍浦清兵大受打击,这些让湖山深感忧虑,担心战火会燃烧到东瀛,因此,中年的他放言抨击时政,振臂高呼,甚至因此获罪。永井荷风在《下谷丛话》中谈到这件事:安政六年(1859),小野湖山因疑狱而被禁锢在参州吉田城中几年,文久三年(1863)才获赦出城,因改姓为小野,改字为长愿,改名为侗之助,出城后仍为国事奔忙,明治维新之际,任太政官权办事,无几辞归故里。其友毅堂所作湖山新居次韵绝句十首中说:"几岁休官发有霜,冷然洗尽热心肠。"洗尽热心肠的时候,已是湖山晚年,明治维新进行得如火如荼的时候。

虽然小野湖山曾戏称维新不乏有才之士,他的任务只是用汉诗记录明治维新的过程和功绩。③ 但是,综合各种材料,其真正原因,恐怕在于湖山本身并不认同维新变革中的一些举措,比如,改历和对汉诗的否定。

---

① 端庵先生纂辑,门人星野善行校:《岁华一枝》,文政十一年序,流芳亭藏版:半齐胜田序。
② 小野湖山:《湖山楼诗》,东京:内田诚成选,1887年:序。
③ 德田武:《小野湖山年谱稿》(一)、(二)、(三),《明治大学教养论集》(2012年1月,通卷478号;2012年3月,通卷481号;2013年3月,通卷492号),东京:明治大学教养论集刊行会。

在其《题画咏史绝句》中，我们能找到他对时政的忧虑和批评，以下列举几首，其中就有对明治政府改用太阳历、贬低汉籍的质疑和抗议，明治维新虽然带来了一派繁荣景象，因为欧美的强大和日本被侵略的隐忧，湖山始终感到不安：

征三韩图

绝海楼船我武扬，亲征决策报先皇。谁图后代夷蛮盛，威震东方几女王。

百济国王献经典图

贡使遥遥渡海云，百神呵叱护斯文。圣人书即圣皇意，休说东西彼此分。后代谁能辨正邪，我嫌蕃国献书多。浮屠教没邪苏教，奈此滔滔天下何。

上述诗歌虽是就远古历史而发议论，但其所指，均在明治维新之事。《征三韩图》表达了湖山难以平静的忧国之心，外敌强大，国土被侵的深切担忧使他情不自禁多次发出警告：如今欧美外夷船坚炮利，技术先进，并非原来所认为的那样落后无知，因此要时刻提高警惕，防患于未然。小野湖山内心极为担心1840年欧美列强入侵乍浦的情景会在日本上演，所以，他不仅抄选其中有关海战和乍浦失守的诗，刊刻《乍浦集咏钞》以广人知，用意正在于此。

《百济国王献经典图》则表达了他对明治维新中灭佛毁释、破坏寺院、贬低与否定汉籍，大量输入欧美列强的书籍和引入欧洲宗教的事情予以批判，指出，从百济王传汉籍经典到日本，已有悠久的历史，当时日本圣皇提倡采用汉籍，学习汉籍，这是先祖之意，如今却违背了。然而当时小野湖山的看法并未引起注意，甚至他的诗友也并不都能理解其心意，大家都纷纷追求欧洲新技术、新制度和新事物。"我嫌蕃国献书多"和"奈此滔滔天下何"，生动地表达了小野湖山的批评态度和无奈心情。

再看《清少纳言拨簾图》（之二）："一部长庆妙入神，香炉峰句取清新。圣贤儿女共传颂，到底香山是幸人。"这首诗同样是对汉籍和汉诗文的肯定，作为一个汉诗人,小野湖山认为,那些一代又一代流传下来的,两国人民共同分享着的汉诗典籍,自有其价值所在。对于明治维新激进时期当局贬低和否定汉籍、汉诗文的行为,无疑应该深思。

对于明治时期上至政权中心,下至普通百姓都受到极大震撼的改用太阳历一事,小野湖山是这样说的:"以奇为正变为常,谁道西洋推岁精。欲就良师学天象,世间无复老晴明。"① 明治改历之前,日本所用为太阴太阳历,由安倍晴明家族观天象、推时历。安倍晴明,平安中期的阴阳家,是土御门家的先祖。明治改历之后,再不复往日的历法和推算时历的阴阳家,所以小野湖山在诗中感慨"世间无复老晴明"。有物是人非,沧海桑田之叹。

明治维新带来了许多彻底的变革,不仅是"世间无复老晴明",连一直视为珍宝的汉籍,也都如同敝屣。日本明治前期的出版审查制度非常严格,对汉诗汉籍的出版,有一定的限制。如以下所示的几条出版条例:一、如有妄说教法、诬告人罪、泄露政务机密、或毁谤、引导淫荡等相关内容者,随情节轻重而定罪;二、图书出版之前,务必向学校申报书名、著述者、出版人姓名、地址、书中大意等,以备检查,颁发出版许可证;三、不向官府报告而擅自出版、贩卖者,版木和制本一同没收,所贩得款额也由官府没收。② 面对繁琐而严苛的出版审查制度,小野湖山等人的作品,有的只能以钞本的形式流通,如收录了其《题画咏史绝句》与清人的唱和诗的《湖山楼诗钞》就是钞本。

此外,随着神户、横滨等多个港口开放,欧美商船的频繁舶来,明治期间汉籍的输入受到了影响。锁国时代,日本输入书籍的国别基本只有中国,加上幕府禁止基督教传教,荷兰船入港数远远少于清朝。但是,到了明治时期,虽然日本对欧美开港的时间不长,但其书籍等商品的输入量和总值迅速攀升。以明治十五(1882)、十六(1883)、十七(1884)年为例,我们看到,从总值上来说,从清朝输入的商品在日本进口商品中,仍然占据很大比例:

---

① 以上所引题画咏史绝句,均引自小野湖山侗翁著《湖山楼诗抄》,写本,一册,26厘米。
② 矶部敦编与解题《明治前期书店纪要》,金泽:金泽文圃阁,2012年版,第43,44页,转引朝野文三郎:《明治初年二十年间图书与杂志》,洗心堂书塾发行,昭和十二年5月。

表9　明治十五（1882）、十六（1883）、十七（1884）年各国再输入品价额表①

国名（汉字）	国名（英文）	价额（单位：圆 YEN）
大不列颠	Great Britain	44500.0
合众国	United States	2370.0
支那	China	455074.0
东印度	East Indies	12000.0

若仅从清朝输入的商品作比较，可以看到书籍的输入量和总值并不高，从下表所列几种商品中，书籍次于茶、咖啡和麦粉：

表10　明治十五（1882）、十六（1883）、十七（1884）年输入国别·支那（举例）②

品　名	数量（斤/双/册）	价（圆，YEN）
咖啡	12529	155860.0
麦粉其他粉类	48311	195946.0
胡椒	9919	99359.0
茶	21377	688250.0
支那靴	4908	324710.0
书籍	12230	223999.0

如果与英吉利比较，我们就会发现，日本从英吉利输入的书籍已经与汉籍基本持平，通过以下两表的比较，可一目了然：

表11　明治十五（1882）、十六（1883）、十七（1884）年输入品国别·英吉利 Great Britain

品　名	数量（斤/册）	价（圆，YEN）
地图及海图	数量不明	544900
书籍	21626 册	20388850
印刷料纸	216348 斤	20123360
洋纸杂类	数量不明	39149720
其他诸文具类	数量不明	20126110

---

① 大藏省编：《大日本外国贸易年表明治15（1882）、16（1883）、17（1884）年》，东京东洋书林1990年版，第2页。

② 大藏省编：《大日本外国贸易年表明治15（1882）、16（1883）、17（1884）年》，东京东洋书林1990年版，第42页。

表12　明治十五（1882）、十六（1883）、十七（1884）年输入品国别·支那China①

品　名	数　量	价（圆，YEN）
地图及海图	数量不明	39600
书籍	24434 册	6818360
洋纸杂类	数量不明	27000
唐纸	数量不明	54854840
其他诸文具类	数量不明	7781140

从上两表的数据我们看出，以英吉利和清朝输入日本的书籍为例，虽然册数相差不多，但是其价值总额却是相差巨大。

具体到汉诗创作，则从要求"改良汉诗"到否定汉诗。欧美诗歌体式随着欧美的商品、科技一起传到日本，日本诗歌的创作开始引入欧美诗歌体式，于是文艺界也要求汉诗以欧美诗歌体式来创作，此所谓"改良汉诗"。但到了明治二十年（1887）前后，这一改良论则变成了否定汉诗论。明治时期，汉诗的地位逐渐下降，到了明治二十年后，汉诗已无复昔日的繁荣和地位，许多人放弃汉诗的创作，或大大减少汉诗的创作量。关于这一点，已有学者论证，兹不赘述。②

面对明治时期种种巨大变革，小野湖山内心不免有所质疑和抗议，然而，他的质疑和抗议已经远远不如中年时候那样高亢，只是小声地在诗里发表意见。分析起来，原因大概有二：一是当年尊王攘夷同仁多被杀戮，几年禁锢，虽让湖山免受极刑，但对其心理的冲击，无疑是很大的。德田武在研究小野湖山年谱时，曾谈到这一点："安政六年（1859），己未，四十六岁：时湖山获罪而出江户，避言时事，更不高谈阔论，每日耽于酒。《诗屏风》三《奎堂松本衡》中说：'己未之岁，余邂逅奎堂于野州客舍。时余获罪出都，有所深避，不敢激谈阔论，日放浪于杯酒之间。奎堂见余所为，颇不满意，愤然振袂而去，留书规余。余未及答之，而东西契阔，忽经数年，癸亥之岁，有和州天

---

① 大藏省编：《大日本外国贸易年表明治15（1882）、16（1883）、17（1884）年》，东京东洋书林1990年版，第119,129 页。
② 合山林太郎：《幕末、明治期日本汉诗文之研究》，大阪和泉书院2014年版，第58~61 页。

川之事,奎堂死之。盖奎堂在京,唱尊攘大义,周旋甚力。然事遂不成。窃与同志数人,谋拥中山公子,入大和而举义,为幕府所讨。'"① 经历了禁锢之罪,看到当初的同仁先后涉事就义,小野湖山内心所受的打击可想而知。

其次,其子小野正弘出任明治政府官员,据《赐砚楼诗》卷一《赐砚纪恩诗三首》诗序,序曰:"御赐砚长尺余,阔七寸。厚称之。有清人刘石如铭。盖端溪石也。宫内大辅杉君,题其匣曰:明治十六年七月九日,召内阁书记官小野正弘,赐御砚一匣、京绢一匹于其父长愿。以长愿向献艰民图卷诗也。长愿山林逸士,特蒙赐砚之恩,可谓荣矣……呜呼,耄老何幸得优眷如此也。感泣之余,赋以纪恩。"② 可知湖山之子小野正弘出任明治政府内阁书记官。出于护犊,小野湖山并未高声抨击时政,有时还为明治维新唱赞歌。随着年龄的增长,小野湖山越来越趋向于"无为":"残年七十何须贺,自贺筵开我自嗤。遇酒能狂同陆子,放言有作似微之。闲中富贵受来久,世上甘酸尝得知。敢望老聃彭祖城,只要恬淡保无为。"(《七十自寿诗二首》之一)③ 一个"保无为",生动地道出了小野湖山晚年的心态。明治维新呈现的繁荣太平,加上晚年的无为心态,使小野湖山更倾向于悠游山水、结交诗友、刊刻诗章:"园亭虽小自清幽,春树含辉和气浮。时际太平真是幸,身无疾病更何忧。江湖台阁多交友,月地花天足胜游。几度编诗厄梨枣,半生罪过尽风流。"(《七十自寿诗二首》之二)

但是,小野湖山对于夷虏的防御意识,始终没有消失。从德田武研究小野湖山的论述可知,小野湖山反对开港让欧美人进入日本贸易,其《火后忆得诗》中有的诗句很明显地表达了这一意见:"近闻诸夷事航海,巨舰三桅影出没。增兵增戍劳庙谟,期使瀛海妖气灭。何物黠虏称使节,宽待恳谕谕不听。逾险过关尤唐突,利诱威却一函书。"④ 小野湖山对欧美"夷虏"及其可能造成的威胁始终感到担忧,对"夷虏"表现出极大的反感,如湖山送林大学头

---

① 德田武:《小野湖山年谱稿》(二),《明治大学教养论集》(2012年3月),东京明治大学教养论集刊行会,第62页。
② 小野湖山编辑:《赐砚楼诗》(乾坤二册,共三卷),东京凤文馆1884年版卷一,第2页。
③ 小野湖山编辑:《赐砚楼诗》(乾坤二册,共三卷),东京凤文馆1884年版卷二,第1页。
④ 德田武:《小野湖山的攘夷活动》,《江户风雅》第四号,平成二十三年6月,第64~81页。

的诗:"安政第四年,丁巳十二月,林君奉幕命,严程使京阙……窃闻道路言,奏决制房策……相率拜夷虏,伦桧皆可杀"云云。其对欧美"夷虏"的防范意识很强烈。也许这一点,也对他刊行汉诗、汉籍有推动作用。既然近来舶到蕃书多,而书籍最容易影响一个人的思想,所以小野湖山坚持刊刻汉籍,以此来表达自己文学上、政治上的意见,并希望能以此削弱蕃书带来的影响和冲击。这一点,从他为广濑可行转译魏源《海国图志》而成的《亚米利坚总记》所作之序可以清楚地看出来。他尊王攘夷的立场和态度,也在一定程度上推动他不遗余力刊刻和推广汉诗、汉籍,正如德田武在研究小野湖山时所说的:"湖山是典型的攘夷论者,这一点,是确定无疑的。"① 小野湖山一直致力于攘夷活动。

第二节 《乍浦集咏钞》与攘夷活动的延伸

综合以上关于湖山的思想和时代背景的分析,我们才能深入理解他抄刊《乍浦集咏钞》的内涵所在。《乍浦集咏钞》虽然抄自清代乍浦诗人沈筠所编的地方诗集《乍浦集咏》,但二者是性质完全不同的诗集,笔者特列表于下,以二者前三卷所载诗作为例,作一比较,对小野抄刊《乍浦集咏钞》的性质便可了然于心:

表13   沈筠《乍浦集咏》与小野湖山《乍浦集咏钞》前三卷诗目比较

《乍浦集咏》篇目	作　者	卷次	《乍浦集咏钞》篇目	作　者	卷次
乍浦行	明·钱薇②	一	壬辰仲冬,英吉利夷船前来海上,军事戒严,有感二首	徐熊飞	一
万松岩	周式南	一	茅竹砦	徐熊飞	一
和车兵宪春涌春日海上大阅之作	彭绍贤	一	庚子残夏闻乍浦警,寄沈浪仙	宋楏梈	一

---

① 德田武:《小野湖山的攘夷活动》,《江户风雅》第四号,平成二十三年6月,第69页。
② 笔者按:卷一均为明朝人。从卷二开始为清朝诗人诗作。

续表

《乍浦集咏》篇目	作 者	卷次	《乍浦集咏钞》篇目	作 者	卷次
东湖杂诗	陈熙昌	一	读黄鹤楼，壬寅四月，乍浦纪事乐府，拟赋	姚清华	一
故司空刘方瀛公灵榇以今清明日暂窆湖墅闻信后期失于执绋，追补輓薤二章寄痛	胡震亨	一	海上杂感	张金照	一
次李潜夫灌园诗	彭宗因	一	壬寅四月闻乍浦警	俞斯玉	一
初闻倭警有感	柳应方	一	乍浦炮台	俞斯玉	一
海镜篇	彭孙贻	一	乍浦被兵后寄沈浪仙	朱翀	一
镜篇	彭孙贻	一	读沈浪仙所撰壬寅，壬寅乍浦殉难录，中纪刘进女凤姑死事，尤惨，哀之以诗	蒋赟	一
夜酌李潜夫邻鸥池馆	彭孙贻	一	乍浦胡烈女	蒋赟	一
汤山	彭孙贻	一	乍浦刘烈女	诸葛槐	一
瓦山	彭孙贻	一	乍浦刘烈女井	柯汝霖	一
潜夫先生始制僧服有诗见示次呈二律	王庭宰	一	韦司马哀诗次沈石韵	朱绪曾	一
潜夫从竹西村居还山奉怀有作即次山居原韵	陆遹	一	庐挹桥乍浦纪事诗题词	吴鸣	一
夏夜与李因仲	倪端	一	感事，壬寅秋作	孙燮吕	一
雨俎室和家客子韵（录一）	沈不负	一	海上酒楼感旧	刘以灿	一
有客言黄鱼事纪之	汪琬	二	乍浦感事壬寅	黄枢	一
当湖王复园索赠次沈绎堂先生原韵即送其归	曾畹	二	乍浦沈实甫壬寅题词集	魏谦升	一

续表

《乍浦集咏》篇目	作　者	卷次	《乍浦集咏钞》篇目	作　者	卷次
海航载日本东洋茶花有红白二种，红者正赤千叶，白者花大如碗，中含金粟，与花瓣相错，开久微红，真异种也，诗以纪事	高士奇	二	刘心蒹茂才女七姑殉节诗	李渐磐	一
题李潜夫先生遗像	陆奎勋	二	哀乍川，壬寅夏日	高亮采	一
登陈山	陆奎勋	二	唐湾战，以下乐府纪壬寅四月之难	黄金台	二
乍浦舟次	张璞	二	乍浦陷	黄金台	二
东湖曲	沈岸登	二	弃婴孩	黄金台	二
书龙湫山人集后	金志章	二	焚海棠	黄金台	二
早赴西山炮台	善泰中	二	土匪乱	黄金台	二
题乍浦宋双颖明史弹词	杭世骏	二	山下鬼	黄金台	二
杂咏	于汤谷	二	壬寅仲秋，偕浪仙由观山，至苦竹山，观战场有作	柯万源	二
陈山白龙湫	沈修龄	二	壬寅秋夜乍川寓楼读殉难录有感	朱震	二
过崇真道院	陆培	二	乍浦水师副都统长公死事诗	高如灿	二
登乍浦陈山	黄令荀	二	署乍浦海防同知韦公死事诗	高如灿	二
陆芳谷沈杏斋招游雅山，以采菊东篱下，悠然见南山为韵得然字	潘梦鹿	二	客窗杂感，壬寅五月作	高如灿	二
陈山顶观日月合璧	潘梦鹿	二	刘进女凤姑节烈诗	高如灿	二
观山观潮	潘梦鹿	二	癸卯春仲过汲古堂有感	顾荣	二
读龙湫山人雅山诗集	潘梦鹿	二	和曹澹秋乍川纪事作	陈廷璐	二
登独山	沈宗岱	二	乍浦沈实甫壬寅纪事诗题词	周栻	二

续表

《乍浦集咏》篇目	作者	卷次	《乍浦集咏钞》篇目	作者	卷次
题介节先生遗像即次其自题韵	冯几	二	寄乍浦沈实甫即题其壬寅诗草后	吴大田	二
自益山址眺梁庄城憩三将军庙有作	刘锡勇	二	题乍浦沈实甫诗卷	羊咸熙	二
海外羊山诗	刘锡勇	二	海上杂诗	黄宪清	二
雅山游仙洞	刘锡勇	二	吊关西卒,乍川之役,夷人从唐家湾登岸,惟陕西兵奋勇御敌,歼贼数百,旋为炮火所败,故被害独多,作诗表之,不没其功也	黄宪清	二
天马峰歌	刘锡勇	二	秋日等黄鹤楼与同人灯光山雅集绘图索题("于今战舰销兵气")	沈敦韶	二
书龙湫山人集	施安	二	壬寅夏五送高笑山往乍浦	蔡梦齐	二
马鞍山	施安	二	捉船行("夷船未到民船乱")	伊佐圻	二
题李介节先生忘机社月令诗后	张廷捷	二	将抵里门感赋时壬寅四月	伊佐圻	二
秋鸟同松窗作	马恒锡	二	登汤山壬寅秋日	顾邦杰	二
向菊集乍浦伊秋水斋分题	马恒锡	二	壬寅殉难蒙古防御额稚斋遗像	刘惇福	三
王千户桥	刘凤翼	二	纪事,壬寅四月,乍浦失守,避兵竹啸村作	愈銈	三
李潜夫先生遗集题词	张栋	二	乱后乍浦登陈山	愈銈	三
赋五言颂美因次其韵	卢誉士	二	癸卯重客乍浦杨氏听潮山馆囊时知交重复聚首,酒间谈及去年乱离景象,慨然有作	张嘉钰	三

续表

《乍浦集咏》篇目	作　者	卷次	《乍浦集咏钞》篇目	作　者	卷次
游龙尾山	韩本晋	二	乙巳春日新建顾家桥金家湾炮台纪事	朱善张	三
初之乍浦署中题壁	黄国绶	二	乍浦	屈戴瑛	三
小剑池	宋景濂	二	癸卯春仲重至海上有感作	屈戴瑛	三
听松室	宋景濂	二	刘烈女	龙启瑞	三
四明禅院	宋景濂	二	壬申秋日黔阳官舍得朱秋田乍浦书感赋	李璋	三
白蚬	张奕枢	二	吊天尊庙	计文瓒	三
海狮	张奕枢	二	刘烈女	邵升熊	三
乍浦舟中偶成	唐起凤	三	纪壬寅四月初九日事	沈潜	三
生日太夫人自乍浦寄衣适至	张若需	三	吊唐家湾歌	钟步崧	三
自乍浦归东湖	舒瞻	三	晤刘心葭闻述被兵颠末感怀海上诸子	孙融	三
白沙湾道中	舒瞻	三	憩陈山兴福院谒介节先生祠	孙融	三
题宋生景关诗	舒瞻	三	登汤山晚眺	孙融	三
题施仪部学濂九峰读书图	钱载	三	褚氏西畴别墅	孙融	三
宿龙湫山寺	陆烜	三	刘心蒹长女七姑殉节诗	许汝镜	三
苦竹山有小草叶如黄杨花开，翠色如凤冠尾翅足皆备，余曾拔数本植庭中，命名翠凤，作诗纪之	陆烜	三	书乍浦沈实甫壬寅诗后	许瀚	三
题蒋大始衡门图集陶	潘潜昭	三	癸卯仲冬将之琼花岛月夕乘潮东渡回望观山感而赋此	林懋功	三

续表

《乍浦集咏》篇目	作 者	卷次	《乍浦集咏钞》篇目	作 者	卷次
答成已和尚	潘潜昭	三	庚子六月寄怀乍浦沈浪仙	于 源	三
西溪上人召集怀橘巷	富 灏	三	壬寅秋日寄怀乍浦同社诸子	于 源	三
汤山林烈妇诗	吴 骞	三	书乍浦壬寅四月事	李善兰	三
过乍浦看海畔诸山	方 薰	三	庐揖桥乍浦纪事题词	胡止三	三
苦竹山怀林汝鲤	徐光璨	三	读沈浪仙壬寅乍浦纪事	张家睿	三
过古宗庵	徐光璨	三	闻乍浦诸君创建节烈祠于汤山遥有此寄	查梦熊	三
平林烟径	顾其铭	三	读乍浦刘贞女诗题后	顾梦庚	三
天际云帆	顾其铭	三	葫芦城观演炮	曹福钦	三
翠微石掌	顾其铭	三	壬寅冬日重来驻防乍浦城有作	明 成	三
赤峡龙湫	顾其铭	三	海上	丁殿华	三
南海秋涛	顾其铭	三	乍浦刘烈女	顾佩芳	三
西峰晓月	顾其铭	三	夒恭人塔塔拉氏殉节诗	陆金树	三
孤城暮霭	顾其铭	三	刘烈女	真 铭	三
万壑松声	顾其铭	三	筑炮台	贺师章	三
次唐九峰孝廉止宿环碧堂梦中句韵	顾其铭	三	浪仙师辑乍浦集咏成命题于后	贺师章	三
乍川秋泛	顾其铭	三	乍浦刘烈女	刘吉甫	三
奎阁晴望	林中麟	三	乍浦刘烈女	山亥吉	三
同赵裕光登龙湫山	张 诰	三	无名氏定海失陷诗十二首		附录
海现	元用诚	三	星使临澳好事者题诗于澳秀山房以刺时事十八首		附录

续表

《乍浦集咏》篇目	作 者	卷次	《乍浦集咏钞》篇目	作 者	卷次
乍浦观涛	钱起龙	三	—	—	—
乍浦旅夜	马 绪	三	—	—	—
棹歌	陆以诚	三	—	—	—
周家堰	蒋 元	三	—	—	—
苦竹山观海逢和徐雪庐原	马 咸	三	—	—	—
观乍浦军营	马 咸	三	—	—	—
春日游雅山	马 咸	三	—	—	—
乍浦旅夜闻笛	傅儒英	三	—	—	—
怀橘里	王映枢	三	—	—	—
周将军故里	吴振飞	三	—	—	—
龙湫春晓	王应星	三	—	—	—
竹枝词	沈孚洲	三	—	—	—
九日同内兄钱守斋登黄山岭分韵得阳字	朱应龙	三	—	—	—
集娱榆堂即席次路兰江韵	朱应龙	三	—	—	—
赠倪省操	张赐眷	三	—	—	—
同宋双颖今郿昆季过柏子庵	戚绍曾	三	—	—	—
尖山东望见石笋林立	王 恒	三	—	—	—
出盆山口	邢 屿	三	—	—	—
自清溪至乍浦即事联句	陈嗣龙	三	—	—	—
九日小普陀观海	高文照	三	—	—	—
陈山怀古	沈鸿达	三	—	—	—

　　《乍浦集咏钞》集中挑出沈筠《乍浦集咏》中关于壬寅乍浦事变的战争诗，表彰其中的义士烈女，比如钞本中关于乍浦刘烈女的诗歌明显较多，还有

那些描写城市沦陷之后的凄惨之状，和沈筠等乍浦诗人战败后的无限感叹，这些诗歌，都是小野湖山抄录的对象。完全不同于《乍浦集咏》原来的编撰目的和风格，湖山抄本真正的用意，是警示日人防范欧美列强的坚船利炮。而沈筠编《乍浦集咏》"远溯明季，近逮于今，不拘何郡何省之人，凡有关于乍浦者，自达官、士林、隐逸、方外、闺秀所著，无不搜罗，不特乍浦志中所未备，且事迹人物可补志乘之所缺"①，是"为志乘储材，故自前朝迄今诸集中题咏有关我里者，取之以备采择，若已载乍浦诸志，概置不录"②。可见湖山与沈筠编诗集的用意，迥然不同。

防夷已是当时有识之士的共同看法，除了小野湖山之外，其他人也以刊刻相关著作来抵御"蕃书"和增广见闻，知己知彼，以达到防御目的，如小野湖山为广濑可行抄译魏源《海国图志》而成的《亚米利加总记》所做的后序曰："吾友广濑可行，慷慨士也。窃见近时夷蛮之情状，自思为国奋而进取无路，有志而不得展。于是欲责之于人，谓出者所以审形势，出方略也。使人兴有为之志，莫过于书焉，故苟有其关于外夷补书守备者，多方搜索，网络无遗，欲以传于其人。海国图志者，清人林则徐所撰，舶载极少，深藏于秘府，人皆思一见而不能得。可行独得偷见之，有手抄，乃摘译此卷……设使读者徒喜其新奇取以为话柄，而不能兴有为之志，则岂可行之意哉，岂可行之意哉！"又，江都弘庵居士藤森大雅所作《重译美利坚总记序》曰："货财不聚，非国之贫也。人林不耕之谓贫；兵甲不多，非国之羸也，士气不竞之谓羸。国贫且羸，则外侮必至……夫使人通晓御侮之要者，当世之急务也。执柯以伐柯……可行重译之意，其在此乎。"③ 其忧国愤时之气，溢于言表。建议习欧美之利器，以挫欧美之锐。

此外，小野湖山在《火后忆得诗》卷二之《地球图歌为箕作玉海作》中，一再表达防御外夷的意思："地球图、地球图，是谁所制？玉海子，玉海胸中海天宽，吞尽地球几万里。岂唯形势说山河……时势变迁谁得知，尔来西洋盛人才。造出海城坚如铁，极南极北恣往来。彼视险海如坦路，古之天堑安在

---

① （清）沈筠编：《乍浦集咏》，道光丙午（1846）年刊本：乍浦海防官员龙光甸所作序。
② （清）沈筠编：《乍浦集咏》，道光丙午（1846）年刊本：例言。
③ 广濑可行编译：《亚米利加总记》，嘉永甲寅初夏新刊，雲竹小居藏版：序。

哉。忆昨异闻传西国，清英有衅相斗击。英夷彪悍清兵孱，水陆十战十败绩。出银二千一百万，厚颜议和缓危迫。可怜守御乏计谋，调到华夷与顺逆。噫嘻呜呼，杞人之愚未全愚，天老地荒感有余……"① 对西方列强的抵抗意识、清兵的败战与委曲求全表达得淋漓尽致。小野湖山在他的诗作中多次表达过这种忧患意识。因此，他鼓励好友广濑可行摘译魏源的《海国图志》，看到玉海子所制的《地球图》不禁感慨万千。正是在这样的意识推动下，小野湖山才作《乍浦集咏钞》，并广邀好友点评、题序，加以推广，如大沼枕山为《乍浦集咏钞》题诗曰："删诗如史意超凡，成败分明笔法严。不比近时闲著述，一编文字是殷鉴"。② 其目的，实在是以诗纪史、以史警世，这也是他为何积极抄刊乍浦战争诗的真正原因："余尝谓诗之与史，本无二道也。《关雎》《葛覃》记室家之雍睦，《江汉》《常武》记中兴之功业……降至唐宋近代之诗，虽体异辞不同，而其所记与历代史乘相发挥者，不可枚举矣……顷者余得清人沈筠所编乍浦集咏读之，而缕陈壬寅乍浦洋夷扰乱之事，毫无所讳避……余暇日钞出为一编，编中所载，虽属区区一乍浦，然沼海万里之事，满清阓国之政，皆可以推测而概见焉。"③ 明治七年（1874）甲戌，小野湖山六十一岁了，仍然不忘提醒后学诗歌在政治和道德层面上的积极作用，他为《才子必读皇朝精华集》[中本，三卷二册，东京：石川介编辑明治八年，明治八年（1875）一月，万青堂别所平七刊] 作序，序中提出：诗有益之处，无他，能警示耳。④ 小野湖山诗史观提出文学应在历史、政治等领域发挥应有的作用，以警示人心、振奋图强。小野湖山刊刻《乍浦集咏钞》，也是为了警示人心，唤起时人志气，以达到防夷、攘夷的目的。

综上所论，小野湖山抄选并刊刻《乍浦集咏钞》可以说是其攘夷活动的一环，小野湖山抄选并刊刻清诗，是为攘夷活动与其诗歌理论服务。政治色彩尤为浓厚。

---

① 小野湖山著，正诚写：《火后忆得诗并北游醉翁稿》，明治十九（1886）年：卷二。
② （清）沈筠编，横山卷舒公抄录：《乍浦集咏钞》，1849 年刻：题诗。
③ （清）沈筠编，[日]横山卷舒公抄录：《乍浦集咏钞》，1849 年刻：序。
④ 德田武：《小野湖山年谱稿》（二），《明治大学教养论集》（2012 年 3 月，通卷 481 号），东京：明治大学教养论集刊行会：75。

清诗传到东瀛是否被接受、被传播,以及其传播的方式具体如何,不仅要看传播者的身份、思想,也要看时代的政治背景。有的诗集舶到日本之后,就寂寂无闻、束之高阁,比如尊经阁文库所藏清代钱苏润所编《阙里泰山诗选》三卷,这部诗集,在国内已经失传,就笔者管见,至今中日学术界仍无关于这本诗集的利用和研究,至于其舶来细节,也仍是一个谜。清人沈筠的《乍浦集咏》与《阙里泰山诗选》同是地方诗歌选集,但《乍浦集咏》遇到了小野湖山,在幕末明治这样一个特殊的转型时期,被抄选发行,虽然在小野湖山抄刊《乍浦集咏钞》前一年,即1848年,在尾张养病的伊藤圭介偶尔读到《乍浦集咏》,选录了其中有关鸦片战争的诗作,编印了《乍川纪事诗》两册。小野湖山是于次年(1849)才在江户刊行《乍浦集咏钞》的。① 但,由于小野湖山在日本诗坛上的名气,又由于小野湖山众多诗友的肯定与推广,湖山抄刊《乍浦集咏》比伊藤圭介所抄刊的流通更广、名气也更大。《乍浦集咏》得以利用并被传播,后又传回到乍浦,历经风雨,辗转于中日之间,实属一段奇特的文学史话。

---

① 王勇、大庭修主编:《中日文化交流史大系·9·典籍卷》,浙江人民出版社1996年版,第93页。

第五章　小野湖山所刊《晚香园梅诗》

在小野湖山抄录和刊行的清人诗集中，《晚香园梅诗》是较为特别的一部。《晚香园梅诗》是清代闽中人林潭所著，就笔者管见，这本薄薄的诗集并不见于国内馆藏。林潭所作梅花诗共六首，虽然篇幅不长，但陈元辅为之作详细的注解，是诗与文的合一。小野湖山偶然读到此书，十分喜爱，认为林潭的诗写得好，陈元辅的注也很妙，是人们学读诗、学作诗的好范本，所以小野湖山决定重刻这部诗集，并作序曰："刻此诗，使人知读诗之法。"然其意并不仅在于此，更在以诗载道、以诗训喻，以林潭之梅花诗、陈元辅之注解来表达自己的诗歌观点。

本章以小野湖山刊刻《晚香园梅诗》为角度，探索其刊刻清诗所体现的诗歌理论，并从中管窥他与清人的唱和活动，观察明治时期诗人与汉诗创作的一个方面。首先，我们来了解一下《晚香园梅诗》的刊刻经过和在日本被重刻的情形。

第一节　林潭咏梅诗日本刊刻经过

小野湖山刊《晚香园梅诗》，长26.3厘米，宽17.8厘米，线装，书签长18.5厘米，宽2.7厘米，内页有"安政己卯新镌"字样，并有"玉池吟榭、盘古书院同梓"字样，有护页，序首页有"东京图书馆藏"方形朱印等印，四周双边，双鱼尾（对鱼尾），粗黑口，有横山卷所作序，该序无界栏（从陈元辅之序、正文、王登瀛跋均有界栏，乌丝栏。盘谷井晖跋无界栏），版心下方标页码，书脊厚 0.5 厘米，天头 5.9 厘米，地脚 2.1 厘米，边框长 18.5 厘米，宽 13.6 厘米，半页九行，行十六字。小野湖山序于安政纪元（1854）嘉平月念之日①，序里谈论了自己对于这部诗集、注解的看法，曰："得清人林二耻梅诗而读之，召其友陈昌其评注。支分节解，如庖丁之于牛。灵动活泼，如公孙大娘之舞剑器。使人击节称叹，不觉欢笑欲泣。可谓奇矣。盖虽云诗之妙固如此，而其评注之功夫亦大矣。不然则于处士之诗，犹不免于论者之云云。二耻岂能独免之乎。余乃常欲仿其体注处士之诗而未果也，故先刻此诗以传同志，使人知读诗之法云。"②由此可知小野湖山偶然读到林潭的咏梅诗，叹服其笔法，也称赞陈元辅所做的注解，很符合他个人的审美观点和诗歌观点，并认为其可引导后人学习读诗和写诗。

关于《晚香园梅诗》的作者林潭，限于资料，所知不多，据金程宇《东亚汉文学论考》的介绍，可知林潭，号晚香，福建人，康熙时人，胸次高洁，性爱梅花，流连诗酒，终生未仕。③从陈元辅作于康熙戊午（康熙十七年，1678）仲冬之序，我们可以略知一二："予友林子二耻奇士也，有时按剑而谈，有时携琴自理，有时掷酒杯而狂叫，有时悬竹榻而高眠。其品与韵，又在梅花之上，宜乎有梅花六咏也。披阅之余，觉纸上孤山、笔下庾岭。寓言高远，寄托遥深，予欲字字摘出，与天下有心人共读，故不揣固陋，妄加评点，使人知爱梅即知爱咏梅之诗，知爱咏梅之诗，即知爱咏梅之人，与注咏梅之诗之人也。是集一出，吾知直可与彭泽之菊、濂溪之莲共千古矣。"④从这段序言可知，林潭，字二耻，与陈元辅为多年好友，其人率性而为，颇有梅花之品。

林潭所写的六首咏梅诗得以刊刻出版，与他的两位好友有很大关系，一是上文所说的陈元辅，一是王登瀛。陈元辅，字昌其，清代福建人，以书法名世，有《枕山楼诗话》（和刻本）等作品流传，曾为琉球使节、汉诗人程顺则（1663～1734）的老师，为程顺则讲授过《易经》和唐诗。《晚香园梅诗》中

---

① 笔者按：嘉平月指十二月，此为农历月份的叫法。念之日为二十日，"念"与"廿"同音之故也。
② （清）林潭著，陈元辅注：《晚香园梅诗》，[日]横山卷舒公，1855 年版：序。
③ 金程宇：《东亚汉文学论考》，凤凰出版社 2013 年版，第 231 页。
④ （清）林潭著，陈元辅注：《晚香园梅诗》，[日]横山卷舒公，1855 年：序。

还有王登瀛所做的跋,曰:"晚香林二耻,吾闽奇士也、韵士也。胸次高洁,磊落不群,每有郁抑于怀,必寄托于吟咏以自放。与世不合,独与予与昌其二人交善,花晨月夕,杯酒唱和者,几五十年。"王登瀛,字阆洲,福建人,与陈元辅、程顺则等交游,善书法,游琉球,曾辑《中山诗文集》十八种十八卷,除序跋《晚香园梅诗》之外,还有《梅花百咏跋》等。由上述王登瀛的跋可知,林潭性格清傲,知交极少,每有抑郁于怀,便借诗酒,倾吐怀抱。王登瀛与之交善五十年,对林潭十分了解,他一语道出了林潭咏梅诗的用意所在:"梅花六咏,描写梅态曲尽其妙。虽曰咏梅,实吐自己襟怀。"借梅写己怀,借梅写己志,写梅花的高洁清丽,也是写自己超尘脱俗的追求。此外,王登瀛还道出了《晚香园梅诗》刊刻的缘由:"辛丑春,中山紫金大夫程君宠文,从都门回,好此六咏,捐资重梓。"① "中山紫金大夫程君宠文"即琉球汉诗人程顺则,可知林潭之诗是由程顺则捐资刊刻的。那么,王登瀛所说的"辛丑春"又是哪一年春天呢?

程氏一家祖籍河南,后移居福建,明洪武年间,程顺则祖父移居琉球。程氏是明朝洪武、永乐年间归化闽人三十六姓之一。程顺则之父泰祚少年时便以俊才闻名,程顺则之母为久米村栗国亲云上宗盛三女,幼时即习女训,善治家、尽妇道,相夫教子,是泰祚的贤内助。程顺则从小就在父母的熏陶下学习经典,聪慧过人,仁孝温厚。② 作为琉球向清朝朝贡的使节,每次到北京朝贡,都从那霸起帆,到福建登陆,然后取道直上北京,公事完成之后,还会回到福建,回国之前往往会在福建的柔远驿(供外国使节住宿)逗留,有时长达两三年,如此往返多次,与福建诗人较为熟悉。今据程顺则家谱及生平传记资料整理出程顺则到福建的次数及具体时间,如下表所示:

① (清)林潭著,陈元辅注:《晚香园梅诗》,[日]横山卷舒公,1855年:序。
② 名护市教育委员会编:《名护亲方程顺则资料集——人物·传记编》,冲绳:尚生堂,1991年版,第49~50页。

表 14　　　　　　　　　程顺则到闽次数及时间表①

西历	琉球纪年	清朝纪年	年龄	赴闽纪事
1683	尚贞十五	康熙二十二	21	11月24日，从那霸起航，12月5日，到达福州，1684年春，赴北京，冬，返闽，留闽四年，1687年，25岁，5月10日，归国
1689	尚贞二十一	康熙二十八	27	10月26日，赴闽，在福建琉球馆停留三年，期间，建土地祠与崇福寺。1691年，29岁，归国
1696	尚贞二十八	康熙三十五	34	1696年出发，1697年5月24日到福建，8月24日到京，献贡上表，9月23日，公事既毕，出京，12月26日，到闽。1698年6月7日，回琉球
1706	尚贞三十八	康熙四十五	44	11月23日，从那霸起航，赴闽。1707年4月15日在布政司紫薇堂宴饮，7月12日，从福建出发，9月26日，到山东济宁，访孔子宅和孔子庙，10月26日，到北京。12月5日，离京，1708年3月8日，到福州，5月22日，从闽安镇出发，6月2日回琉球
1720	尚敬八	康熙五十九	58	2月16日，作为谢恩使赴清，3月2日过闽安镇，3月8日，到柔远驿，4月12日赴京，10月20日出京。1721年2月8日回到福州琉球馆，6月7日从五虎门起航回国复命

由上表可知，程顺则有文字记载的入闽次数为五次，全部是在康熙年间入闽的。王登瀛所说的辛丑年，应该是指康熙六十年（琉球尚敬九年，1721）。1720年10月20日，程顺则完成琉球谢恩使的公务之后，离开北京，启程到福建，在次年（即1721）二月回到福州，一直在福建逗留到六月，而正是在这段时间，程顺则通过陈元辅和王登瀛，看到了林潭的六首咏梅诗，十分喜欢，决定出资刊刻。这本诗集具体经过怎样的途径，在何时传到日本，限于资料尚未清楚，不过现存最早的和刻本《晚香园梅诗》是享保十年（1725）的，可见《晚香园梅诗》在中国刊刻几年后才传到日本并被重刻，之后又经过一百三十年左右，这部诗集才引起了日本诗坛的关注，安政二年（1855）出现了许多刻本，小野湖山所刻的也是在安政二年。

---

① 表格据以下资料整理：名护市教育委员会编：《名护亲方程顺则资料集——人物·传记编》，冲绳：尚生堂，1991年版，第31~47页。

现将林潭所作六首咏梅诗录于下：

其一

生长全无粉黛痕，陇头疏影自寒温。一枝瘦减猿啼径，十里香浮鹊绕村。迟暮已甘霜彻骨，孤高未许月留魂。多情更入春江邃，不与梨花共闭门。

其二

虽在江村野店边，此生未肯受人怜。神能清不因名累，魂欲孤犹恨影妍。冒雪争开微月下，迎风自笑夕阳前。一从知遇罗浮后，几度凄其鹤唳天。

其三

名兼郊岛两诗才，孰继西湖处士栽。白眼看人何处着，空山知己几时来。出墙逸韵目风动，临水芳魂踏月回。不识英州三十本，远存多少至今开。

其四

冰心自爱玉壶知，最早江南向日枝。但许疲驴寻独往，莫教短笛谱相思。溪头流水云深处，村舍轻烟月上时。更有横塘芳草路，看看一一好题诗。

其五

枝北枝南不改芳，吾将为赋续江郎。行经树下风皆白，看到更深月亦香。消瘦自嫌三楚媚，兴亡不管五湖荒。岁寒足见生平操，未许黄花独傲霜。

其六

潜来香气四边空，错认瑶台有路通。浓淡却宜微过雨，横斜不碍晚来风。一时隽逸推林下，绝代风流想额中。为报故山三百树，迟予携酒访桥东。①

---

① （清）林潭著，陈元辅注：《晚香园梅诗》，[日]横山卷舒公，1855年。本文索引林潭咏梅诗、序、评注等均出自该集，该集仅一卷，以下不再一一标注。

林潭的咏梅诗写得清新飘逸,重在描述梅花的神态之美和高洁之姿,虽是写梅,其实也是在写人。写梅之品,亦写人之品,写人应当追求高洁品质,如梅,生于俗世而不落俗套。而这也是陈元辅和小野湖山爱梅、爱这六首咏梅诗的重要原因,他们叹赏的,也正是梅的高洁品质。为此,林潭甚至有意忽略梅花的形态美:"神能清不因名累,魂欲孤犹恨影妍","恨影妍"三字虽表面上略写梅花形态美,其实却恰恰把梅花形态的美也写到了极致,诗中的梅花仿佛一位天生丽质难自弃的幽谷佳人,不重雕饰形貌,只注重内在品质,却依然有绝美的容颜,林潭把梅花描写成一位幽居清雅的处士:"生长全无粉黛痕,陇头疏影自寒温。"而陈元辅的注解也极力突出梅花的这种高洁品性,如其对"冰心自爱玉壶知,最早江南向日枝"作注解时,如是说:"梅真如冰如玉哉,予苦无隙地可栽,每当盛开时,折一枝置瓶中。觉四壁幽香,沁人心脾,世但以春园桃杏为太真西子,殊不知玉洁冰清如梅者,始可谓之绝代佳人也。彼党家儿焉知雪水烹茶之趣哉。"此外,陈元辅的注解中往往由诗及梅、由梅及人,赞颂林潭的诗才和人品,同时也借以抒发内心的感慨。如陈元辅对第五首咏梅诗的注解曰:"'不改芳'三字,只见梅之节操,二耻六咏与江郎一赋共千古矣……予忆试后无聊,忽曾子子浴自潜园来,留之斋头,命童子焚香煮铭,予与促膝谈心,或仰天浩叹,或搔首长吁,甚至两人互相泣下。"又如其评第二首诗最后两句时如是说:"吾辈当年牢骚极不平之际,每借一笑以代痛哭,所以古今来无限颠颠倒倒之事,盖可付之一笑,今读此句,虽曰形容梅花之笑,实诗人自笑也。予批此句不觉大笑,曰以博天下有心人读是诗者之笑。袁丰言梅曰冰姿玉骨世外佳人,但恨无倾城之笑。由此观之,袁之知梅尤浅也。七八,予当夜深时半盏孤灯,一杯苦茗,回想此生遭逢不佳,几为痛苦,知遇之难如此,今读此,愈增太息矣。"可见陈元辅评注林潭梅花诗,融入了自己的人生思考和感慨,故所言极为真挚动人。陈元辅主张"作诗,以体裁为本,格调次之,布局敷词又次之,体裁贵端重,格调贵高浑,布局贵缜密,敷词贵典雅,诗法虽多,其大要不外于此。"[1] 林潭的咏梅六首无论是从体裁、格调、还是敷词,都十分符合陈元辅的作诗主张,尤其是所咏梅花之端庄典雅

---

[1] (清)陈元辅著,[日]横关天籁校:《枕山楼诗话》,大阪北尾禹三郎1881年版,第1页。

高洁之品，用词之清丽，布局之缜密，也很得陈氏心意。

小野湖山刊此诗集，表达对林潭咏梅诗的欣赏，和对陈元辅注解的认同，此外，还时不时激起他对梅花的钟爱之情，从他的诗歌创作中，我们知道，小野湖山十分喜爱梅花，如《薄游一百律》中有《落梅》一诗："惊觉浮山梦一场，冷吟谁共送昏黄。何堪尘土葬冰骨，欲用雕奁盛粉香。满地寒烟春寂寞，数声残笛月苍茫。女王城外曾为客，目极关山正断肠。"① 小野湖山对落梅的怜惜溢于言表，无论是"何堪尘土葬冰骨，欲用雕奁盛粉香"，还是"目极关山正断肠"，梅花飘落，看那红妆粉裳，诗人忍不住想要用雕刻精致的宝奁来保存落梅，不忍其零落于雨水尘土之中，梅花落，春天便从此寂寞了，这几句诗写出了诗人看到春尽梅落，感到无限忧伤和留恋，而梅花的香气始终萦绕着诗人。这首诗，颇有宋代陆游咏梅词的神韵，陆词曰："驿外断桥边，寂寞开无主，已是黄昏独自愁，更著风和雨，无意苦争春，一任群芳妒，零落成泥碾作尘，只有香如故。"不管是林潭所咏的梅花，还是陆游所咏的梅花，抑或小野湖山所叹的梅花，均是如此：清雅、高洁、不入世俗，不哗众取宠，即使凋落，也仍留清香于世间。

小野湖山曾多次独自寻梅，或与友人一起去寻梅、赏梅，作梅花之歌，如：天保十一年（1840）庚子，二十七岁时，五月，参加海棠诗屋诗会，并与大沼枕山同席。又，其诗《看梅夜归》（七绝）被收入竹内云涛所编的《百纳琴》。集中还收了江马细香等人的诗作；天保十二年（1841）辛丑，二十八岁，一月，居所北邻有数株梅花开放，正对着书斋窗口，清绝可爱。小野湖山作诗纪之；天保十四年（1843）癸卯，三十岁，春，在故乡每个村子里探赏梅花，作《探梅绝句》；弘化二年（1845），乙巳，三十二岁：一月一日，与大沼枕山一起到隅田川探梅，并作七绝；② 明治九年（1876），丙子，六十三岁：三月十一日，小野湖山等二十八位诗人乘汽车到杉田观梅。③ 小野湖山对

---

① 小野湖山侗翁著：《湖山楼诗抄》，明治写本。
② 德田武：《小野湖山年谱稿》（一），《明治大学教养论集》（2012年1月，通卷478号），明治大学教养论集刊行会，第15～53页。
③ 德田武：《小野湖山年谱稿》（一），《明治大学教养论集》（2012年1月，通卷478号），明治大学教养论集刊行会，第86页。

梅花的喜爱不言而喻。

除了对梅花品格的欣赏这一原因之外,小野湖山重刻这部薄薄的咏梅诗集,还在于这部诗集符合他的诗歌理论,小野湖山也是想通过这部诗集抒发自己的观点。

安政元年(1854)六月,小野湖山受藤森弘庵之托,选评其春雨楼诗,成《春雨楼诗抄》。藤森大雅自序曰:"笔代言,墨代丝,词章代歌舞,自吹自弹,自歌自舞,以笑以乐,以叹以悲,余之于诗,如是而已矣。"① 对于藤森大雅本人来说确实如此,一部诗集最初只是一个人的自歌自叹、自笑自乐,表达一个人的情感与主张,但是,当诗集经他人点评、编选,然后出版,这部诗集就不再仅仅是作者一个人的诗集了,而同时变成了评选者、读者的"自歌自舞"。诗人向来多愁善感,大都会将"平生遭遇间关,感慨之余,多借诗发之"②。小野湖山在序言中说他选评春雨楼诗,也是为了寄托自己对家国命运的关切和忧虑,借他人酒杯,浇自己块垒:"先生诗格调之美,才学之富,览者自知之。卷不敢废呶呶,但其慷慨悱恻,情理精到,人人欲言之,而未及言者,先生皆尽之矣。故卷之撰此,亦借以述吾志也。宋人罗子远选陆放翁诗,是所取则。"③ 可见诗人选评、评诗,重刻诗集,并不仅仅是出于文学艺术上的缘故,而在于借他人的诗歌、诗集来表达自己的见解、抒发自己的胸怀。《春雨楼诗抄》如此,《晚香园梅诗》亦如此。对于诗歌,小野湖山一直秉持着诗以载道的观点,重视诗歌的伦理、道德和政治功用。

在《湖山楼诗钞》(一)中,有多首论诗绝句,其一曰:"诗人本意在箴规,语要平常不要奇。若就先贤论风格,香山乐府是吾师。"④ 又如《论诗》之一曰:"相率凡庸是我诗,敢念前辈赐箴规。肾雕肝琢孟郊派。孰与香山平直辞。"⑤ 小野湖山认为作诗取胜并不在语言的奇特,而在于用平常的语言来达到规劝、教导、说服的目的,因此,在小野湖山的诗歌理论中,诗歌应有普

---

① 藤森大雅著,横山卷编:《春雨楼诗钞》,和泉屋金右卫门,1854 年间刊:序。
② 藤森大雅著,横山卷编:《春雨楼诗钞》,和泉屋金右卫门,1854 年间刊:例言。
③ 藤森大雅著,横山卷编:《春雨楼诗钞》,和泉屋金右卫门,1854 年间刊:例言。
④ 德田武:《小野湖山年谱稿》(一),《明治大学教养论集》(2012 年 1 月,通卷 478 号),明治大学教养论集刊行会,第 15~53 页。
⑤ 小野湖山:《湖山近稿》,森春涛,明治十(1877)年卷一。

化和推广的功用，其所用语言必须通俗易懂，且能让人记忆深刻。所以，在诗歌风格上，他自然较为推崇白居易。

也因此，小野湖山认为以议论入诗，是可以的，有时候也是必要的，因为如果诗人要发表自己的观点，就必须融入议论。如小野湖山为一万田如水的咏史诗集《读史杂咏》（明治五年刊，上毛，求志堂藏版）作序诗、诗评和后语。其中有诗曰："议论以作诗，诗家所不取。何知议论诗，其派出老杜。咏古三十首，借题寓杞忧。言者应无罪，听着能戒否。"

这说明小野湖山始终坚持以诗记史、以诗言志的传统，秉持着诗史观，也突出诗歌纪事的特点，而这一点，又与清诗的特点吻合。

除了上述的《晚香园梅诗》之外，小野湖山还刊刻过多种清人诗集、诗论，如清代福建人游艺的《诗法纂论》，并作续论；刻《乍浦集咏钞》、《文章游戏抄本》（缪莲仙撰）、《唐宋八大家文读本钞》（沈德潜编）、《新选三体诗》（小野湖山编）。小野湖山抄选、刊行清诗（或清人文章、文选集）的活动，与他常和清代诗人的诗歌唱和与互相评点有密切的关系。

第二节 小野湖山与清人的诗歌交流

小野湖山能够经常读到清人的诗集，有一个重要的媒介，即岸田吟香。岸田吟香来往于中日之间，曾在上海开店，出售药品，同时带回一些清人的著作，小野湖山曾在为岸田吟香送行的酒宴上作《吟香岸君西游别筵酒间赋赠》："名是卖药韩伯休，其实多智老范蠡。范蠡舟小范五湖（原注：范蠡舟偏小，老杜句也），君船巨大渡瀛海。伯休避名名益高，君名甲传英与米。清于我邦若比邻，暮去朝来真自在。君不见秦皇汉武皆人豪。采药之船来几艘。神山在眼隔云雾，求而不得心徒劳。君斋灵药向彼地，绝奇事又绝快事。呜呼，入山之韩何足称，泛海已胜泛湖智。"后附柳水云："湖翁笔锋亦真自在。"[①] 这首带着游戏成分的诗介绍了岸田吟香来往于中日之间从事贸易，同时也为日清之间的文学交流起重要作用。比如明治十四年（1881），岸田吟香带回清人朱饮

---

① 《杂纂》，江户写本，一册，国会图书馆藏本。

山所著的《诗法纂论》给小野湖山过目,湖山看到后很高兴,并想翻刻刊行,但岸田吟香已决定自己翻刻刊行,请小野湖山作序。①

小野湖山不仅通过岸田吟香接触到清人诗集诗论,他还多次和来日清人唱和,并互赠作品、互相点评。如在其《湖山楼诗钞》中,有广濑旭庄、大槻盘溪等人的诗评,还有黄遵宪的诗评。小野湖山读清人诗集后的所想所感,也常常以诗的形式表达出来,如《读袁苍山集》:"一世牢笼力亦优,诗文双妙有谁俦。子才子是奇才子,唯解遨游不解忧。"对袁枚的诗文予以高度的赞扬,并对清人评袁枚诗"挟妒气",觉得"其言皆不公"。② 另外还有如《读清人彬椿乘槎笔记十首》等等。小野湖山所著的《湖山楼诗》,开篇就是黎庶昌的题字,③ 如下图所示:

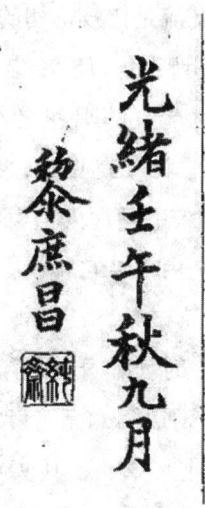

光绪壬午秋九月
黎庶昌

康信文章
老更成

同时,小野湖山的汉诗也引起了清人的注意。清代著名诗人俞樾在编选《东瀛诗选》时,选录了小野湖山的诗作,并为之作小传,曰:"侗翁人品高迈,自少壮时以教学自给,万年名闻朝廷,特起之于家,为文学清要之官,旋即辞归。"内田诚成指出小野湖山"生平有经世之志,不欲以诗人名,而诗甚

---

① 德田武:《小野湖山年谱稿》(二),《明治大学教养论集》(2012 年 3 月,通卷 481 号),明治大学教养论集刊行会,第 110~111 页。
② 小野湖山:《湖山近稿》,森春涛,明治十(1877)年卷一。
③ 资料来源:国会图书馆所藏《湖山楼诗》,内田诚成 1887 年刊。

工。"① 由此可见,小野湖山作为汉诗人,在清朝也有一定的知名度。

《新文诗》(第一集)载小野湖山所作《诗以代柬,寄酬清国苏州颜吉泉》,是小野湖山与清人诗文往来的好例子,虽然二者从未谋面,但是仍然互相赠书赠诗:"湖上微雨歇,檐端喜鹊舐。抚景多远想,孤□以终日。迢迢双鲤鱼,忽接颜氏札。中致沈子仲夏言,副以严氏伯雅峡餐花室诗稿。三子识未能,一读如面谒。蕉笺墨犹淋,蝇头字如漆。书辞何恳至,诗篇真妙绝。秋渠出水清,春蚕吐丝密。展读方氏潛颐诗《二知轩诗集》,才学钦卓越。气象凌沧州,万里逸苍鹘。为之生感激,拟之作十律。倚玉愧蒹葭,登高叹跛鳖。意在示同朋,聊自泄忧郁。岂图传贵邦,取笑四贤杰。虽然多所愧,且喜微名达。远浦沉夕阳,凝思何可说……作诗附邮筒,怅望目眦决。吴淞何处边,霞际孤鹜灭。"② 可见小野湖山与清人的诗文交流是比较密切的。

小野湖山与清人有很多赠答诗。从这首诗也可以看出他对汉诗、汉籍的态度。比如《赐砚楼诗》卷三就收录了当时清人的唱和之作,如其中俞樾的《侗翁先生,和余双齿冢诗,并以七十自寿,诗二首见示,次韵奉酬,即以为寿,并希正句》(之一):"不忍池边境最幽,莲塘深处似罗浮。香山屏上传新咏,郑侠图中写旧忧。坛坫六家谁绍述,湖山一老自优游。岿然便是灵光殿,莫问东瀛第一流。"③ 此外还有黄超曾的和诗二首,黄超曾,字吟梅,上海崇明人,县学生,授同知,工诗律,喜绘事,时任驻日公使黎庶昌随员。诗曰:"海上仙翁海鹤姿,嘲风弄月任人嗤。琴书闲适陶元亮,诗酒清狂杜牧之。吏退漆园容小隐,名倾洛社半相知。平生事业文章在,其实年来所作为。"又:"斋营十笏地偏幽,北海樽开快拍浮。但得身闲归便好,不知老至乐无忧。一篇冰雪争传写,千里云山付梦游。却忆登高良宴会,东南宾主数名流。"诗后有序曰:"去年重九节我节使黎公,宴客精养轩,登高赋诗,翁亦在座。陈孝廉允颐,邮寄和章,诗中有糕字,不敢题,因搁笔。今春乞假游西京。与我国陈曼叟明经,适相遇鸭川行馆……案头见有贻明经摺扇,上书大制自寿两律,并见东京诸名流纷纷和韵,客中援笔立就……以申颂祝而已"云云。可知黄

---

① 转引自小野湖山著:《湖山楼诗》,内田诚成选1887年版,序。
② 森春涛编:《新文诗》,额田正三郎,明治八年十二月,第5~9,5~10页。
③ 小野湖山编辑:《赐砚楼诗》(乾坤二册,共三卷),凤文馆1884年版,第2页。

超曾所作和诗的来龙去脉，以诗会友，不亦乐乎？后湖山看到黄超曾的和诗后，也次韵作诗，以示答谢之意。和诗往还，即使从未谋面，也是文学奇缘。小野湖山把这些和诗收集起来，并与自己的诗作一起刊刻，使这些清人的散珠遗墨得以保存和流播至今。

小野湖山与清代诗人的交往，还可以举出很多例子，比如明治十年（1877），当时小野湖山已经六十四岁。寺田望南送王韬十几种日人的著作，其中就有湖山的诗集，王韬后来作《湖山诗集序》相赠［《湖山近稿》，光绪六年（1880）三月下旬执笔］。明治十二年（1879）己卯，时湖山已六十六岁，春三月二十五日，小野湖山在不忍池畔长酡亭与二十多人相会，并见到了来日的王韬，二人笔谈并呈诗。[1] 诸如此类，限于篇幅，不一一介绍。

小野湖山与清人的诗歌唱和、书籍互赠，或是举杯流觞、谈诗论道……都体现在其诗歌创作中，我们在湖山的诗文集中能发现许多清诗的痕迹，其与清人的频繁来往，使他能时常接触到清诗文集，读到喜欢的、符合其诗歌理论的清人诗集，便不遗余力重刊推广。在当时，这虽然是小野湖山一个人的行为，但历经风雨洗礼，保存到今天的这些和刻汉诗文典籍就不是一个人的物品，而是东亚汉文化圈珍贵的文学财产。

---

[1] 德田武:《小野湖山年谱稿》（二），《明治大学教养论集》（2012年3月，通卷481号），明治大学教养论集刊行会，第99~102页。

第六章　日本刊行寒山、拾得诗画

苏州寒山寺不仅是国内外著名的旅游景点，也曾是我国历史上十大名寺之一，寺内古迹甚多，如张继《枫桥夜泊》诗的石刻碑文。寒山寺至今流传着它与唐代僧人的种种传说，其中最广为人知的，当为唐代贞观年间名僧寒山和拾得由天台山来此寺住持，后寺院改名为寒山寺①，寺内有寒山、拾得的石像。寒山、拾得的形象与寒山寺文化已经紧密地融合在一起。因此，寒山、拾得的故事传说及其诗作，已经成为寒山寺文化的一个重要组成部分，也已成为寒山寺文化向东瀛传播的一个重要方面。

第一节　苏州水运、商业与寒山寺文化东传

寒山寺文化东传日本与寒山、拾得的故事传说、寒山诗的传播密不可分，其中尤以寒山诗的传播最为引人注目，寒山诗在十一世纪初期就已传入日本，这与历史上中日僧人密切往来，以及苏州的水运方便、商业发达有很大关系。

日本自十七世纪中期实行锁国政策之后，严格限制出海和入港，二百多年间，惟长崎港口对外开放，仅允许中国与荷兰部分商船进入贸易，因此中日的海上交通仍然得以保持，中日间的文化交流、海上贸易仍在进行。在江户时代，中国文化、书籍主要通过赴日船商传播。而江苏是中日海上贸易的重要地

---

① 日本学术界有学者对寒山寺的得名与寒山拾得的关系提出疑问，详见拙文《寒山寺在日本的传播和研究概况》，见第七届寒山寺文化论坛论文集。

区之一，在中日文化及汉籍交流历史上，始终起着重要作用。

关于清代苏州水运方便与商业繁荣，早有论及，清代陈宏谋在《培远堂偶存稿》卷十中说："江苏一省，地广户繁，临江滨海，大河小港，舟楫随处可通，南北往来商贾于焉云集。"松浦章教授在研究清代中国内河水运历史时，对江苏水运和商业情况作了专题考察，并指出："处于江苏省水运中心位置的地方是苏州。"① 他从孙嘉淦《南游记》等清代史料中关于苏州的大量记载，得出结论："在清代，江南，特别是位于江南中心的苏州，是中国经济活动中最重要的地域。"水运发达，无疑有助于商业贸易和文化传播。

前文说过，当时，南京船活跃于长崎，苏州或邻近市镇的书籍、丝绸、药草等大量货物都通过南京船运往日本进行贸易。

不可忽略的是，商船到达长崎港口后，除了要向长崎官方提供货物清单（其中包括书籍清单）之外，还必须提供一份全国政治形势和地方风土人情的口述资料，这些资料被称为"唐船风说书"②，因为处于锁国令之下、严禁出海的日本人，唯有通过这样的方式才能了解邻国的形势与变化。不难想象，在这种背景下，江苏的文化、风俗、名胜，比如寒山拾得与寒山寺的传说等等，自然也会随着江苏商船被传到日本。在唐船风说书《华夷变态》中，就有不少南京船提供的资料。

日本海禁松弛之后，大量日人西游，他们慕名来到寒山寺，小坂顺造（1881～1960）的《漫游日志》③、渡边巳之次郎（1869～1924）所著的《老大国的山河：我与朝鲜、中国》④ 等，都出现了寒山寺的游览记录。大量日本文人在张继诗、寒山诗等的熏陶影响之下，慕名来到原来只出现在扉页间与想象中的寒山寺，日本文人笔下的寒山寺游记，几乎无一例外地写到张继、寒山与拾得，如渡边巳之次郎说："（明清苏州）水路四通，被认为是南船的中心

---

① 松浦章著，董科译：《清代内河水运史研究》，江苏人民出版社2010年版，第151页。下面所引松浦章引文亦出自此页。
② 关于这方面的研究，可参考孙文博士论文：《〈华夷变态〉研究》（浙江大学，2009年）和王勇、孙文《〈华夷变态〉和清代史料》，《浙江大学学报》第38卷第1期，2008年1月等。
③ 小坂顺造撰：《漫游日志》，大正7年（1918）刊。
④ 渡边巳之次郎撰：《老大国的山河：我与朝鲜、中国》，金尾文渊堂，大正10年（1921）刊。

地。除了史迹、风光之外，为人所知的，还有隆盛的商业。"① 这一点，上文已有论述。

虽然渡边巳之次郎来到苏州的季节并不适合旅游，但他清晨五点左右起床，冒着暑热，赶到寒山寺，他首先看到"进门后中央有一堂，祭着寒山与拾得"。他还看到文徵明所写的张继《枫桥夜泊》诗碑，碑面破损，有些字已经无法辨认。喝了些茶，休息一会儿之后，与渡边巳之次郎就到僧房参观，还看了伊藤博文所赠的钟。此外，他远望枫桥，追怀古人，写了一首寒山寺诗："江流不语野田头，夜泊赋诗何处秋。一宇寒山荒废迹，空存余韵惹闲愁。"

在这篇游记的末尾处，渡边巳之次郎还开玩笑说，诗虽如此写，其实当时并未惹起多少闲愁，反倒是汗流不止，颇为狼狈，此诗实为汗水淋漓、气喘吁吁之际所得。可见虽然天气酷热，但渡边巳之次郎游览寒山寺的兴致却一直很高。

上文说过，寒山寺文化在日本的传播，与寒山、拾得故事传说及其诗作是密不可分的，寒山、拾得诗在十一世纪初经过访华日僧之手传到日本后，在日本得到了极为广泛的传播，并大受欢迎，出现了许多和刻本，还有不少评点、训释本，以及以寒山、拾得为题材的画作，留存至今的，以十七至十九世纪之间刊行者为最多。

第二节　和刻寒山诗版本述略

随着日本承和五年（838）之后不再派遣遣唐使，中国文化的传播，除了依靠赴日贸易的商人之外，还依赖于络绎不绝前往中国的僧人。僧人在中日古代典籍交流中扮演着重要的角色。② 从以下所列日本刊行的寒山、拾得诗（即和刻本）及抄本等，可以看出这一点。

日本藏有唐人文集宋刊本《寒山子诗集》二卷和《丰干拾得诗》一卷，为珍贵古籍资料。

---

① 渡边巳之次郎撰：《老大国的山河：我与朝鲜、中国》，金尾文渊堂，大正十年（1921）刊，第333页。后文所引出自第334～335页。

② 王勇、大庭修主编：《中日文化交流史大系》第九卷第一章，浙江人民出版社1996年版。

日本僧人成寻于 1072 年赴中国学道，在其《参天台五台山记》一书中，记录当时得到汉籍《寒山子诗》一卷，这大概是日人知识分子关于《寒山诗》的最早记载。① 严绍璗教授在东瀛寻访珍贵汉籍刊本时，曾见过寒拾诗在日本的收藏及和刻本的情况，兹简略介绍如下：

十二世纪，藤原信西所纂《通宪入道藏书目录》第八柜有《寒山诗》一贴，五山诗僧天岸慧广（1273~1335）《东归集》中有《国清寺》一诗，中有句曰："丘干何处去，寒拾不相逢。"寒、拾即指寒山和拾得，可见十三世纪，五山僧人已经比较熟悉寒山之作了。

京都东福寺开山祖圆尔辨圆于 1241 年携带回国的汉籍中，也有《寒山诗》一册。宫内厅书陵部所藏南宋刊本《寒山子诗集》二卷和《丰干拾得诗》一卷，为国内所不见。此本收录寒山诗二百七十三首，三字诗七首，丰干禅师诗二首，拾得诗四十四首。

《寒山诗》在日本，特别是在江户时代很受青睐，严绍璗教授在日本访书期间所见和刻本有：江户时代写本《寒山诗》五言一卷；宽永十年（1633）中野市右卫门刊印《寒山子诗集》一卷，附有《丰干禅师录》《拾得录》和《拾得诗》，另有小川多左卫门后印本。宽文七年（1667）江户松村十兵卫刊《寒山诗集钞》五册。宝历七年（1757）刊《寒山子诗集》一卷，附有《丰干禅师录》《拾得录》和《拾得诗》。文化十二年（1815）刊《寒山诗索赜》三卷，日僧慧然注释。安政三年（1856）京都小川太左卫门刊《原本重校寒山诗》一卷，附《丰干拾得诗》一卷。京都天王寺屋市郎兵卫刊《寒山诗》一卷。

除了严绍璗教授以上所介绍的之外，新潟大学图书馆和东京大学东方文学研究所有《寒山拾得诗一卷》，内附宋代慈受深和尚拟寒山诗一卷，为常熟瞿氏铁琴铜剑楼藏高丽刊本影印，《四部丛刊》集部收录。另，国会图书馆藏有《寒山拾得诗钞》，内有寒山诗三百三首一卷，拾得诗一卷，附丰干诗，为清刊本，共一册。其实，日本所刊关于寒山诗和拾得诗刊本还有很多，兹列举

---

① 严绍璗：《日本藏汉籍珍本追踪纪实》，上海古籍出版社 2005 年版，第 17~20 页。关于寒山诗的版本，金程宇：《东亚汉文学论考》第 203~204 页有论述（南京：凤凰出版社 2013 年版），可参考。

如下：

《三圣诗集》一卷，即《寒山诗和韵》，元释楚石琦和韵，延宝二年（1674）跋、刻，平安田原三左卫门重印本。

《三圣诗集》，又名《和韵寒山诗集》，唐闾丘胤辑，势州沙门道标跋刊本，二册。

《三隐诗》，内有《寒山子诗集一卷》《丰干禅师录一卷》《拾得录一卷》，附《慈受深和尚拟寒山诗》，朝鲜刊，一册。

《三隐诗集》一卷，宝历九年（1759），京都小川源兵卫刊本。

《三隐诗集》三卷，唐释寒山等撰，唐闾丘胤编，宽文十一年（1671），京都林久次郎刊，三册。

《三隐诗集》，内含《寒山诗》《丰干拾得诗》《朱晦庵与南老贴》和《陆放翁与明老贴》，正保四年（1647），京都村上平乐寺据宋释志南刊本刊，一册。

《寒山子诗集不分卷》，附《丰干拾得诗一卷》，日本影印宋抄本，一册。

《寒山子诗集管解七卷》，日本释交易撰，宽文十二年（1672）刻，江户中野孙三郎、奥田重郎兵卫，重印本，七册。并有残三卷重印本。

《寒山诗》一卷，平安城天王寺屋市郎兵卫刊本，一册。另，熊本大学落合文库、市立米泽图书馆等藏日本刊本《寒山诗一卷》，一册，具体刊刻年不详。

《寒山诗一卷》，附《寒山诗解说》一卷，日本石井光雄撰解说，昭和三十三年（1958）铅印本，用石井光雄积翠轩文库藏正中二年（1325）禅尼宗泽刻本景印，一册。

《寒山诗一卷》《丰干拾得诗一卷》，平安城书林天王寺屋市兵卫刊本，一册。①

《寒山诗》一卷、《丰干禅师诗录》一卷、《拾得录》一卷、《拾得诗》一卷、《天台山国清禅寺三隐集记》一卷，宽永十年（1633）刊。

《寒山诗》一卷、《丰干禅师录一卷》《拾得诗》一卷，庆应二年（1866）序，京都咄哉轩雪航刊本。

《寒山诗》一卷、《丰干禅师录一卷》《拾得录》一卷、《拾得诗》一卷，

---

① 衷心感谢日本国汉籍协议会提供的资料。

江户刊本，一册。

《寒山诗》一卷、《丰干禅师录一卷》《拾得录》一卷、《拾得诗》一卷，江户初期，写本，一册。

《寒山诗》一卷、《丰干禅师录》《拾得录拾得诗》《天台山国清寺三隐集记》《慈受深和尚拟寒山诗》，朝鲜重刊本，一册。

《寒山诗》一卷、《丰干禅师录拾得诗》，宽文十年（1670）江户户岛摠兵卫刊本，三册。

《寒山诗》不分卷、《慈受深和尚拟寒山诗》不分卷，咸丰六年（1856），朝鲜广州奉恩寺刊本，一册。

《寒山诗》，建德周氏，用宋蓝印本景印。

《寒山拾得诗五言一卷》，日本抄本，一册。

《寒山诗讲义》，若生国荣撰，明治三十三年（1900）刊，一册。

岛田翰校《寒山诗集》一卷，明治三十八年（1905），东京民友社排印本。此书还有明治三年（1870）刊（铅印，宋六字本）。

值得注意的是，明治四十二年（1909）十二月，东京すみや书店出版了《寸珍丛书》，其中的第四辑便是《寒山拾得诗集》。大正、昭和年间，仍不断有《寒山诗》的重刻本、影印（宋刊）本、点校本、训释本发行。如大内青峦（1845~1918）撰《寒山诗讲话》，东京明治出版社，大正六年（1917）刊，这是速记其先生的讲解后加以整理而成，有点像今天的课堂讲义，书中有和读、字解、大意阐释，其序曰："寒公之诗，皆自真心来，率从道情成，未尝有片章悖理者。功同佛语，德合祖言。可以教诫一时，可以救度千劫。余之饶舌，固知没用，然示其捷径，聊为枯窘人，是余之真心，是余之道情。寒公有知，必当拍手于丹丘之上矣。"从这篇短短的序言可以看出，寒山诗之所以一直以来备受日人关注，和刻本出版甚多，一大原因即在于其"功同佛语，德合祖言。可以教诫一时，可以救度千劫。"

明治年间刊本《记事论说高等作例轨范》还将《寒山拾得赞》与孔子、菅原道真等中日名贤之赞放在一起。[①] 可见寒山、拾得在日人心目中的地位

---

① 龟山云平：《记事论说高等作例轨范》卷下，大阪浜本名升堂，明治二十五年（1892）。

之高。

此处重点介绍一下江户禅僧白隐禅师的注本《寒山诗阐提记闻》。《寒山诗阐提记闻》三卷，封面写该书刊行于京都书铺。白隐禅师的注本《寒山诗阐提记闻》最早刊印于延享三年（1746），上述京都书铺刊行者为延享三年后重印本。白隐禅师（1685～1768），江户时代中期禅僧，临济宗中兴祖师。别号鹄林、谥号慧鹤，骏河国人，1699 年在松阴寺出家，随后游历诸国，并曾师事沼津大圣寺的息道、美浓大垣瑞云寺的马翁以及伊予松山正宗的逸禅等。

白隐禅师的《寒山诗阐提记闻》在日本有如下几种：（1）延享三年（1746），骏河纪伊国屋藤兵卫刊本，三册[①]；（2）延享三年（1746），京都友松堂小川源兵卫重印本，三册；（3）延享三年（1746），京师书林印本，三册；（4）延享三年（1746），沼津纪伊国屋藤兵卫刊本，京都柳枝轩小川多左卫门重印，三册；（5）延享三年（1746）八月刻，明治中，京都上京区贝页书院重印本，三册，有训点；（6）延享三年（1746）刊，明治印刊本，京都山城屋藤井文政堂，三册。另外，还有京都袋屋五兵卫，延享三年（1746）刊《寒山诗阐提记闻》，三册，和刻本。寒山诗的版本信息，下文还会有所补充。

《寒山诗阐提记闻》以佛语阐释寒山诗，多为探索诗中禅悟真理之语，如评寒山诗"吾家好隐沦，居处绝嚣尘。践草成三径，瞻云作四邻。助歌声有鸟，问法语无人。今日娑婆树，几年为一春"曰：

> 娑娑树两字可上下之说，打不可也。失名子曰：当法界中央有娑婆树，或谓阎浮树，或名无明树，净名说为香树黄梅，此谓菩提树，枝条花果大茂盛矣，以根本无明为种子，以实相为心髓，以寂灭为麤皮，依心地生，以十二缘为命脉，以六尘为膏壤，洒生死海水，为资（按：疑为"滋"）润枝柯，六处分一带，各带二十五叶，其上升者为三十余乐所，其垂下者为三所恶趣。诸天见之，为琉璃宝聚；修罗见之，为刀兵戈戟；饿鬼见之，为脓血焰火；地域见之，为苦具镬汤；凡夫见之，为五浊秽

[①] 衷心感谢日本国汉籍协议会提供的资料。

土。声闻恐为生死……菩萨乘愿轮,度尽众生,则惟有一乘菩提树而已,所恨菩萨虽愿海深广不能空,众生界(按:疑为"皆")依旧,荫深娑婆树,何日见彼枯朽。故今菩萨有此叹息:几年为一春。①

诸如此类的劝诫众生、探索佛境之评,随处可见,如评"琴书须自随,禄位用何为。投辇从贤妇,巾车有孝儿。风吹曝麦地,水溢沃鱼池。常念鹡鸰鸟,安身在一枝"曰:"此诗述古贤各爱清闲,乐枯淡,守道养得,底高风,以诫浮华世人。"②再次说明寒山诗的劝诫说理功能是其受欢迎的主要原因。

值得注意的是,白隐禅师撰注的《寒山诗阐提记闻》刊行之后,产生了很大影响,我们仅从森鸥外的小说《寒山拾得》的创作就可以看出这一点。明治、大正年间著名小说家、翻译家、评论家、医学家森鸥外创作了一篇短篇小说《寒山拾得》,发表于大正五年(1916)文学杂志《新小说》上,小说以寒山、拾得的故事为题材而创作。森鸥外的这部小说,原是为了回答子女提出的关于寒山拾得的问题而讲的故事,他说,当时日本到处都在出版《寒山诗》的活字本,他的孩子看到广告后想要他买,他以书中全是汉字孩子暂时还看不懂为由未买,孩子却一直追问书中写的是什么,寒山、拾得又是什么样的人物等,森鸥外只好结合寒山拾得的画像,给孩子讲了寒山、拾得的故事。③他后来根据自己讲的故事写成了这篇小说。据说他创作时参考了《寒山子诗集序》和《宋高僧传》中的《唐天台山丰干师传》,而据比较文学研究家古田岛介从"鸥外文库"中搜索的结果,发现森鸥外藏书中有两种版本的《寒山诗》,一为岛田翰校对的《寒山诗集》,民友社明治三十八年刊,这个版本,笔者于上文已经介绍过。其二即为白隐禅师的《寒山诗阐提记闻》三卷。其藏书中并无《宋高僧传》,所以古田岛介认为森鸥外创作《寒山拾得》时并未参考《宋高僧传》,其主要参考的是白隐禅师《寒山诗阐提记闻》中的《寒山诗集序》

---

① 白隐禅师:《寒山诗阐提记闻》卷一,京都贝叶书院,延享三年(1746)后重刊本,第17页。
② 白隐禅师:《寒山诗阐提记闻》卷一,京都贝叶书院,延享三年(1746)后重刊本,第18页。
③ 森鸥外:《附〈寒山拾得〉缘起》,高慧勤编选《森鸥外精选集》,北京燕山出版社2010年版,第535页;另见冈本文子《〈寒山拾得〉考:以丰干像为中心》,《和洋女子大学纪要·文系编》(39号)1999年版,第9~21页。

《丰干禅师录》和《拾得录》。① 森鸥外的小说发表后引来文坛好评和欢迎，其背后，不能说没有《寒山诗》和寒山、拾得故事在日本广泛传播和为人喜爱的原因。关于《寒山诗阐提记闻》，下文还将作进一步论述。

寒山、拾得的故事传说及其形象在日本广泛传播、广受欢迎的另一个表现，是出现了大量的以寒山、拾得为题材的画作，其中不乏名家之笔。下文略作论述。

第三节　日本的寒、拾图与越南汉诗中的寒、拾

活跃于明治时代的小说家、评论家、翻译家和剧作家坪内逍遥（1859~1935）在昭和二年（1927）画了一幅《醉墨寒山拾得图》②，卷轴上还题了一首寒山诗，曰："大海水无边，鱼龙万万千。递互相食啖，冗冗痴肉团。为不心了绝，妄想起如烟。性月澄澄朗，廓尔照无边。"

比坪内逍遥所画时间早的、以寒山、拾得为题材的画作还有许多，比如室町时代著名画师相阿弥所画的《寒山拾得图》③，相阿弥（？~1525），姓中尾，名真相，号雪松斋、鉴岳。

又如海北友雪（1598~1677）的《鱼篮观音寒山拾得图》，海北友雪是江户初期著名画师，名曰道晖，友雪为其号，友雪自幼便得到其父海北友松的画技指导，画作深受其父影响，十八岁便在画坛崭露头角。江户后期著名画师横山华山也画了《寒山拾得图》，横山华山（1781或1784？~1837），名晖三，又名一章，字舜朗，通称主马，他出生于福井藩松平家的藩医之家，年幼家贫，为了生计，曾到北野天满宫以画沙画（按：即以沙为材料所作之画）为谋生方式，后被横山惟声收养，师从狩野派画师学习作画，并受四条派画风的影响，晚年画作尤有雄浑之气，擅长描写山水、人物。另外，长野县木曾郡定胜寺藏有一幅《拾得图》，墨画淡彩，68.3 厘米×35.0 厘米。大正、昭和年间关西画坛泰斗桥本关雪（1883~1945）画了《寒山拾得》两幅。近世禅林

---

① 王成：《〈寒山拾得〉与近代日本的修养主义》，《山东社会科学》，2013 年第 10 期，第 90 页。
② 在此特地感谢早稻田大学图书馆提供的画影。
③ 此图见自相见繁一（1874~1970）编：《浅野侯爵家宝绘谱》，东京：艺海社，大正六年（1917）刊。

多有以寒山拾得为内容的画作,不胜枚举。上文所列足可证明寒山、拾得故事在日本早已广为人知,并保持着持久的吸引力。

事实上,寒山、拾得故事、诗作与寒山寺文化不仅在日本被广泛传播,在同属东亚汉文化圈中的越南,也可以看到寒山、拾得的身影,如越南十六世纪阮屿所撰的《传奇漫录》卷二有句曰:"僧来何从?妄尔饶舌!"该书新编甲本对"饶舌"的注记中说明这是出自寒山子的话。① 另外,《李陈诗文》② 第二集上卷载有越南陈朝竹林禅派第三祖法螺(1284~1330)的《因事题究兰寺》:"德薄常惭继祖灯,空教寒拾起冤憎。争如遂伴归山去,叠嶂重山万万层。"诗中的"寒拾"显然就是寒山与拾得。这首诗在十五世纪的《摘艳诗集》、十八世纪的《竹林宗旨元声》和十九世纪的《全越诗集》中均有收录。

---

① 景兴24年(1763)刊,承蒙越南国家社会科学院所属宗教研究院客座研究员大西和彦(おおにしかずひこ)老师惠赐资料,特此表示衷心感谢!
② 《李陈诗文》,河内:社会科学出版社1989年版,第688~689页。承蒙越南国家社会科学院所属宗教研究院客座研究员大西和彦(おおにしかずひこ)老师惠赐资料,特此表示衷心感谢!

第七章　和刻寒山诗所见和合文化

在日本众多的寒山诗刊本和对寒山诗进行阐释的著作中，松原泰道所著的《青春漂泊——漫步寒山诗的世界》①仿佛是现代版的《寒山诗阐提记闻》。松原泰道毕业于早稻田大学文学部，曾任东京都港区龙源寺住职、临济宗妙心寺派教学部长，"南无之会"会长，"佛教传道协会"和"全国青少年教化协议会"理事。他对寒山诗的看法，颇具代表性，他说："寒山诗很棒。""寒山诗是全无时代尘垢的优秀作品。"②他还指出，寒山诗在中日多次刊印，说明爱读寒山诗者多。并引用入谷仙介的话说："概而言之，寒山这一人物实际存在的证据是完全没有的，但是，被称为'寒山'的无名天才却是实际存在的。这点可以确信无疑。"③此外，他对白隐禅师（1685～1768）阐发寒山诗给予高度评价："寄托于山居天然、自然的妙境里，超越人为的经营，展现自由的姿态者，是白隐。"④

白隐禅师在阐释寒山诗时，对寒山诗的和合思想进行了充分的阐发。和合思想也是寒山诗在日本得以广泛流传和被接受的原因。本文将对此进行论述。

寒山诗于北宋年间传到日本之后，被广泛接受和传播，有学者指出："无

---

① ［日］松原泰道：《青春漂泊——漫步寒山诗的世界》，东京：讲谈社昭和六十一年（1986）版。
② ［日］松原泰道：《青春漂泊——漫步寒山诗的世界》，东京：讲谈社昭和六十一年（1986）版，第9，14页。
③ ［日］松原泰道：《青春漂泊——漫步寒山诗的世界》，东京：讲谈社昭和六十一年（1986）版，第15页。
④ ［日］松原泰道：《青春漂泊——漫步寒山诗的世界》，东京：讲谈社昭和六十一年（1986）版，第89页。

论是日本的古代还是现代，寒山的影响，都渗透在日本的文学、美术、音乐、政治及大众文化的所有领域，完全可以说，寒山是对日本文化影响最大的世界文化人之一。"① 十八、十九世纪之间，出现了许多和刻寒山诗，其中包括朝鲜刊本，还有注释和阐发寒山诗的作品相继问世，寒山诗广受欢迎，无疑是促进其不断被刻印的最直接原因，这些刻本、钞本，还有注释和阐发寒山诗的著作，反过来又推动了寒山诗的传播，也使得寒山诗中的和合思想得到进一步认识和接受。

在前人的研究基础上，本文通过整理和比较现存于日本的十八、十九世纪的寒山诗刊本、钞本，并以隐元和尚（1592～1673）的拟寒山诗和白隐禅师对寒山诗的阐发为角度，探讨日本是如何接受和阐释其和合思想的。

第一节　朝鲜本与和刻本寒山诗

在十八、十九世纪众多的寒山诗中，现藏于东京都立中央图书馆的一册朝鲜刊本《寒山诗》（又称《三隐诗》），比较引人瞩目，该刊本长 22.4 厘米，宽 17 厘米，黄色封，线装，红色线装订，书角和书根均有红色布片包裹，有书签，书签长 14.5 厘米，宽 4 厘米，书签上墨书"寒山诗"三字。四周单边，边框长 16.1 厘米。乌丝栏。版心有"三隐"书名及页码。单鱼尾，白口，天头 4 厘米，地脚 2.2 厘米。半页十行，行十六字，楷体刻印，序首页右上有"东京都立图书馆藏书"方形朱印，右下有一枚较小的方形朱印，暂未辨何印。内页有"东京都立日比谷图书馆昭和 27.9.5"双边椭圆墨印，印中还有数字"043953"。

开首为"朝议大夫使持节台州诸军州守刺史上桂国赐绯鱼袋间丘胤"所撰序，小字双行。正文中部分有红色句读圈点。第五十四页，寒山诗终。后题：杭州钱塘门里车轿南大街郭宅纸铺印行。应是据原刊于杭州郭氏宅纸铺的印本来刻印的。

次为《丰干禅师录》，并拾得诗，至六十七页，拾得诗卷终。次《天台山

---

① 张石：《寒山与日本文化》，中文导报出版社 2010 年版，前言。

国清寺三隐集记》，次《录陆放翁与明老贴》，次《录郭杏书》（时元贞丙申圣制日前休子郭杏焚香），次释音，次为《慈受深和尚拟寒山诗》（慈受叟，怀远述），其序述曰"寒山拾得乃文殊普贤也，有诗三百余首流布世间，莫不丁宁苦口，警悟世人种种过失……呜呼，圣人出现，混迹尘中，身为贫士，歌笑清狂，小偈长诗，书石题壁，欲其易晓而深诫也。"

刻本最后为捐资刊刻该集的信者名录，即"寒山诗重刊施主秩"，如下：

印虚性惟记付亡信女圆觉性崔氏；灵庵就学性峰性颢；华隐护敬比丘妙莲；讷庵尚愚金在道；霁月宝性记付信女崔氏信愿行；亡乾朴季仲信女金氏宝莲行；性海三喜信女河氏大智行；混虚日圆信女金氏宫殿萃；双月性润；南湖永奇；南月海云；湘月一如……沙月应训。

刻本最后一页左下角有一枚阳刻方形朱印，未辨何印。

从刻本来看，是信徒捐资刊刻，此举，一是出于为亡者献礼，祈求菩萨保佑（他们相信寒山拾得为文殊菩萨化身）；二是为劝诫世人行善积德。疑此本为寺院刻书，刻本排印整齐，用纸较坚韧洁白，剪裁平整，封面包装厚实。

寒山诗之所以广泛流传日本，与寒山诗自身特性有密切关系，一是其宗教性，二是其说教性，具体表现在对世人的伦理道德说教，寒山提倡人们吃素，不杀生，与大自然和谐相处，而这也是和合文化的主要体现。

江户时代的寒山诗不少，昌平坂学问所旧藏的宽永刊本《寒山诗集》，刻本长 28.1 厘米，宽 17.9 厘米，线装，无书签，仅于左上角墨书"寒山诗集"四字，纸皮原色封，上边与左边已霉变成黑色，封右上角有"昌平坂学问所"长方形单边墨印，装订线较新，已经过修补。

该刊本四周双边，边框长 20.5 厘米，宽 14.4 厘米，无界栏，以楷体字刻印，半页十行，行十七字，双鱼尾，花鱼尾，粗黑口，版心：寒山诗集＋页码，全书有日语假名训读，正文中部分有句读标点，天头 4.7 厘米，地脚 2 厘米。序首页右上角有"日本帝国图书"方形朱印，右下角有"浅草文库"双边长方形朱印，后还有正方形朱印（小）一枚，暂未辨何印。

1~50 页为寒山诗，第 50 页曰："正中岁次旃蒙赤旧若冬十月下瀚禅尼宗泽舍仁聊以刊之。"所谓"旃蒙"，为十干中乙的别称。古代用以纪年。《尔雅·释天》："太岁在甲曰阏逢，在乙曰旃蒙。"寒山诗正文有日语假名训读。

第 54 页有拾得诗。至 63 页三隐诗卷终。次为释音,次沙门志南所记之《天台山国清寺三隐集记》,指出闾丘旧序所记有误,曰:"按旧序,二人呵叱,自执手大笑,闾丘归郡,遣送衣药与夫挑锁子骨等语,乃知寒山不执闾丘手,闾丘未尝至寒岩,拾得亦出寺门二里许入灭,今传灯所录误矣,因笔及此,以俟百世君子",并记曰淳熙十六年(1189)岁次巳酉孟春十有九日沙门志南撰。次,《朱晦庵与南老贴》,曰:"国清南公所刊寒山诗错误最多,甚不称晦庵先生丁宁流布之意,今以江东漕司本参互校,定重刻云。"题识曰:"宝祐三年己卯九月旦"。宝祐三年即 1255 年,时南宋理宗赵昀在位。

此外,江户初写本《寒山诗》一册,林大学头旧藏本,最后一页也有昌平坂学问所印。写本长 27.3 厘米,宽 19.3 厘米,五眼线装,未经修补,土色封,虫损痕迹多而明显,封面右边约 2.3 厘米宽已霉变成黑色,纸张脆薄易碎,无书签,左上角墨书"寒山集"三字,因霉变成黑色而几乎看不见,封面右上角有昌平坂学问所长方形墨印。

有护页一张,虫损多而明显,序首页有四枚朱印,一为"林氏藏书"正方形朱印,一为日本政府图书正方形朱印(较新),右下角有"浅草文库"双边长方形朱印,次为"灿云惕树"长双边方形阴刻朱印①。

首序有日语假名训读,曰:"国清南公所刊寒山诗,错误最多,甚不称晦庵先生丁宁流布之意,今以江东漕司本本参互校定,重刻之山间,据诗称,五言五百,七字七十九,三字二十一兮,今所存才半耳。宝祐三年已卯九月旦。"此与宽永刊《寒山诗集》同。序中有红色顿号形标点断句。

次,《陆放翁与明老贴》。次,《朱晦庵与南老贴》。次,闾丘胤所撰序。正文半页八行,行十七字,无界栏,无鱼尾,无边框,天头 2.1 厘米,地脚 3.1 厘米,有红色标点断句,无日语假名训读。有《拾遗二首新添(二诗系老僧相传)》,其一曰:"家有寒山诗,胜汝看经卷。昼放屏风上,晚晚看一遍。"次,丰干禅师录,次,拾得诗,次,释音,次,《天台山国清禅寺三隐集记》。次,又抄录晦庵与南老贴,并有假名训读。标注假名训读,是为方便日人阅读和理解。

---

① 此印文字尚存疑问,待方家指正。

可知为林大学头旧藏者，还有一刊本，即宽永十年（1633）刊《寒山诗集》一册，刻本长27.5厘米，宽17.9厘米，有书签长17.3厘米，宽3.2厘米，土褐色封，右上角有"昌平坂学问所"单边方形墨印，线装。

该刊本无序，开篇即为寒山诗"凡读我诗者，心中须护净"。有红色标点断句，右上角有"林氏藏书"方形朱印，右下有"浅草文库"双边长方形朱印，次有"林氏传家图书"长方形朱印。四周单边，边框长22.5厘米，宽15.5厘米，双鱼尾（花鱼尾，对鱼尾），粗黑口，版心：寒山诗+页码。半页十行，行二十字，有假名训读，纸张脆黄，无界栏，天头3.6厘米，地脚1.4厘米。楷体刻印。后附有丰干拾得录，并诗。间丘胤所撰序置于最后，刻本最后一页左上角有"昌平坂学问所"方形墨印，左下角有"宽永癸酉夏五吉旦，中野市右卫门刊行"长方形牌记。

到了明治、昭和年间，寒山诗的刊行仍然受到欢迎，以下列刊本为例：

《宋大字本寒山诗集永和本萨天锡逸诗》，内有竹添井井序，俞曲园跋，岛田翰校，明治三十八年（1905）刊，1册，深蓝色封，六眼装订（康熙缀），线装，有书签，书签长20.6厘米，宽6.1厘米。刊本长23.3厘米，宽16.1厘米。

内页题"是书所印行不过五百部，此即其第五十八本也。"次页题"宋本寒山诗集"几个大字，背后题："据岛田翰手校，内府宋大字本，范铅模勒。"

首为竹添光鸿作于明治乙巳（1905）夏四月之序，并有竹添氏之印两枚，该序半页九行，行十七字，乌丝栏，版心处仅题页码，四周单边。次为曲园俞樾之序，草书，无界栏，赞岛田翰"真读书人"，有印。次为岛田翰校刊记，亦为序，其中有对寒山诗之介绍和校勘介绍。有标点断句。

次为"寒山诗集丰干拾得诗附"标题，左下角有"乙亥六月从内府御本宋椠本钩摹翰"。正文开篇第一首所录诗歌不同于其他版本，为"重岩我卜居，鸟道绝人迹。庭际何所有，白云抱幽石。住兹凡几年，屡见春冬易。寄语钟鼎家，虚名定何益。"

另有《寒山诗》一册，天王寺屋市郎兵卫刊行，帝国图书馆明治三十九年（1906）七月七日购求所得，刻本长27.1厘米，宽18厘米，有书签长19.6厘米，宽3.7厘米，线装，有护页，四周单边，边框长22.2厘米，宽

15.5厘米，无界栏，双鱼尾（花鱼尾，对鱼尾），版心：寒山诗+页码。粗黑口，半页十行，行十八字，有假名训读，右上有"帝国图书馆藏"方形朱印，右下有"明治39.7.7购求"圆形朱印。天头3.8厘米，地脚1厘米。首为闾丘胤所撰序，正文以寒山子五言诗"凡读我诗者，心中须护净"开篇，每首诗开头均已"O"标识，正文开始部分有虫损小洞，有《拾遗二首新添（二诗系老僧相传）》，至第三十六页寒山诗终。后有丰干禅师录、拾得录、拾得诗。次为沙门志南所撰《天台山国清寺三隐集记》［淳熙十六年（1189）岁次已西孟春十有九日］。刊本最后一页有手写"天柱和尚提唱：付相求"字样，并有牌记，粗框长方形，长21.1厘米，宽9.3厘米，内书：原本重校寒山诗集漕溪原本六组坛经。道人严大参增入，禅月大师山居诗注水户义峰元旷海门注，平安城书林，京极通五条桥诘西侧，天王寺屋市郎兵卫发行。下有"川亚堂印"方形墨印。

昭和三十三年（1958）刊本《寒山集》，附有《寒山诗解说》（日语解说），刊本长26厘米，宽17.5厘米，有书签长16厘米，宽13厘米，线装。首为闾丘胤所撰序，右上有"内阁文库"方形朱印，右下有"积翠轩文库"枣红色长方形印。四周单边，边框长21厘米，宽14.4厘米，单鱼尾，版心：山/山诗+页码。乌丝栏，半页八行，行十七字。有假名训释，天头3厘米，地脚2.3厘米，最后一页有"正中岁次旃蒙赤旧若冬十月下澣禅尼宗泽舍公聊以刊之"字样，并有"内阁文库"朱印。此集仅收寒山一人诗，最后护页有"此书刊行限定五百部，内第□号"。

除了以上所列之外，尚有一册清刊本《寒山拾得诗钞》藏于日本，较为特别，现对其版本信息略加说明，该刻本长32.3厘米，宽21.2厘米，线装，有书签长21厘米，宽4.5厘米，土褐色封，四周单边，边框长18.8厘米，宽13.3厘米，双鱼尾（对鱼尾），书耳处题"寒山诗（序）"，版心处仅标页码，粗黑口，半页八行，行十九字，正文处有的有圈点符号表着重或强调，天头10.3厘米，地脚3.1厘米，正文天头处时有小注或校对，每首诗开头以"O"表示。

其中第59页有曰："有人笑我诗，我诗合典雅。不烦郑氏笺，岂用毛公解。不恨会人稀，只为知音寡。若遣趁宫商，余病莫能罢。忽遇明眼人，即自统天下。"可见寒山诗旨在通俗易懂,且寓说教伦理于其中。后附丰干拾得诗若干。

该集有序无跋,序非闾丘胤所作,而所言略同闾序,曰:"寒山文殊,拾得普贤",皆称二人为菩萨化身,以警示世人。寒山诗在东亚之所以流传广泛久远,与这一点是密不可分的。

以上所列各种寒山诗刊本并非十八、十九世纪流传于日本的全部寒山诗,仅是其中一部分,至今保存状态较好,这些历经岁月冲刷的文献如今弥足珍贵,是寒山诗及其思想传播海外的重要见证。

在众多的寒山诗读者中,隐元禅师和白隐禅师是比较特别的。隐元拟寒山诗,结集出版,而白隐的《寒山诗阐提记闻》则是用更为通俗易懂的方式对寒山诗进行详细的注释和阐述。他们对寒山诗在日本的传播起到了重要的作用,也是寒山诗影响的具体体现。

第二节 隐元拟寒山诗与白隐对寒山诗的阐发

寒山诗对江户、明治时期文人的影响,曾有学者进行过论述,郑文全在《寒山诗与江户文人们》和《明治文人与寒山》这两篇论文中分别指出:寒山诗对江户时代文人的影响较大,其中尤以隐元为代表,在隐元身上可以生动地看到寒山诗在日本的传播和影响,并且指出寒山诗在日本近代广泛流传,不断刻印的原因之一就在于其教育训谕的意味,常被作为青年或童蒙教育的材料。① 隐元在接触寒山诗之后,开始从性灵观转移到直抒胸臆,不拘格律,表达自己的看法的诗作观念。②

而寒山对于明治时代的文人影响也很大,他在文中举了夏目漱石与寒山、正冈子规与寒山、大町桂月与寒山等为例子,论证了"寒山诗给明治的文人

---

① 读过寒山诗的人几乎都指出了寒山诗具有教育意义这个特点,如松原泰道指出:"寒山诗不仅是诗,更是教育人的文学"(松原泰道著《青春漂泊——漫步寒山诗的世界》,东京:讲谈社,昭和61年(1986)245)。松村昂也指出:"寒山还有社会教育家的一面。"(松村昂著《浴缸里读寒山拾得》,世界思想社1996年版,第42页)等等。

② 郑文全:《寒山诗与江户文人们》,《中国文学论集》(第四十号),九州大学中国文学会,福冈:城岛印刷2011年版,第109~118页。

造成了这样那样的影响。"①

　　隐元和尚《拟寒山诗》一册，五眼线装，褐色封，有书签。刻本长 27.2 厘米，宽 17.8 厘米，书签长 19.6 厘米，宽 4.2 厘米，四周双边，粗黑口，无鱼尾，书耳正反面分别题：扶桑/撰述。版心处题：拟寒山诗。下有页码。无界栏，半页十行，行二十字，边框长 21.8 厘米，宽 14.2 厘米，天头 4.3 厘米，地脚 1.2 厘米。首为隐元自序，并有印，序作于宽文六年（1666）岁次丙午孟夏佛诞日，后有"奥州法苑山公孙性激百拜敬跋"。该书又名"隐元和尚拟寒山诗百咏"，自序称："余家闽之福唐东林林氏子，幼以耕读为业，以供母氏……季春望日，偶过侍者寮，见几上有寒山诗，展阅数章，其语句痛快直截，固知此老游戏三昧，非凡小愚蒙所能蠡测也。侍者启曰：和尚去夏有松隐吟五十首，甚畅于怀，今再拟寒山诗百首以广益壮之风，不亦善乎。余曰：诗亦难言，岂易吟乎？而拟之又难于言与吟也。或一言半句不合其宜，未免寒山所哂。以渎寒泉，非所益也。且余未敢即拟，恐孤所请，聊试自拟，其拙自状，其丑庶几以慰其诚，时楮先生与管城子在旁，唯唯点首，以助老兴，遂掀翻枯肠，疏通源脉，津津然涌出，不二旬而就……适高泉法孙远来省侍，见是集，即乞刊行，大似传言送语，重增老者之丑。虽然，不妨面皮厚三寸，与夫寒山子把手峰头，呵呵大笑"云云，交代了拟寒山诗及其刊刻的原委。隐元和尚在这里表达了他对寒山诗的看法："其语句痛快直截，固知此老游戏三昧，非凡小愚蒙所能蠡测也"。隐元和尚所拟的寒山诗，就突出了寒山诗的"语句痛快直截"和"游戏三昧"的特点。如：

　　"寒山彻骨寒，黄檗连根苦。寒尽自回春，苦中凉肺腑。先贤开后学，后进继前武。今昔一同风，利生非小补。"②

　　正因为寒山诗直接抨击世俗多种行为，所以隐元和尚说其"彻骨寒"，而联系到黄檗修炼之苦，寒山诗虽然痛切凛冽，但是去腐取新，自能迎来一番新天地，而黄檗虽苦，修炼到位之后自能茅塞顿开，诸多烦恼自当消解。所以隐元在诗中不断劝人学道，不怕艰苦："学道莫辞难，如登万仞峦。脚跟生铁

---

① 郑文全：《明治文人与寒山》，静永健、川平敏文编《东亚的短诗形文学》（俳句、时调、汉诗），勉诚出版 2012 年版，第 219 页。

② 以下所引隐元和尚的拟寒山诗，均出自《拟寒山诗》，正文中不一一标注。

铸，眼眶赤金龙。步步起云浪，朝朝蹄宝坛。八风吹不动，一片玉心肝。"

又："正欲拟寒山，玉毫露一斑。天无少间息，人岂可偷闲。古圣混尘世，后昆力仰攀。墨池聊溅处，秀气满林间。"

这是隐元和尚拟寒山诗时的创作感受，认为读寒山诗、拟寒山诗对人是一种修炼，去掉尘垢的修炼。寒山子就是古来混迹尘世的圣贤，使后人不断追慕学习，即使是拟作寒山诗，也会让人觉得秀气满溢。

隐元和尚用浅白的语言表达了自己内心的感悟，其中，多是对禅佛之理的领悟和感受："佛乃圣中圣，万灵之祖考。龙天八部众，仙鬼五通道。一切尽归依，人间俱讃可。魔外自无知，云他不及我。"

此外，隐元和尚多次在拟作中说到黄檗之道："黄檗无多子，闻贤必赏音。聊书先圣迹，以副本来心。天下钦言行，林间阅古今。年来甘隐遁，不与世浮沉。"而对自己修禅悟佛的感受，写得尤为真切："锡寄重岩上，胸开一义天。日常自守拙，暗地独推贤。不作繁华梦，惟谈解脱禅。心无闲草木，满眼是青莲。"

诗中多说禅佛之理，并警谕世人，对人间残杀、国家战争，发表了自己的看法："物物俱贪生，人人尽怕死。何事害他命，以肥我腹子。愚蠢好饕餮，圣贤反恕己。最悯互相残，何时能抵止。"为此，他规劝世人："无贪即布施，无嗔是慈悲。贪嗔既已断，慧业叵思议。更须□返照。父母未生时，觑破本来面，分明不自欺。"等等，诸如此类，均是用直白通俗的语言在诗中寓劝诫之意，多次劝人修佛学道："举国崇三宝，便成十善道。时时正法身，念念净烦恼。自利利他人，等观观佛老。妙哉能转业，浊劫化莲岛。"奥州法苑山僧人孙性澂所做的跋如是称赞寒山诗："其风韵超卓，非世所及。"并指出隐元的拟寒山诗"或美或刺或抑或扬或敷衍人伦，或发挥宗乘。"可谓的言。所以刻之"使天下知吾祖之婆心。"

再说白隐《寒山诗阐提记闻》三卷，三册，刻本长26.3厘米，宽18.2厘米，有书签长17厘米，宽3.5厘米，线装，封面加装了硬皮封，上有"帝国图书馆藏"字样，首页序有朱印三枚，原为渡边淳亨藏书，明治二十九年（1896）十一月三十日赠东京图书馆，另有一枚方形朱印。

刻本四周单边，半页十一行，行二十二字，楷体工丽悦目，无鱼尾，粗黑口,天头4.1厘米,地脚1厘米,边框21厘米,宽15.3厘米,版心:阐提记闻+卷数+页码。第三册,即第三卷卷末题:延享三年丙寅八月吉日,延享三年即1746年。京:吉田屋三郎兵卫等书林刊行。

该书开篇为间丘胤的序,其后对寒山事迹及诗作一一评注解析。除了解释之外,还有评语,如对"凡读我诗者,心中须护净"一诗,解释曰:"凡者,广韵常也,皆也,或总计也,今所谓凡者,在出智慧,三贤,四果共相兼也。护净者,护持净尽之义也"①等等,对寒山诗的每一句每一词都做了详细解释,此外,还有阐发自己看法的评论:"此诗以劝发为皮体,以护净为骨肉,以见性为心髓,言大凡贤愚缁素及四果之贤人读我诗,虽暗诵去背,讽了内无保护净尽志操,只一场儿戏而已。若又且读且护净,得阿宗不生慧日朗然而发生,日光所照,悭贪层冰,谄曲积雪,乍消除了,无量亿劫,生死罪业,即时寂灭"等等。对佛理的解说甚为详细。由此可见,和合之道,出自心境静和,摒弃纷争贪嗔,方得和乐并合于自然。

值得注意的是,这里所说的自然不仅是生态环境中的大自然,也是指人作为生态链中的一环,身心的自然成长和发展。人性之中虽有恶念和贪痴,但同样有佛根、有善念,人可通过修炼悟道而去恶存善、去伪存真、成就佛道。

从以上阐释寒山诗的情况来看,人们读寒山诗,领悟并彰显了其和、合的生态理念。

除此之外,寒山诗中本身就有很多以自然喻禅意、佛道之语,而其与白云草木相和谐之意,在后人的阐发中,不断得到巩固与增强。

"吾家好隐沦,居处绝尘嚣。践草成三径,瞻云成四邻。助歌声有鸟,问法语无人。今日婆娑树,几年为一春。"

即使不懂禅佛之理,乍看这首诗也可以看出其浓郁的田园风味,隐居之士,远离尘嚣,门前长满了青草,也不除草,任他生长,来来往往几位好友,把门前茂盛的草从踩出三条小路。抬头望去,四周并无他人居住,但不寂寥,看,那天上自由自在的云彩,就是四邻。唱起歌来,有鸟声相助,只是说起佛

---

① 文中所引白隐对寒山诗的阐释,均出自《寒山诗阐提记闻》卷一至卷三,所引卷一较多,正文不再一一标注。

法来，少了一个可以对话的人。今天那婆娑茂盛的树啊，要经过多少年才长成现在茂盛的春天。

寒山与大自然其乐融融的意思，不言而喻，让人留下深刻的印象。

白隐禅师从禅理佛道的角度，对这首诗进行了深入的评析："婆娑树，两字可上下之说，大不可也。失名子曰：说为香树黄梅，此谓菩提树，枝条花果大茂盛矣，以根木无明为种子，为实相为心髓，以寂灭为鹿皮，依心地生，以十二缘为命脉，以六尘为膏壤，洒生死海水为滋润。枝柯之处，分一带，各带二十五叶，其上升者为三十余乐所，其垂下者为三所恶趣。诸天见之，为琉璃宝聚；修罗见之，为刀兵戈戟；饿鬼见之，为脓血焰火；地狱见之，为苦具镬汤；凡夫见之，为五浊秽土"云云。在此，白隐禅师是从寒山的诗意延伸开来，借用大自然为比喻，禅师了佛理，"依心地生"，念由心生，由于思想和观念、视角的不同，面对同一事物，不同的人会看到不同的东西，悟出不同的道理来。

除此之外，对人性的肯定，借用大自然来比喻说理，也是值得后人思考和吸收的，如："天生百尺树，剪作长木条。可惜栋梁材，拖之在幽谷。年多心尚劲，日久皮渐秃。识者取将来，犹堪柱马屋。"这首诗是说林中所长的树木各具姿态，应根据它们各自的特点加以合理的开发，如适合做栋梁材的，不要使其遗落幽谷。即使是经过长时间风吹雨打和日晒的树木，也可以从其现存状态出发，找到使用它、发挥它的功用的地方。大也罢、小也罢；长了罢，短也罢，尊重其自然特点，适当使用，使各得其所。

寒山诗通俗易懂，这是其远播海外，被广泛接受和喜爱的原因之一。以上这首诗也具有这个特点，以树木为喻，在于说人的成长。白隐是如此评论此诗的："此诗似赋贤人在野之叹，而底意呵二乘偏真之枯槁。天生百尺树者，人人本具底自性，个个圆成底佛心，若人辨取得依四弘，愿行长养，去则七觉八正四无畏，无尽法门，体中圆备，譬如长树，花果枝条尽具有"云云。此为肯定人人心中均有佛性，均可修炼成佛。

寒山提倡快意人生，不为物累，心胸坦荡，应境而生，这一人生态度，也正是和合观念的内容之一，并被后人接受，传播开来：

"有酒相招饮，有肉相呼吃。黄泉前后人，少壮须努力。玉带暂时花，金钗非久饰。张翁与郑婆，一去无消息。"与人共分享，无疑也是寒山诗和合观的核心内容之一。对生死问题，寒山也有独到的见解，而后人也有独到的理解，二者均体现了和合之意，生时，积极地生，不惧生，不畏死。如："欲识生死譬，且将冰水比。水结即成冰，冰消反成水。已死必应生，出生还复死。冰水不相伤，生死还双美。"白隐对这首诗的评语颇具代表性："顾夫恐生死浪落，昆尼其身，禅寂其心者，一切贤圣是也。美生死变迁，野舞村歌者，一个寒公是也。"

在寒山诗中，和合思想随处可见，白隐禅师则将其更通俗地、更明白地进行了阐发，并不时结合儒家经典，融汇儒佛思想，这也是和合观的生动体现："不须攻人恶，何用伐己善。行之则可行，卷之则可卷。禄厚忧责大，言深虑交浅。闻兹若念兹，小儿当自见。"白隐评曰："攻人恶，论语颜渊篇，攻其恶，无攻人之恶，非修匿与伐己善。论语公冶长篇曰：颜渊曰：愿无伐善，行之则可行。同述而篇子谓颜渊曰：用之则行，舍之则藏"云云。

寒山并非不问世事，寒山诗并不只是说佛说禅，有一些篇章是对红尘琐事的劝诫，包括夫妻关系的处理，他也提出了以和合的观念去看待，寒山主张人要学会居处即安，心常知足，知足常乐，他还认为人应该善于经营生活，物质生活有了保障，才能心和道合："丈夫莫守困，无钱须经纪。养得一牸牛，生得五犊子。犊子又生儿，积数无穷已。寄语陶朱公，富与君相似。"白隐评曰："寒公此诗大有譬喻，丈夫莫守困者，言个个总是具有如来智慧德相底大丈夫儿，岂空痴守贫困，作长者无裤，穷子受永劫不如意者哉。"白隐的阐释虽重在参禅言道，但生计与修炼，其质本一也。身心安适，是和合的前提条件。

第三节　寒山、拾得与日本的和合神

以上是从江户时代禅宗释义的角度来谈寒山诗的和合思想如何被日本所接受、阐释和拓展，如果我们把目光转到江户的民间生活，那么我们就会惊讶地发现，寒山、拾得不仅仅被禅林尊奉，也被民间广泛接受，而且作为和合神活跃于日本民间。

寒山、拾得被奉为和合之神，在清朝雍正十一年（1733）前后，据清代翟灏所撰《通俗编》卷十九"神鬼"中有相关记载，曰："《游览志余》和合神即万回哥哥。（按）《太平广记》引《谈宾录》及《西京记》，万回姓张，弘农间乡人也。其兄戍役安西，父母遣其问讯，朝齑而备往，夕返其家。弘农抵安西万余里，因号万回。今和合以二神并祀，而万回仅一人，不可以当之矣。国朝雍正十一年封天台寒山大士为和圣，拾得大士为合圣。"① 由此可知和合神在我国民间有一个递变的过程，清代乾隆时期，寒山、拾得作为和合神的信仰已经流行于民间。

从《通俗编》的序言，我们可以推测，在十八世纪的清朝民间社会，和合神的信仰就较为普遍，因为该书的编者"往来南北十许年，五方风土靡所不涉，车尘间未尝一日废书。"② 可见，作者不仅博览群书，而且深入南北民间，该书所编取材于民间者多矣，富于生活气息，可见寒山、拾得作为和合神时已在民间广泛流传。后来，和合神"从中国渡来"日本，并成为"江户的流行神"。③ 相关研究还指出当时中日间流传的和合神图像的特点，认为寒山、拾得一人手持荷花，一人手持宝盒，"荷盒"与"和合"汉语读音相同，因此是和合神图像的标志。

江户时代后期著名的浮世绘画师葛饰北斋（1760～1849）画过以寒山、拾得的形象为基础的和合神图像。其次，同样是活跃于江户时代的浮世绘画师、剧作家、落语家式亭三马（1776～1822），不仅画了和合神的画像，还对和合神来源于寒山、拾得的过程做了说明。事实上，对于日本的和合神来源于中国的寒山、拾得这一点，一直以来都有学者做出肯定的论述，且举两例，其一为出版于2009年，对葛饰北斋所画的万福和合神画像作解说的书中，有这样的介绍："（和合神）是模仿唐代流传的僧人寒山、拾得的形象（而成）。"④ 另，同是对葛饰北斋的和合神作解说的，出版于2014年的书中，说得更清楚

---

① （清）翟灏：《通俗编》，线装，刻本，乾隆十六年(1751)序，八册。
② （清）翟灏：《通俗编》，线装，刻本，乾隆十六年(1751)序，八册：序言。
③ [日]服部幸雄著：《图像的创成——贫乏神与和合神》，日本女子大学文化学会编《文化学研究》第10号,2001年版,第10～11页。
④ [日]内藤正人编著：《葛饰北斋万福和合神》,大日本印刷株式会社2009年版,第51页。

详细:"和合神原本是中国的神,传到日本后作为夫妇和合之神而被人们所熟悉。据说是唐代高僧寒山、拾得为基础而形成的。画中常常画他们作为男女神的仙人姿态,手持莲枝等物。"①

总之,无论是在禅林,还是俗世生活中,寒山、拾得的和合思想都深深影响着日本。人们以各种方式,或著书,或作画,或拜祀,以此来阐发寒山诗中的和合思想,而寒山诗本身就是和合之体现,和异而合于一,也有齐万物的意思,其诗流传日本后,以通俗简易的语言,明白晓畅的说理,还有和谐的自然观念,迅速被日本文化所接纳,其和合思想也得到了更广远的传播。对于寒山诗的和合思想,松村昂教授也有过论述,他指出:苏州寒山寺有"寒山拾得像",二人被奉作"和合"的象征。松村昂教授认为,在全部的寒山诗中,"惯居幽隐处,乍向国清中。时访丰干老,仍来看拾公。独回上寒岩,无人话合同。寻穷无源水,源穷水不穷"这首诗是其和合思想的代表,并认为"合同指合且同一",并引孔颖达疏《礼记》乐记篇曰:"天地万物流动不息,变化之中会合齐同。"② 这正是寒山诗被日本文化、文学接受的内在原因。有研究者曾经指出,寒山的禅宗思想、寒山之笑的魅力是深刻影响日本近现代文学的原因。而寒山的无常观、寒山禅,还有寒山诗中的自然观、寒山诗以口语入诗,通俗易懂,则是其被日本文化接受并影响日本文化的原因。③ 但是,无论是寒山诗的禅宗思想、自然观、寒山之笑,其实都可以说是和合文化的体现。在自然环境和人类社会中,存在着许多矛盾冲突,包括人内心深处,也有善与恶的交锋,唯有化干戈为玉帛,化解种种矛盾冲突,与自然、与他人、与自己和谐相处,去伪存真、祛恶扬善,向佛修炼,内心平静,知足常乐,方能笑口常开。概而言之,寒山诗之中的和合之道,使它远走海外,活跃至今。

---

① [日]石上阿希解说,赤木美智翻刻:《葛饰北斋万福和合神》,木乐舍2014年版,第11页。
② [日]松村昂:《浴缸里读寒山拾得》,世界思想社1996年版,第40,92~92页。
③ 张石:《寒山与日本文化》,中文导报出版社2010年版,第112页。

第八章　江户的和合神信仰与寒山、拾得

1995年，在东京出版的《续日本石佛图典》中，记载了在长野县长野市若穗发现的文化十四年（1817）的和合神石刻，并如是介绍道：仙人一样披散着的短发、笑脸、绿衣（中国下级官吏所穿的袍），很容易让人想到寒山、拾得，或是与他们一模一样的和合神。和合神手持圆盒、如意，或者莲叶，这是和合神的特征。在江户时代的俗文学中，包括浮世绘中，都有很多以和合神为题材的作品，另外还有叫"和合神"的和果子。①

寒山、拾得作为和合神在民间流行，在清朝就已经开始了。而寒山、拾得和合神也在清朝传到了日本，那时正是日本的江户时代，这一信仰传到日本后迅速被接受，在民间流行起来。除了上述的1817年的和合神石刻介绍之外，冈村庄造又介绍了千叶县御宿町发现的寒山、拾得双体像，并指出《全国石佛石神大事典》第192页曾对此做了如下的介绍："在中国，有这样的风俗，（寒山、拾得）作为和合神，在婚礼的宴席上被拜祀。"并说，和合神是在元禄年间（1688～1704）作为"万事吉兆图"传到日本，文化年间（1804～1818）在江户作为"夫妇和合、子孙繁荣"的福神而大受欢迎。② 由此可见寒山、拾得和合神信仰在日本江户的流行。本章就寒山、拾得作为和合神在中日民间民俗中的演变、特征，以及寒山诗集中关于婚姻爱情的作品进行探讨。

---

① 日本石佛协会编：《续日本石佛图典》，国书刊行会1995年版，第265页。
② 冈村庄造：《和合神的发现》，日本石佛协会编《日本的石佛》，第109号，青娥书房2004年版，第49页。

第一节　清朝的和合神与寒山、拾得

和合神刚开始是指万回哥哥，后来才转变成寒山、拾得。关于和合神，从古到今有以下几种说法：①万回哥哥；②寒山、拾得；③台湾民间传说和合二仙为韩湘子与林英所生二子。和合财神：胡朴安《中华全国风俗志》下编"江苏"一则中有记载说泰县有一泰山，山麓有和合财神庙。其说与永尾龙造之说同。此又称和合二郎神，是商贾信奉的财神。①永尾龙造在研究中国民俗时指出：江苏泰县有一座泰山，山麓处有一座和合财神庙。该地把和合财神当作非常灵验的神来信奉，诚心祈愿。泰县的和合财神庙是到每年正月四日开庙，当地在开庙前一两日就开始打扫，到了那天开始斋戒沐浴，天还没亮就要出去烧香了。去庙里烧香的人，得带回来一两个锡箔纸做的元宝，放在家里的神龛里，每天烧香祈祷，俗称"借财"。借财的人，必须于明年正月四日，要把前年借的钱连同利息都要一并再还到庙里，俗称"还债"。并说，在家里，作为福神与和合之神，和合神信仰非常流行，从中国中部到南部，都常可见到在墙上挂着其神像。关于和合神的来历，永尾龙造认为《集说诠真》和《西湖游览志馀》《事物原会》等书中的说法都有些模糊，其确切来源难以考究。他认为，"拾得"也许含有拾得财宝的意思，所以寒山、拾得才会成为民间信奉的福神财神。②

确切地说，寒山、拾得被奉为和合之神，在清朝雍正十一年（1733）前后，据清代翟灏所撰《通俗编》卷十九"神鬼"中有相关记载，曰："《游览志余》和合神即万回哥哥。（按）《太平广记》引《谈宾录》及《西京记》，万回姓张，弘农间乡人也。其兄戍役安西，父母遣其问讯，朝齎而备往，夕返其家。弘农抵安西万余里，因号万回。今和合以二神并祀，而万回仅一人，不可以当之矣。国朝雍正十一年封天台寒山大士为和圣，拾得大士为合圣。"③正如前文所说的，和合神在我国民间有一个递变的过程，清代乾隆时期

---

① 栾保群等：《中国神怪大辞典》，人民出版社2009年版，第176～177页。
② ［日］永尾龙造编著：《支那民俗志》第二卷，支那民俗志刊行会1940年版，第112～113页。
③ （清）翟颢：《通俗编》，线装，刻本，乾隆十六年(1751)序，八册。

（1736～1795），寒山、拾得作为和合神的信仰已经流行于民间。

据《汉语大词典》，"封"是指帝王以爵位、土地、名号等赐人。《左传·昭公二十九年》："实列受氏姓，封为上公。"杜预注曰："爵上公。"《墨子·鲁问》："请裂故吴之地方百里以封子。"《旧唐书·后妃传·玄宗杨贵妃》："有姊三人，皆有才貌，玄宗并封国夫人之号。"可见"封"并不用于老百姓之间互取名号，但仔细考究起来，寒山、拾得作为和合神是否真的始自帝王封号，让人心存疑问，查《九朝东华录》中的雍正十一年（1733）的谕旨，并未发现有关于御封寒山、拾得为和、合二圣的记录，或许并非出自帝王封号，而是民间传言罢了。但《东华录》的记载有所省略也说不定，故此点存疑。但其中有关于雍正褒奖江浙人民互助互爱、和乐共存的记载，有助于我们理解雍正十一年出现和、合二圣信仰的社会背景。

《东华录》第二十二册卷十一第十页载："乙丑谕内阁朕于直省地方偶遇灾侵，即为之寝食不宁，蠲租发粟，截漕平粜，多方抚恤，务使贫民无一不得其所，又念各该地方虽或收成歉薄，岂无尽藏丰裕之家，伊等谊笃桑梓，休戚相关，若各人量力乐输，既可以展其睦姻任恤之情，亦可以为恤灾扶困之助，是以曾经降旨通行劝导，然亦听绅衿士庶自为之，不相强也。"

又，同卷第十四页载曰："丙戌谕内阁，闻上年秋月江南沿海地方海潮泛滥，苏松常州近水，居民偶值水患，其本地绅衿士庶，中有顾觅船只救济者，有捐输银米煮赈者。今年夏闲时疫偶作，绅衿等复捐输方药，资助米粮，似此拯灾扶贫之心，不愧古人任恤之谊，风俗醇厚，甚属可嘉，著该督抚宣旨褒奖，将捐助多者照例具题议叙，少者给予匾额，登记档册，免其差役，并造册报部。"

清刊《事物原会》卷三十三曰·鬼神曰："子曰鬼神之为德，其盛矣乎。程子曰：鬼神天地之功用，而造化之迹也。张子曰：鬼神者，二气之良能也。朱子曰：以二气言，则鬼皆阴之灵也，神者，阳之灵也。"可见神鬼观念的产生，其实是古人对宇宙及自身认知的过程、方式，其本质是对人与宇宙的探索和解释。也许正是在雍正年间，自然灾害频发的背景之下，才出现了寒山、拾得和合神的信仰，作为心理上的支撑。这里所说的和合神，主要是从和睦、福气的神来说的。

无论是否源自帝王封号，从《通俗编》的序言，我们可以推测，在十八世纪的清朝民间社会，和合神的信仰就较为普遍，因为该书的编者"往来南北十许年，五方风土靡所不涉，车尘间未尝一日废书。"① 作者不仅博览群书，而且深入南北民间，该书所编取材于民间者多矣，富于生活气息，可见寒山、拾得作为和合神当时已在民间广泛流传。后来，和合神"从中国渡来"日本，并成为"江户的流行神"。② 相关研究还指出当时中日间流传的和合神图像的特点，认为寒山、拾得一人手持荷花，一人手持宝盒，"荷盒"与"和合"汉语读音相同，因此是和合神图像的标志。

但是，和合神流传到江户之后，却从原来的福神，变成了主司男女和合与招财之神，这个特点的转变，或许正如日本学者服部幸雄在研究和合神图像时所指出的那样："最让人追求的，莫过于财、色。于是出现了可以帮助人们满足财欲与色欲的神灵，于是江户人很欢迎'和合神'（又称'吉兆神'）的到来，并很快就接受了。文化十年（1813）前后，在江户的町村中，和合神信仰非常流行。"③ 服部幸雄还引征相关文献指出和合神是通过江户时代长崎贸易从中国传来的神。但他认为，和合神为同性二神并立，也许是同性恋的神。

这一说法值得商榷，要知道古代的神鬼的性别本身就很模糊，另外，在民间流行的神灵，同性二神并立的，其实不仅仅是和合神，比如以下三幅图所列的神④：

---

① （清）瞿颖：《通俗编》，线装，刻本，乾隆十六年(1751)序，八册：序言。
② ［日］服部幸雄：《图像的创成——贫乏神与和合神》，日本女子大学文化学会编《文化学研究》第10号，2001年版，第10～11页。
③ ［日］服部幸雄：《图像的生成——贫乏神与和合神》，《文化学研究》第10号，日本女子大学文化学会2001年版，第5～19页。
④ 本章正文所引几幅图，均出自［日］永尾龙造编著：《支那民俗志》第一卷开篇插图，支那民俗志刊行会1940年刊。

关于神的性别问题，并非本文所要讨论的，但从上列三幅同性并立的神像看，古代神鬼的性别其实并不如人类本身那么截然分明。寒山、拾得作为和合神流行于江户的具体情况，下文将进行详细的论述。

第二节　流行于江户的寒山、拾得和合神

据《角川大字源》，"和合"有如下几个意思：①友好；和洽。②调和。③混合、掺和。④是男女成婚。⑤婚礼时祭拜的神的名字，笑着的寒山、拾得。⑥和合僧的略称，所谓和合僧，指三五人为一团体进行修行，又称和合众。① 江户时代流行的和合神，是主司男女和合之神，和合神信仰的流行，可以从葛饰北斋和式亭三马的作品中看出来。

前文说过，江户时代后期著名的浮世绘画师葛饰北斋（1760～1849）画过以寒山、拾得的形象为基础的和合神图像。其次，同样是活跃于江户时代的浮世绘画师、剧作家、落语家式亭三马（1776～1822），不仅画了和合神的画像，还对和合神来源于寒山、拾得的过程做了说明。认为日本的和合神来源于中国的寒山、拾得。

除了画作之外，还有许多绘本都出现了和合神的形象，典型的例子是江户时代绘本《夫妇和合神》，金平本戏作者式亭三马（1776～1822）所作，浮世绘画师歌川美丸画，江户：森屋治兵卫发兑。长22厘米，宽15.3厘米，线装，题签长15.6厘米，宽3.3厘米，淡青色封面，明治三十二年（1899）三月三十日购求，有"三马"椭圆形墨印一枚，其中有和合二神图像。所谓"金平本"，是指金平净琉璃的正本，也指元禄年间在江户出版的读本净琉璃。式亭三马是江户时代金平本的作者，创作数量多，在坊间比较有名，是江户时代不可忽视的俗文学作者。其所作和合神绘本，有两幅图比较生动地说明了当时的和合神信仰，其一为"夫妇和合神，一名吉兆神"，图中二神一人持荷（谐音"和"）、一人持盒（谐音"合"），衣宽体胖，笑容满面。另外一幅图为夫妇拜祀和合神之图，传说江户时代，人们将和合神的图像挂在房内，时时

---

① 《角川大字源》，角川书店1992年版，第313页。

烧香祭拜。如下所示：

以上左边的图像是笑容满面、袒露前胸和肚子的寒山、拾得和合神像，图像中，一人手持荷花、一人手持圆盒，所穿衣服似为黑色的袍子，图像上方有一块大大的钱币"太平通宝"，暗示着他们作为和合神与财神的特点。右边的图像画的是两对夫妇，中间是手持莲花、圆盒的、笑容满面、穿着华丽的花袍子的寒山、拾得和合神像，突出的是其主司男女和合的特点。这两幅出自《夫妇和合神》的插图，都生动地体现了江户时代和合神信仰的流行及其特点。

江户时代，"和合"二字似乎尤为流行，浮世绘画师也画了不少以"和合"为题的画作，比如十返舍一九（1765~1831）所作、歌川国安（1794~1832）所画的《亲族和合往来》，江户：山口屋读兵卫，文政七年（1824），绘本，该画就是典型的例子，此处的"和合"，取和睦融洽之意，可见江户时代所用的"和合"之语，非仅指男女成婚之意。如下"亲族和合往来之图"[①]所示：

---

① 该图出自江户时代写本《亲族和合往来》。

此外，在其他的江户时代文献中，我们也不时可以找到关于和合神的记录。如《绳端》，御屋敷坪数闻书并草，日本语钞本，出版者、出版年均不明，应为江户时代所写，共十册，其中第三册有关于和合神信仰流行的介绍，所记大意如下：和合神为司夫妇和合之神，并可招福纳吉，可保万事吉兆，近世人人家家崇信，"予家子多年藏此，曰天官赐福之全图。"下记"旭亭主人[①]识"。

又，该书记有文化十四年（1817）之事，并有"元和元年（1615）"落款，"文化第三丙寅（1806）菊月上旬吉祥日书之"等语，据此可知该书所记多为江户时代之事。

江户时代关于和合神的传说，也有其他不同说法，估计是民间流传过程中造成了一些毫无根据的说法，如屋代弘贤编写的《弘贤随笔》，江户时代写本，内务省旧藏，共六十册，其中第五十六册中有关于和合神的介绍，大意如下：和合神，一号万事吉兆，《西湖游览志》曰：宋时，杭城以腊日祀万回哥哥，其像蓬头笑面，身穿绿衣，左手擎鼓，右手棒执，云是和合之神，祀之可

---

① 此旭亭主人，疑为山旭亭主人，江户时代后期戏剧作者。

使人在万里外亦能回家,故曰"万回"。今其祀绝矣,独有所谓草野三郎、宋九六相公、张六五相公,不知何人,杭人无不祀之,惑亦甚矣。该条落款记为"宽永十三年"(1636)。上述的"草野三郎"等人,不明所指。

和合神在江户流行,这一点,从上述诸多文献的引证中,相信大家都无疑问,但是,关于寒山、拾得何以被奉为和合神,其所穿绿衣(这是和合神图像的象征性特点,许多人都理解为粗糙的、褴褛的衣服,或者绿色的下级官吏所穿的袍子),手持的莲花(也是和合神象征性的特点),又有什么特别的意味吗?这与和合神信仰的形成又有什么关联吗?这是下文试图要解释的问题。

第三节 寒山诗集中的婚恋诗、绿袍与莲花意象

也许民间的民俗本身就含有许多非理性的因素,所以,要是追问起来,寒山、拾得,传说中唐朝落魄清贫的僧人,如何被民间尊奉为福神和司男女和合之神呢?二者的差别实在太大,用理性思维很难联系到一起,因此本节将以材料为主,用文献来试图解释这一民俗现象。此外,作为和合神的象征性特点:手持的莲花和身穿的绿衣,也是本节要讨论的问题。

首先我们看到《寒山诗》中有几首描写爱情幸福、夫妻和睦的诗歌[①]:

父母续经多,田园不羡他。妇摇机轧轧,儿弄口喎喎。拍手催花舞,搘颐听鸟歌。谁当来叹赏,樵客屡经过。

以下这首则似是写情人或青楼之语:

妾家邯郸住,歌声亦抑扬。赖我安居处,此曲旧来长。既醉莫言归,留连日未央。儿家寝宿处,绣被满银床。

[①] [日]入谷仙介、松村昂编著:《寒山诗》(禅的语录13),筑摩书房1965年版,第40,48,95,153,162页。

> 洛阳多女儿，春日逞华丽。共折路边花，各持插高髻。髻高花匼匝，人见皆睥睨。别求醑醑怜，将归见夫婿。

> 止宿鸳鸯鸟，一雄兼一雌。衔花相共食，刷羽每相随。戏入烟霄里，宿归沙岸湄。自怜生处乐，不夺凤凰池。

> 柳郎八十二，蓝嫂一十八。夫妻共百年，相怜情狡猾。弄璋字马麟，掷瓦名婠妠。屡见枯杨荑，常遭青女杀。

另外还有一首，是劝告夫妇和睦的：

> 老翁娶少妇，发白妇不耐。老婆嫁少夫，面黄夫不爱。老翁娶老婆，一一无弃背。少妇嫁少夫，两两相怜态。

由上述几首诗可见，寒山被奉为和合神之一，也许与他诗歌所提倡的夫妇和睦恩爱有一定关系。其次，其手持莲花，莲，不仅是"荷"（和）的谐音，其实在古代文学作品中，和合神手中所执之莲，作为"怜""恋"的谐音，含有爱恋、爱慕之意，这一点在六朝的子夜歌中能找到不少例子，略举一二如下①：

> 遣信欢不来，自往复不出。金铜作芙蓉，莲子何能结？

原注曰："莲子"隐含"怜子"之意。

> 朝登凉台上，夕宿兰池里。乘月采芙蓉，夜夜得莲子。

至于和合神身穿绿衣这个特点，其实在我国古典文学中也能找到其与男女

---

① 余冠英选注：《汉魏六朝诗选》，三联书店1993年版，第242，243页。

恋情相关的作品，如《诗经·邶风·绿衣》就是追念着绿衣的心上人之作。又如《剪灯新话》中的"绿衣人"故事：

> 天水赵源，早丧父母，未有妻室。延祐间，游学至于钱塘，侨居西湖葛岭之上……源独居无聊，尝日晚徒倚门外，见一女子，从东来，绿衣双鬟，年可十五六……源试挑之，女欣然而应，因遂留宿，甚相亲昵。明旦，辞去，夜则复来。……源曰：'汝之精气，能久存于世耶？'女曰：'数至则散矣。'源曰：'然则何时？'女曰：'三年耳。'源固未之信。及期，卧病不起。……源感其情，不复再娶，投灵隐寺出家为僧，终其身云。①

钟情专一的女主人公绿衣女子、最终出家为僧的男主人公，与和合神的故事有以下几点共通的地方：一、绿衣；二、寺庙、僧人；三、夫妇和合、钟爱一生。

说到绿袍，也与女性衣着、男女之情有关联，据《大汉和字典》：绿袍也为贵人所穿。并引《后汉书·舆服志》曰：公主、贵人、妃以上嫁娶，得服锦绮罗縠缯采十二色，重绿袍。另外，还有"绿帽子"，是骂人的话，指某人妻子与他人通奸，其夫即被骂为"戴绿帽子"。同"绿头巾"。绿头巾，指绿色的头巾，原是罪人或妓女所用，至明代，妓女皆入乐籍，此后乐人也用绿头巾。又因为妓女及其周边的人用绿头巾，所以意义转移，指其妻与他人通奸者，带着轻蔑侮辱之意。② 关于"绿衣"，还有另一种说法，《诗·邶风·绿衣》："绿兮衣兮，绿衣黄裳。"相传此系卫庄姜伤己之诗。古人以黄为正色，绿为间色，间色为衣，黄色为里，比喻尊卑倒置，贵贱失所。后因以"绿衣"为正室失位的典故。但是，《周礼·天官·内司服》也有记载曰："内司服，掌王后之六服，袆衣、揄狄、阙狄、鞠衣、袒衣、绿衣。"疏曰："此缘衣者，实作褖衣也。褖衣，御于王之服，亦以燕居。男子之褖衣黑，则是亦黑也。"

---

① （明）瞿祐等著，周楞伽校注：《剪灯新话》（外二种），上海古籍出版社1981年版，第104~107页。
② ［日］诸桥辙次：《大汉和辞典》，大修馆书店1967年版，第1090，1092页。

此褖衣，即王后燕居或进御时所穿之服。所以，作为和合神的特征之一，寒山、拾得所穿的衣服，在众多画像中也有身穿黑衣的。因此也有可能和合神身着的绿衣，实为"褖衣"，为黑色燕居之服，并非真为绿色的衣服，或质地粗糙的衣服。这种说法也有一定道理，今一并列出以供读者参考。

总而言之，寒山、拾得作为和合神，与寒山的婚姻爱情诗所描述的夫妇和睦恩爱的景象应不无关系，一旦这一信仰形成，其所穿衣服、手中所持物品等细节均在为其神格服务，都在暗示其主司男女和合的神格特点。和合神得以流行中国与日本，体现了人类本性中对财欲和色欲的追求，也体现了人类对内心深处本能欲望的倾诉和认知。

第三编

山东与日本诗文交流篇

第一章　山东与日本的商贸往来及文献传播

清代展海令①实施之后，山东作为我国对外贸易的五大临海省份之一，海上贸易得到很大发展，在江户时代日本实施锁国政策，成为与长崎贸易的重要港口之一。除了江户时代直接或间接的贸易关系之外，明治时期，随着日本国门打开，积极推进与外界的接触，山东与日本之间的交流也更加丰富多样。比如，山东农业技术传播东瀛的例子："许士泰者，山东日照县农人也。年二十余，以昆弟多田，不足耕，为佣保，日本明治八年，即光绪二年（1876），北海道开拓。使黑田清隆至山东招农夫十人，士泰与焉。月俸二十五圆。九人者得资，皆饮博冶游，不能自存而归。独士泰朴讷勤苦，尽力垦辟。北海道开拓，例凡农人愿往领垦者，官给资斧庐舍农具，令其自言垦熟之期。期内尽辟者，即以与之，官不取直。士泰遂得尽有其所垦地，乃益自策励，注意于选种粪壅，诸事所获，菽麦亚麻玉蜀黍等，皆颖粟坚好。本道开农产品评会，士泰屡得优赏，擢为名誉委员，先后凡得四等褒赏证二次、三等者三次、二等者四次、一等者二次，又得白桃绶名誉章一、银杯一、金三圆者一次、二十圆者一次。士泰居北海道垂二十年，易日服，娶日妇，生子女五，今年五十有六岁，（中略）家产除官给之外，又自买田数顷，岁入可千金。问其山东家中有音问

---

① 前文已经提过展海令。康熙二十三年(1684)，清廷颁布展海令，鼓励闽粤沿海地区开展对外贸易，据《圣祖仁皇帝实录》卷一百一十六："上谕大学士等曰：向令开海贸易，谓于闽粤边海民生有益，若此二省民用充阜、财货流通，则各省亦俱有益……薄征其税，可充闽粤兵饷，以免腹地省分转输协济之劳。腹地省分钱粮有余，小民又获安养，故令开海贸易。"展海令的颁布，大大促进了中日海上贸易。

否,答以初来时偶一寄之,今已十五年无消息矣,来时有昆弟五人,今不知存否也。察其神情,亦殊落落,盖几视同隔世事矣。"① 在十九世纪后半期,正值明治维新时期的日本,派遣了开拓使到山东征选农民,想引进当地的农业生产技术。当时,山东日照农民许士泰由于家中兄弟多而田地少,生活艰辛,所以应征前往北海道。每个月可领薪金二十五圆。其他农民领了钱之后都去吃喝玩乐,攒不下钱,合约期满后,都回国了。只有许士泰留下来,勤勉节俭,努力开垦耕种。当时明治政府规定,为了开拓北海道,谁愿意前去开垦荒地的,都可以去,政府资助基础费用、农具和住房,开荒者自己定一个时间,该时间段内开垦的土地都可归个人所有,政府不征收土地费。于是许士泰开垦的土地都归他名下所有,后来他又买了些土地,仔细选种,细心栽培,种出来的农作物多次获农业评比大奖。积累了一定财产之后,许士泰在北海道结婚生子,安家乐业。晚清吴县人蒋黼在光绪二十九年(1903)到日本考察,见到许士泰的时候,他已经五十六岁了。

另外,在当时到山东考察的开拓使黑田清隆(クロダキヨタカ)(1840~1900)的记录中,可以看到山东与日本的商品贸易之频繁,比如对烟台芝罘的描述中,黑田清隆提到,芝罘是东北沿海一大要港,内地商船往来较多,物产丰富,由日本输入山东的商品主要有海带、人参等,并通过芝罘分销内地各处。而山东名产,如川绸、兰绸、大豆、豆油滓、草帽辫、生丝、大白菜、粉丝(绿豆制)、石器等,由于价格低廉,大量销往日本。② 由此可知,山东与日本的技术、商品等的交流随着锁国令解除而日益密切。

关于山东的帆船沿海贸易情况,松浦章曾做过研究,不过他主要从清末民初山东与天津、福建、广东等地的贸易出发进行论述,并未论述山东与日本的海上贸易情况。③ 因此,本章主要从日文资料出发,探讨清代中日海上贸易中山东泰山文献东传及其影响。凭借着海运的优势,众多的山东特产,如上文举

---

① (吴县)蒋黼:《东游日记》,第40~43页。苏城:斐韫斋,清光绪二十九年或二十九年后刊。长26厘米,宽15.2厘米,单鱼尾,细黑口,版心:游记+页码。线装,封面有题签。前有罗振玉序,并有印。书中所记,为自光绪二十九年二月初九日之东游两月余之始末。
② 黑田清隆:《漫游见闻录》,农商务省1888年版,第1页。
③ 松浦章:《关于清代帆船的山东沿海航运》,关西大学《文学论集》第57卷第3号,2007年版,第57~76页。

例的商品，还有大枣、豆类等被运抵江浙闽粤、天津等地及长崎销售，其中有大量的地方志也随着商船销往日本。

第一节　山东地方志销往日本

虽然这些地方志并不都是由山东帆船运抵长崎的，但也是得益于临海五省（如浙江、广东、福建等）与长崎的港口贸易。我们知道，日本锁国期间，仅开放长崎港口，允许中国与荷兰部分商船入港进行贸易，中国商船的数量和入港次数要远远多于荷兰商船，且具有民间贸易的特色，而非像荷兰那样由官方统辖。锁国期间，日本人被严禁出海，一旦发现即被处以极刑，因此他们接触中国文化，唯一的途径，可以说就是来长崎贸易的船商和他们携来销售的汉籍。在络绎不绝的中国商船中，书籍作为商品被销往日本，比如嘉永二年（1849）酉五号船运来的书籍中，有《岱览》一部二包，清人唐仲冕编，清嘉庆十二年（1807）序刊本，售价四十文目，供幕府御文库收藏。① 今公文书馆、东洋文库和京都大学人文科学研究所仍藏有该书。

江户时代大量的中国地方志由商船运抵日本，与幕府将军德川吉宗有很大关系，德川吉宗常从进入长崎港口的中国商船所载货物中，选择有用的书籍购买入库，供自己阅读，其选择标准，有历史、诏令、地理等。《山东通志》《岱史》《泰山志》等无疑在其感兴趣且认为有用的购买、收藏范围之内。②

至于吉宗为何如此关注历史和方志之类的汉籍，据大庭修教授的研究发现，原因大概有如下几种：

当时吉宗想制作日本总图，编撰日本地方志，因此，他大量搜集中国地方志，以作参考资料。其次，吉宗热切地想了解康熙的业绩，其中包括康熙年间大型丛书的编撰。再者，吉宗对地方产物感兴趣，享保六年（1721）左右，吉宗尤其关注中国的贸易情况。③

因此，据大庭修教授的统计调查，享保十年（1725）至享保十二年

---

① 大庭修：《江户时代摄取中国文化之研究》，同朋舍昭和六十一年（1986）版，第365页。
② 大庭修：《江户时代摄取中国文化之研究》，同朋舍昭和六十一年（1986）版，第228页。
③ 大庭修：《江户时代摄取中国文化之研究》，同朋舍昭和六十一年（1986）版，第271，282~283页。

(1727) 两年之间赴日贸易的中国商船运来了数量惊人的中国地方志。今仅以山东地方志为例,享保六年(1721),《山东通志》舶至日本,事实上,几乎所有的山东地方志都在享保年间由商船运抵长崎,有:《济南府志》《历城县志》《邹平县志》《淄川县志》《兖州府志》《滋阳县志》《宁阳县志》《邹县志》《泗水县志》《滕县志》《阳谷县志》(此为文化三年运抵日本,即1806年)、《寿张县志》《聊城县志》《堂邑县志》《茌平县志》《清平县志》《冠县志》《馆陶县志》(此为文化四年,1807)、《高唐州志》(并《高唐县志》)、《青州府志》[此书在享保十年(1725)和宽政八年(1796)两次运抵日本]、《益都县志》(此为文化三年运抵)、《临淄县志》(元文一年,1736)、《寿光县志》《安丘县志》(文化二年,1805)、《登州府志》《黄县志》《栖霞县志》《莱阳县志》《威海卫志》(文化四年,1807)、《莱州府志》《高密县志》(文化四年,1807)、《阳信县志》《沂州志》《郯城县志》《莒州志》(文化四年,1807)、《蒙阴县志》《泰安州志》《泰安县志》[此书在享保十年(1725)和文化三年(1806)两次运抵日本]、《新泰县志》《莱芜县志》《东平州志》《曹州志》《单县志》《城武县志》《巨野县志》《郓城县志》《曹县志》《观城县志》《朝城县志》《济宁州志》《济宁直隶州志》(文化三年,1806)、《济宁县志》《金乡县志》《嘉祥县志》《鱼台县志》《临清州志》(文化二年,1805)、《临清县志》和《武城县志》。① 我们知道,地方志中或多或少有关于泰山的历史和诗歌,泰山专志中尤其多。

再者,在日本国立国会图书馆收藏的《见闻书目》中,立原杏所把毛利侯的长崎调进书目汇集于一纸,其中有关于泰山的文献如《岱史》和《泰山志》。② 可见泰山文献传入日本与长崎港口贸易,幕府将军藏书及毛利高标购书、献书,与前田大名、红叶山文库有密切关系。

红叶山文库又称枫山文库、红叶山秘阁,江户时代称为御文库,即上文所说的幕府御文库,是江户时期幕府在红叶山设置的文库,其起源可追溯到幕府第一代将军德川家康于庆长七年(1602)在富士见亭收藏的古籍、古记录,后

---

① 大庭修:《江户时代摄取中国文化之研究》,同朋舍昭和六十一年(1986)版,第274~275页。
② 王勇、大庭修主编:《中日文化交流史大系·典籍卷》,浙江人民出版社1996年版,第156~157页。

来这些藏书都收入红叶山文库，中国书籍的购买输入和佐伯侯毛利高标献纳的书籍都藏于这个书库内。明治维新后，红叶山文库归入内阁文库，昭和时期又归入国立公文书馆。现在，公文书馆内仍藏有不少关于泰山的清代刊刻甚至更早的文献，其中不乏清诗或由清人编撰的历代泰山诗，又，因为前田育德会收藏的是原加贺藩主前田家的古籍，与江户时代大名购买中国古籍有很大关系，故将这两个藏书机构中的泰山文献列简表于下，由此可见其藏泰山文献之富①：

表15　　　　　　　　公文书馆与育德会所藏泰山文献

书　名	刊刻年代	藏书地点
（清）桑调元《弢甫五岳集·泰山集三卷》	乾隆二十一年（1756）序修汲堂刊	公文书馆
（明）汪子卿《泰山志四卷》	明嘉靖版，4册	前田育德会
（明）汪子卿《泰山志四卷》	明嘉靖四十三年（1564）序刊本	公文书馆
（晋）司马彪《泰山生令记一卷》	明末刊本	公文书馆
（清）孔贞瑄《泰山纪胜一卷》	康熙序刊本	公文书馆
（清）钱肃润编《泰山诗选三卷》（另有四卷本）	清刊，2册	前田育德会
（明）查志隆《岱史十八卷》	明万历十五年（1587）序刊，13册	公文书馆
（清）唐仲冕编《岱览三十二卷》（首七卷，附一卷）	清嘉庆十二年（1807）序，果克山房刊，16册	公文书馆

第二节　《古今图书集成》舶至日本

除了上述地方志大量销往日本，从而促进泰山诗作、泰山文化东传日本之外，其传播，还与《古今图书集成》传到日本有很大关系。上文说过，德川吉宗对清朝编撰的大型丛书很感兴趣，除了搜购地理方志之外，幕府对丛书的需求量也很大。其中，《古今图书集成》的购买和收藏就是一件大事。之所以

---

① 此表所列，得益于日本汉籍数据库提供的资料，特此鸣谢！

说《古今图书集成》输入日本也促进了泰山文化、诗作在日本的传播,是因为丛书中的《山川典》里,有不少关于泰山的资料。

《古今图书集成》运抵日本是由船商汪绳武来完成的。天明元年(1781)刊行的《翻刻清版〈古文孝经〉序跋引》中有关于汪绳武运载《古今图书集成》的记载,其舶来日本的时间是日本的宝历十年(1760)。舶来日本后引起很大的关注,许多人以能一览此书为荣,比如桂川中良读了《古今图书集成》后,在《桂林漫录》卷下中说:"有生之年能阅览这样的书籍,实属三生有幸。"①

《古今图书集成·山川典》中所列出的山岳及其诗歌数量极为可观,是一份难得的古代山岳诗歌、历史资料的汇编,其中有一些知名度不高的山岳,其诗歌也有可采、可习的一面。《古今图书集成》由清康熙中陈梦雷辑,雍正初蒋廷锡等重编,共有六汇编三十二典,共约1.6亿字,其下又分汇考、总论、图、表、列传、艺文、选句、纪事、杂录、外编等诸目。资料详备、体例完善,所引原文皆注明出处,收罗宏富,几乎囊括各科知识,深受学界重视,被誉为"康熙百科全书"。

其中的"方舆汇编"包括"坤舆""职方""山川"和"边裔"四典,《山川典》(为其中第十八、十九册)不仅汇集历代考论,配有图示,更辑集历代与之相关的诗词歌赋、文人僧道墨宝,也记录各种传说。《古今图书集成·山川典》中专门有关于泰山的记载和历代诗作。

《古今图书集成·山川典》中所记录的山岳及其历代诗歌数量摘要列于下:

表16　　　　　　　　《古今图书集成·山川典》所收山岳诗歌

山总部艺文二·诗(一百二十一首)	终南山部艺文二:诗(二十一首)
医巫闾山部艺文二·诗(三十首)	华山部艺文五:诗(九十一首)
泰山部艺文六:诗(两百六十三首)	普陀山部艺文二:诗(七十四首)
五台山部艺文二:诗(七十四首)	庐山部艺文四:诗(一百零一首)
首阳山部艺文二:诗(二十首)	武当山艺文二:诗(八十五首)

---

① 松浦章著,张新艺译:《清代帆船与中日文化交流》,上海科学技术文献出版社2012年版,第124页。关于图书集成东传日本,大庭修教授曾做过专门研究,详见《江户时代摄取中国文化之研究》。

续表

恒山部艺文三：诗（一百二十八首）	岳麓山部艺文二：诗（九首）
嵩山部艺文三：诗（一百五十三首）	桃源山部艺文二：诗（一百三十五首）
嵩山部艺文四：诗（九十首）	衡山部艺文三：诗（一百三十四首）
九嶷山部艺文二：诗（四十首）	巫山部艺文二：诗（三十二首）
峨眉山部艺文二：诗（六十六首）	武夷山部艺文三：诗（一百零九首）

《古今图书集成》第十八册·山川典·卷二十泰山部艺文（六）录泰山诗共两百六十三首，六十一题，数量较多，列表如下：

表17 《古今图书集成·泰山部艺文（六）》中的泰山诗数量

诗　题	数量	诗　题	数量
丘陵歌	1	玉皇阁/顶	4
四愁诗	1	同元美与子相公贲分赋怀泰山得钟字	1
飞龙篇	1	岱宗/岳	3
仙人篇	1	（登）日观峰	9
驱车篇	1	仰五岳歌之一	1
泰山（吟/诗/篇）	30	汉封台	1
登山/岱/泰山***	137	玉女池	1
在雋州遥叙封禅	1	仙人桥	2
（梦）游泰山（歌）	8	白云洞	2
送范山人归泰山	1	大夫松	2
望岳	4	无字碑	4
送东岳张炼师	1	朝阳洞	2
奉和展礼岱宗	2	孔子小天下处	1
泰山书院古柏	1	明堂	1
（再）书王母池	2	泰阴碑	1
（游）竹林寺	2	行泰山谷中宿山腰人家	1
茂陵封禅坛	1	暴经石	2
汉柏	2	闻安季子语泰山白龙池石屋庵之胜	2
孙明复石守道祠堂	1	丈人峰	2
和元遗山呈布山张道人	1	吕公洞	1

续表

诗 题	数量	诗 题	数量
题李白泰山观日出图	1	桃花峪	1
西溪	1	观万公题壁	1
岩岩亭送陈恭政归山东	1	游瀑经峪	1
石表	1	谒元宫	1
李斯篆碑	1	泰山绝顶逢钟明府	1
磨崖碑	1	碧霞宫纪胜	1
云水洞	1	玉女山	1
御帐坪	1	秦松	1
五松亭	1	龙峪	1
泰山雪后	1	舍身崖	1
五松歌	1		

可见,《古今图书集成》中关于泰山的历史、诗作数量丰富,它在日本受到重视,无疑对日本知识阶层认识泰山文化和诗歌有很大帮助。

总之,通过种种途径获知泰山文化和诗歌的日本儒者、僧侣、诗人等等,对泰山文化的印象日益加深,以江户时代为例,江户中期著名学者西川如见(1648~1724)在《增补华夷通商考》①中所绘的《中华十五省之略图》,其中的山东省就以泰山为标志,卷一中的"山东省"条目里这样写道:"(山东)古迹甚多,国内五岳之首东岳泰山就在济南府中。"该书还介绍了当时日本人比较熟悉的山东土特产,有牛黄、人参、阿胶、枸杞子、枣、五味子、银杏、蒙顶茶(兖州蒙山所产)、真棉、五色石、瓷器等等。

第三节 泰山文献在日本

日本所藏的泰山相关文献的具体数量,虽然现在无法完全统计,但就执笔时过目的资料来看,数量并不少。就汉籍而言,多是清刊本,也有少量明刊本,以及和刻文献。这些书籍,到底何时、何地、由何人、通过何种方式流传

---

① 西川如见《增补华夷通商考》,宝永 5 年(1708),甘节堂刊。

日本的，目前还难以一一确查。本节对日藏泰山相关文献作一述略。

《五朝小说》，明冯犹龙辑；明代刊本（心远堂藏版），八册，线装，第一册有：《泰山生令记》一卷，晋司马彪撰；《泰岳府君记》一卷，刻本长23.3厘米，宽15.5厘米，线装，土黄色封面，纸张脆薄，封面有题签，题签长15.6厘米，宽3.1厘米。内页分三栏，右上题"冯犹龙先生辑"，中间大字题"五朝小说"，"五"字处有一枚圆形朱印，印中只画云朵及传说中的鬼怪形象，无文字。左下题"心远堂藏版"。该页右下角有"读书坊藏版"方形朱印。另，护页中间稍往下有"棉相文库"双边长方形朱印。该刊本四周单边，无鱼尾，书耳处分别题各细目名称，版心处空白，下有页码。半页九行，行二十字，乌丝栏。天头3厘米，地脚1厘米。

明代汪子卿撰《泰山志》，共十二册。刻本长29.1厘米，宽18.3厘米，有题签，题签长20厘米，宽2.2厘米，六眼线装，即所谓"康熙缀"。首页为吴县沈应就所撰序，此外有雍焯作于嘉靖乙卯之春的序，有新安洪章作于嘉靖三十二年（1553）秋九月的序。该页有朱印两枚，右上角为"秘阁图书印章"粗边方形朱印，右下角为"左伯侯毛利高标藏书画之印"细框朱印。可知其为毛利高标旧藏本。该刊本应该是江户时代通过清商贸易船只运抵长崎，并转到毛利高标手中的。刻本四周双边，细黑口，单鱼尾，版心：泰山志＋卷数＋页码。乌丝栏，半页九行，行二十一字，时为小字双行。天头5.1厘米，地脚1.3厘米。

《小方壶斋舆地丛抄》，第四帙第十五册，清代王锡琪辑，上海，著易堂铅印，光绪年间，线装，细目如下：《五岳说》一卷清·姚鼐撰；《五岳约》一卷清·韩则愈撰；《泰山脉络记》一卷清·李光地撰；《泰山纪胜》一卷清·孔贞瑄撰；《登岱记》一卷清·徐缙撰；《登泰山记》1卷清沈彤撰；《泰山道里记》1卷清·聂剑光撰；《游泰山记》1卷清吴锡骐撰；《登泰山记》一卷，清·姚鼐撰。刊本茶色封面，长19厘米，宽12.5厘米，左上角有题签，题签长16.4厘米，宽3.4厘米，线装。四周双边，书耳处题"小方壶斋舆地丛抄"，单鱼尾，版心：第四帙＋卷号＋页码。下有"南清河王氏锓版"字样。半页十八行，行四十字。天头2.1厘米，地脚1.9厘米。

《灵应泰山娘娘宝卷》二卷，二册，撰者不明，开封：聚文斋刻字店刊，咸丰五年（1855），线装，长 25.2 厘米，宽 15 厘米，内页分三栏，右上方题：咸丰五年春月新镌。中间一栏大字题：泰山真经。原为东亚研究所藏书。左边一栏题：板存河南省城布政司东辕门北边路东朱聚文斋刻字店内印刷装订，每部杭连白、毛连竹纸工价大钱一百八十、一百四十文如用套每个钱一百二十文。刊本四周双边，单鱼尾，白口，版心：卷上/下。下有页码。书耳：泰山真经。无栏，有标点，天头 6.1 厘米，地脚 1.5 厘米。半页九行，行二十字。有题签，已脱落，题签为：泰山真经，其下有小字双行，为：敬惜字纸，慎勿秽亵。题签长 16.6 厘米，宽 4.1 厘米。另有一题签为：刘香宝卷。

《泛槎图》一卷，续一卷，清代张宝撰，羊城（今广州）刊，嘉庆二十五年（1820）。共四册，其中第三册第十三、十四页为"岱峰观日"绘图及作诗，诗曰："游遍名山不望岱，向禽有约心未快。寿仙贻我以尺素，如传麻姑瘙痒背。迢迢齐鲁青接天，寓目已足□最其巅。三千浮级盘石烂，我与筇杖相周旋。古松拦路势如攫，万叠飞泉齐赴壑。一声长啸震山林，霜叶纷纷扑衣落。日观峰头窥海东，烟涛浩渺连苍穹。坐看日出诧非日，曦奴拣出瑛盘红。蓬莱阁近蜉蝣岛，我影将身拖飞岛。举头四顾心茫然，□日方起天下小。"诗中描写了作者登岱的感受和所见。

清代钱塘桑调元撰《弢甫五岳集》，修汲堂藏版。共八册。昌平坂学问所藏书。刻本长 25 厘米，宽 15 厘米，六眼线装，即所谓"康熙缀"。无题签，各册封面右上角有"昌平坂学问所"方形墨印。分为《嵩山集》一册、《华山集》一册、《泰山集》一册、《衡山集》二册、《恒山集》三册。有内页两张和护页两张。内页第一页右下角有"浅草文库"长方形双边朱印。刻本四周单边，乌丝栏，单鱼尾，版心：各卷题名 + 页码。下有"修汲堂"字样。半页十一行，行二十字，天头 3.3 厘米，地脚 2.1 厘米。

《明和改正谣本》，日本观世元章编，日语写本。江户：出云寺和泉橼，明和二年（1765）。六十一册，和装。其中：外百番之部（第四）有"泰山府君"的章节。写本长 24.5 厘米，宽 18.3 厘米，红线装订，蓝色封面，题签位于封面上部，居中，手书细目题名。内页右下角有长方形双边"橘氏藏书"朱印。该书为明治三十四年（1901）九月四日购入。内无界栏、无边框、无鱼尾、无页码，天头 4 厘米，地脚 2.1 厘米。草书。

观此谣曲内容，主要是说泰山府君祭，说泰山府君可以延长万物寿命。这是继承中国的泰山府君民俗信仰而来。但其中较有日本民俗特色的是融合了樱花的元素，谣曲中，泰山府君延长了樱花的花期。谣曲大意是说：樱町中纳言成范有感于樱花凋零，惜花而恋恋不舍，于是举行泰山府君祭。这时，天女从天而降，手折一枝樱花离开。不久泰山府君现身，责备天女的偷盗行为，而爱中纳言成范的风雅，将樱花寿命延长。谣曲中有"五道乃冥官泰山府君也，我乃守护人间实相，守护明与暗"诸语，典型地反映了泰山府君的信仰。①

说到泰山相关的和刻典籍，在信州大学图书馆里，收藏着江户中期大江匡弼所做的《五岳真形图传》②，这本书，也反映了江户时代知识阶层对泰山的认识，说明当时泰山的道教信仰已有相当普遍的传播。其序云："抱朴子曰，修道之士，栖隐山谷，须得五岳真形图以佩之，则山中一切鬼魅虎虫，一切妖毒皆莫能近。"大江匡弼所作之序则曰："安永甲午三月戊子，宦家赐唐刻五岳真形图，弼再拜熏香，如入灵岳得感，何喜如之。闻郑真人曰：道书之重者，莫过于五岳真形图也。古仙尊秘此道，非有仙名者不可授也（中略）诸名山五岳皆有此图，但藏之石室幽隐之地，应得道者入山精诚思之，则山神自开山，令人见之，此图难得，可识于此言也。然弼何幸得此灵图，不堪欣跃"云云。从大江匡弼得此《五岳真形图》的欣喜之情，可以想象江户时代知识阶层对于以泰山为首的五岳道教信仰的信奉。书中有"日本国五岳方位辨"，还有"东岳泰山名胜灵迹图并诗赋"，并绘图展示其名胜灵迹。在《天下地镇五岳分位二十八宿分野图》中，对泰山的描画很清晰。书中还抄录了明代李梦阳的《泰山诗》："俯首无齐鲁，东瞻海似杯。斗然一峰上，不信万山开。日抱扶桑跃，天横碣石来。君看秦始后，仍有汉皇台。"

说起来，日本学界对泰山文化的研究，成果最多的莫过于道教信仰方面，以及泰山的冥界/他界（otherworld）思想方面，泰山府君信仰研究在日本引人瞩目。另外，由于泰山府君对日本思想的影响深远，与阴阳道思想有密切关系，其研究成果令人侧目。所谓阴阳道，是基于中国阴阳五行说来解释灾异、

---

① 关于泰山府君谣曲的详细内容，可参考佐成谦太郎（1890~1966）著《谣曲大观》第三卷（东京：明治书院，1964年）。
② 大江匡弼：《五岳真形图传》，线装，安永四年（1775）刊。感谢信州大学图书馆提供的资料。

吉凶的方术,曾用以研究天文、历数、卜筮等。约六世纪传到日本,曾受到重视,特别是平安时代以后,其神秘的一面得到强调而在民间迷信化,并演变成为招福避祸的方术。泰山府君信仰是阴阳道思想中的一个重要部分。①

此外,值得注意的是,有不少日本汉诗将泰山或与泰山相关的人物、故事与日本第一高峰富士山联系起来的,如江户前期加藤利正《富士百咏》②中的第六首:

> 君子国中神德风,四时吹雪失青空。若令孔圣浮沧海,直指富山入日东。

这首诗将富士山与孔子联系起来,孔子登东山而小鲁,登泰山而小天下,加藤利正在诗中想象孔子若渡海来到日本,看到富士山,应该会大大惊叹。

再如前文提及的释慈周的《六如庵诗钞遗编》中有一首这样的诗作《题富士图应森冈白圭斋》:

> 吾国岱宗众岳君,名飞洋海远流闻。独惭诗赋成山积,不抵一篇封禅文。

这首诗将富士山与泰山联系起来,诗人说,在日本国内以富士山为众岳之首,其名远播海外,唯独遗憾的是虽然关于富士山的诗赋堆积如山,却抵不过一篇泰山的封禅文。前文已提过的释慈周(1734~1801),字六如,号白楼、无着庵,江户后期天台宗僧人、汉诗人,被视为江户时代的田园诗人之一,生于近江(今滋贺县),为医家苗村介洞之子,师从野村公台学习诗文,后转向宫濑龙门学习,生前与橘洲畑维祯交好,并与儒者皆川淇园等往来,兼通儒佛。他的这首题富士图的诗,恰好反映了江户时代知识阶层对泰山的普遍认识。

---

① 可参考拙作《二十世纪日本社科界泰山研究动态》,发表于《泰山学院学报》,2013 年第 2 期。
② 加藤利正:《富士百咏》,线装,天和二年(1682)刊。感谢信州大学图书馆提供的资料。

除了上述的例子之外，我们通过众多的资料看到，泰山文化东传也激发了日人的泰山之旅和泰山汉诗、和歌创作，比如明治、昭和时代的诗人田边为三郎在《凌苍集》中就创作了《泰山》诗十二首①，比他更早的，有井上圆了的《焉知堂诗集》（东京：妖怪研究会出版，1918年）第三十页中的《泰山及曲阜六首》汉诗，列举如下：

泰安晓发

轿发泰安天未明，鸡声残月送吾行。石梯云路攀难尽，疑是身登帝释城。

泰山登临

巍然泰岳镇山东，维石岩岩气象雄。古圣登临小天下，我今游此仰威风。

山顶远望

云阶万级驾轿攀，齐鲁连峰指顾间。欲咏风光裁一句，不登泰顶勿谈山。

孔子庙

吾元日本老儒生，钻仰多年志始成。遥到山东拜神位，喜看圣庙俨如城。

同　前

大成殿里拜三回，追慕高风感泪催。夫子若存必应乐，有朋远自日东来。

---

① 见《凌沧集》，东京：田边华出版，大正十三年（1924）。

孔子墓

石门瓦闭耸田头，老柏封庭境自幽。晓渡洙桥寻圣墓，秋寒蕞尔小圆邱。

此外，活跃于明治时代的随笔作家涉川玄耳（1872～1926）在其著作《在山东：歌集》中也有一首《泰山》和歌：

远远地　黄河流逝　东方的天矗立着　岩岩泰山①

这首诗用简洁隽永的语言歌颂了泰山矗立的雄姿。② 涩川玄耳写了《岱崂杂记》（大正十四年，1925，东京：玄耳丛书刊行会刊）一书，内容极为丰富，涉及到泰山的历史、登山、香税、名胜、碑刻、传说、金石，甚至还写到了清末民初泰山一带的乞丐、流浪汉、轿夫等等。之所以能写出这么详细的泰山著作，除了玄耳亲自的见闻之外，在来到山东之前对泰山文献的了解和熟悉，是必不可少的。我们可以推测涩川玄耳在日本时就已经阅读了不少的泰山文献。比如谈到泰山封禅时，涩川玄耳引用了宋代王钦若上奏宋真宗封禅泰山时的一句话："镇服四海，夸示外国。"③ 书中对泰山封禅仪式描述得很详细，仿佛亲眼目睹过这一盛典一样。又比如玄耳在谈论朝廷征收泰山香税时，追溯到明朝。没有前期对泰山相关文献的阅读积累，玄耳恐怕很难写得如此具体。

更为引人注意的是，玄耳还结合自己考察泰山的收获，指出了史书上一些需要修正的地方，如在《泰山的局部变迁》这一节中，他说，若将明代崇祯版的《岱史》与清代嘉庆版的《泰山志》比较的话，二书相隔两百年，泰山已经发生了很大的变化。而从嘉庆到现在也有一百三十年了，期间也有不小的变化，然而比清代《泰山志》更新的山志还没有，所以有些地方必须根据实

---

① 这首诗的翻译是笔者根据原文（P93）翻译，见涉川玄耳著：《在山东:歌集》，东京:诚文堂，大正九年（1920）。

② 可参考拙著《民俗信仰视域中的泰山诗歌意象——兼论日本学界泰山研究》，山东人民出版社出版；另可参考拙作《涩川氏泰山和歌与清代泰山诗》，《泰山学院学报》2014 年第 2 期发表。

③ 涩川玄耳：《岱崂杂记》，玄耳丛书刊行会，大正十四年（1925）刊，第 7 页。

际情况的变化做出修正,而不能盲目信从古书所说。玄耳指出,第一个较为显著的变化是建筑物,此外,摩崖的文字与以往的记载也有不同,有的以前有,现在却没有了,而有的以前没有,现在却有了,二者相差甚远。

前文已经说过《岱史》由商船运到日本的情况,而清代《泰山志》〔嘉庆六年(1801),金宁休氏刊本〕在长崎大学图书馆、东洋文库等都有收藏,嘉庆十三年(1808)序刊本也传到了日本,今藏在东北大学图书馆等地。可见《泰山志》曾多次输入日本。

《岱崂杂记》中还有《旧记之谬误》一节,玄耳说,《泰山道里记》是住在山下的聂剑光多次登上泰山,历时三十余年,基于极为忠实的研究而得出的著作,虽然如此,也难免多少存在一些谬误,及至文人的游记,则更多误解错记,先不说道路如今变化很大,以前的名胜旧迹多被今人附会于新路的附近,也有不少人把无字碑与李斯篆碑混同的。所以玄耳提出,眼下研究泰山不仅要学会取舍泰山古籍中所说的,更需要一份精确的测量图。① 《泰山道里记》有多种刊本藏于日本,如乾隆四十五年(1780)序,雨山堂刊本、光绪二十三年(1897)序,雨山堂刊本等,此书也多次传入日本。

《岱崂杂记》是涩川玄耳回到日本后整理刊行的。以上玄耳所述,是基于他的实地考察和前期泰山文献阅读而得到的发现,可见玄耳对泰山文献的熟悉和了解,其读泰山书之认真和仔细,由此可见一斑。

通过清代海上贸易的方式传到日本的泰山相关文献,推广了泰山信仰、诗作的传播,其影响持续不断,体现在近代乃至当代日本学术界的泰山研究,文献上的相关描述吸引了许多日人实地游览泰山,如活跃于明治时期,与黄遵宪、王韬等交游甚好的日本汉学家冈千仞(1833~1914),他于1884年访华,历时三百余天,成《观光纪游》及续记,其中有写到泰山及山东的海上贸易繁荣景象的文字:"西北望连山层起,皆山东沿岸诸山,或曰泰山。入芝罘港,小船上岸。抵公署,见东领事(次郎)、上野书记(专一),延楼上酒饭。公署新筑,一模洋制。曰朝议新开航路,自釜山、仁川,经牛庄、天津,抵芝

---

① 涩川玄耳:《岱崂杂记》,玄耳丛书刊行会,大正十四年(1925)刊,第16~17页。笔者据原文翻译。

罘,再历韩地东还,以盛三国贸易。芝罘,一名烟台,与登州相邻。每春夏,往往现烟霞楼台,故有此称。苏东坡有《观登州海市诗》,为世所称也久矣。本一渔落,铲山脚开市场,远近移住,人口三万余。物产茧丝、麦稗、豆饼。麦稗供制帽,豆饼供粪田。出入轮船,岁逾六七百,海关税三十万洋元云。出观市场,填海构屋,街路恩达,欧米公馆屹然负丘埠。一台耸起山上,曰望见轮船指港口,则表旗,使人为备。贸易埠口,皆有此设。"① 可见当时山东对外贸易的发达。

冈千仞还注意到了晚清中国海港贸易的情况:"各省水道四达,据天然之便利,以人工开凿运河,极行旅运搬之便利。其产南方诸省砂糖、油米;东方诸省之茶丝、绢棉、陶器;北方诸省之皮货、杂谷、药材;西方诸省之金属、矿物、木材,皆以船舶运搬。东南西北其数不知几万,真天府陆海者。而沿海贸易寥寥,与之相反,盖由海贼之众也。然近海欧米四开港埠,汽船往来,日盛一日,海盗风浪之难,不警而自息。"② 可见沿海省份与国外的海上贸易一直持续着,并扩大了贸易范围。

在琳琅满目的商品中,书籍的比重会发生怎样的变化,日本对汉籍的需求又会有怎样的改变呢?明治三十九年(1906),位于东京的文求堂书店在出售由中国运来的汉籍的清单中,有《岱史》十七卷,明查志隆撰,明刊本,售价八圆;《山东运河备考》十二卷,售价四圆;《山东全河备考》四卷,售价四圆。可见当时汉籍在日本仍有销路。

由此引出对近代中日书籍贸易价格的探讨,从现存的一些资料,我们可以知道近代日本经营汉籍贸易的书店的售价,从而了解其销售情况。

第四节 东京文求堂书店汉籍销售价格

为了研究者的阅览方便,本节将以表格的方式列出近代日本相关书店的汉籍售价,以及国内资料所刊载的日本刊行的书籍的价格,略作对比,以管窥当

---

① [日]冈千仞著,张明杰整理:《观光纪游》,中华书局2009年版,第91~92页。
② [日]冈千仞著,张明杰整理:《观光纪游》,中华书局2009年版,第247页。

时的典籍往来情况。

表 18　　　　　　　东京文求堂书店明治三十九年（1906）
　　　　　　　　　所售清代诗文集目录及价格表　　　　　　　（单位：圆①）

作者及书名	刊本/卷数	价　格
施闰章《施愚山文集》二十八卷《诗集》五十卷	十四本	三十八圆
纪昀《纪文达公遗集》三十卷	一帙十八本	十圆
汤显祖《玉茗堂诗文集》三十四卷	一帙十六本	八圆
陈廷敬《午亭文编》五十卷	原刻本，二帙十六本	十四圆
张廷玉《澄怀园文存》十五卷	一帙八本	五圆
王文治《梦楼诗集》二十四卷	四本	十七圆
屈复②《弱水集》八卷	一帙二本	四圆半
汤鹏《海秋诗集》二十六卷	一帙八本	七圆
毕沅③《灵岩山人诗集》三十四卷	原刻本，八本	二十圆
吴雯④《莲洋集》十二卷	六本	十圆
彭羡门《松桂堂全集》三十七卷	原刻，六本	一十圆
王崇简《青箱堂全集》四十五卷	二帙十二本	十圆
陈洪绶⑤《宝纶堂集》	一帙八本	八圆
蒋士诠《忠雅堂文集》三十卷	原刻，一帙六本	八圆
吴锡麟《有正味斋集》十六卷	原刻，一帙四本	六圆
杨芳灿《芙蓉山馆诗钞》八卷	一帙六本	六圆
嘉庆帝《味余书室全集》⑥四十卷	四帙三十二本	七圆
刘凤诰《存悔斋集》二十八卷	一帙八本	六圆

①　这里所采用的货币单位"圆"，即今日本通用的货币单位"円"，日元，二者日语读音同。明治四年（1871）制定的日本货币单位，1 日元 = 100 钱。按：此表为笔者据文求堂书店刊于明治三十九年（1906）的书目制作而成，原本藏于日本国会图书馆。以下两表所据材料同出于日本国会图书馆。

②　屈复:(1668 ~ 1739)，字见心，号金粟，晚号悔翁，清代诗人，陕西蒲城人，著作有《弱水集》《楚辞新注》《杜工部诗评》《唐诗成法》《玉溪生诗意》等。

③　毕沅:(1730 年 ~ 1797 年)，字缨蘅，号秋帆。江苏镇洋县（今太仓市）人。自号灵岩山人。从沈德潜学。

④　吴雯:(1644 ~ 1704)，清代诗人，与傅山有"北傅南吴"或"二征君"之说。字天章，号莲洋，原籍奉天辽阳，后居山西蒲州，诸生。康熙十八年试博学鸿词，不第。游食南北，足迹几遍天下。其诗清挺生新，自露天真，为王士禛、赵执信所赏。着有《莲洋集》。

⑤　陈洪绶:(1598 ~ 1652)，明末清初书画家、诗人。

⑥　原目录作《味经书室全集》，今改正。该集四十卷，有内府本及光绪五年（1879）重刊本行世。该书收录清仁宗嘉庆帝颙琰登基继位前所作古今体诗、古文和随笔等。

续表

作者及书名	刊本/卷数	价　格
钱陈群①《香树斋诗集》十八卷《文集》二十八卷《续集》三十六卷	四帙二十四本	十二圆
吴嵩梁②《香苏山馆诗钞》三十卷	原刻，一帙八本	十五圆
叶绍本《白鹤山房诗钞》二十四卷	一帙四本	五圆
礼亲王③《诚正堂稿》六卷。	六本	四圆
王苏④《试唆堂诗集》十二卷	一帙六本	四圆
盛大士⑤《蕴愫阁全集》二十六卷	二帙十六本	六圆
盛征玙《啸雨草堂集》十卷	二帙十六本	六圆
杨翰《褱遗草堂诗钞》十二卷	三本	一圆半
林苏门《邗江三百吟》十卷	四本	二圆
王霖《弇山诗钞》二十二卷	一帙六本	六圆
孙梅《旧言堂集》四卷	一帙四本	二圆
高珩《栖云阁集》十六卷	原刻，一帙八本	七圆
陈澧《东塾集》六卷	三本	二圆
陆心源《仪顾堂集》二十卷	六本	三圆半
《国朝六家诗钞》嘉庆刻本	一帙八本	三圆
蔡殿齐《国朝闺阁诗钞》十卷	一帙十本	六圆

---

① 钱陈群:(1686～1774),字主敬,浙江嘉兴人,清朝大臣。父纶光,早卒。母陈,翼诸孤以长。康熙四十四年,圣祖南巡,陈群迎驾吴江,献诗。

② 吴嵩梁:(1766～1834),字子山,号兰雪,晚号澈翁,别号莲花博士、石溪老渔。江西东乡新田(今属红光垦殖场)人。清代文学家、书画家。清江西最杰出的诗人。有"诗佛"之誉。

③ 爱新觉罗·永恩:(生卒年不详),清朝宗室。雍正初封贝勒,乾隆十六年(1751)袭封礼恭亲王,字惠周,号兰亭主人,修王崇安子。性喜诗工画,用笔简洁,深得"金陵八家"之奥。或以指作绘,皆有生气。有崇山飞瀑图。作有《益斋集》《姚鼐撰家传》《读画辑略》《漪园四种》包括包括《五虎记》《四友记》《三世记》《双兔记》传奇四种,《诚正堂稿》。

④ 王苏,字侪峤,江苏江阴人。乾隆庚戌(1790)进士。改庶吉士,授编修,历官卫辉知府。

⑤ 盛大士:(1771～1836),字子履,号逸云,又号兰簃道人,又作兰畦道人,镇洋(今江苏太仓)人。嘉庆五年(1800)举人,山阳教谕。清代画家、学者、诗人。

表 19　　东京文求堂书店大正二年（1913）所售清代诗文集目录及价格表

（单位：圆）

作者及书名	刊本/卷数	价　格
黄宗羲《南雷文定》	十一卷附录一卷，一帙六本	十二圆
吴伟业《吴梅村全集》	四十卷，一帙十本（印版不佳）	六圆
《康熙御制仿白居易乐府五十章》	内房刊本，一帙四本	三圆
施闰章《施愚山全集》	九十五卷，原刊本，一帙二十本	二十圆
吴雯、傅山《吴傅诗钞合刻》	一帙六本	八圆
田雯《古欢堂全集》	原刊初印本，二帙十本	十五圆
宋荦《西陂类稿五十卷》	原刊本，二帙十六本	二十五圆
陈廷敬《午亭文编五十卷》	原刊初印本，一帙十六本	十五圆
林佶写《渔洋山人精华录十卷》	写刻初印本，一帙四本	五圆
金荣注《渔洋山人精华录笺注十二卷》	原刊本，一帙六本	八圆
王士禛《带经堂全集九十二卷》	原刊本，二帙十六本	三十六圆
高士奇撰《高江村全集》	原刊本，二帙十二本	十二圆
冯班撰《冯舍人遗诗六卷》	一帙二本	八圆
汪钝撰《尧峰文钞》四十卷	原刊本，一帙无本	十圆
李颙《李二曲全集》	白纸印本，二帙十二本	七圆五十钱
张鹏翀《南华山房诗钞》六卷	原刊本，一帙六本	八圆
姚鼐《惜抱轩全集》	原刊本，二帙十六本	五圆
陈祖范《陈见复全集》十卷	原刊本，一帙五本	五圆
方苞《方望溪全集》三十二卷	一帙十四本	三圆
全祖望《鲒埼亭集》三十八卷	一帙十六本	四圆
全祖望《鲒埼亭集》三十八卷	旧抄本，一帙四本	二十圆
洪亮吉《卷施阁全集》四十卷	原刊本，一帙十四本	六圆
王文治《梦楼诗集》二十四卷	一帙六本	十二圆
钱大昕《潜研堂全集》七十卷	一帙十二本	六圆
王昶《春融堂集》六十八卷	二帙十六本	六圆
王芑孙《渊雅堂全集》五十六卷	原刊本，二帙十八本	十二圆
俞正燮《癸巳存稿》十四卷	原刊本，一帙五本	四圆
俞正燮《癸巳类稿》十五卷	原刊，一帙五本	五圆

续表

作者及书名	刊本/卷数	价　格
翁方纲《复初斋文集》三十五卷	一帙八本	十圆
翁方纲《复初斋诗集》七十卷	原刊本，二帙十六本	三十六圆
杭世骏《道古堂全集》七十四卷	原刊本，二帙十六本	十圆
储大文《存砚楼文集》十六卷	一帙八本	二圆
杨芳灿《芙蓉山馆诗钞八卷词钞二卷》	原刊本，一帙四本	八圆
阮元《揅经室集》六十卷	原刊本，六帙廿六本	十六圆
彭兆孙《小谟觞馆全集》十二卷	原刊本，一帙四本	四圆
陈维崧《湖海楼全集》五十四卷	原刊本，二帙十四本	八圆
张澍《养素堂文集》三十五卷	二帙十六本	三圆
张澍《养素堂诗集》二十六卷	十四本	四圆
边洛礼《健修堂集》二十二卷	一帙八本	三圆
董士锡《齐物论斋文集》六卷	一帙二本	一圆五十钱
郭麐《灵芬馆诗四集十一卷》	（虫眼太多）一帙四本	六圆
吴之振《黄叶村庄诗集》八卷	一帙四本	三圆
吴锡麒《有正味斋全集》七十三卷	原刊本，二帙二十本	八圆
伊秉绶《留春草堂诗草七卷》	原刊本，一帙二本	六圆
胡天游《石笥山房全集》十八卷	一帙八本	二圆五十钱
稿本《梦鹿龛稿》卷六十二	一帙一本	三圆
宫去矜《守坡居士集十二卷》	原刊本，一帙二本	五圆
钱维城《鸣春小草七卷茶山诗文钞二十二卷》	一帙八本	八圆
刘嗣绾《尚絅堂诗集》五十二卷	一帙十本	六圆
孙原湘《天真阁集》五十卷	二帙十二本	十圆
蔡书昇稿本《甲子新稿》	四本	十二圆
朱士琇《梅崖居士集》三十八卷	原刊本，二帙十二本	六圆
严长明《金阙攀松集》一卷	一本	五十钱
草稿本《画荻斋诗》	一帙一本	三圆
管同《因寄轩文集十六卷》	原刊，一帙二本	三圆
梅曾亮《柏砚山房全集三十卷》	八本	二圆五十钱
史梦兰《全史宫词二十卷》	一帙八本	四圆

续表

作者及书名	刊本/卷数	价　格
陆心源《仪顺堂全集二十卷》	原刊，一帙十本	四圆
钱谦益《列朝诗集八十一卷》	原刊，四帙卅二本	五十圆
刘执玉《国朝六家诗钞八卷》	一帙六本	十圆
沈德潜《国朝诗别裁集三十六卷》	原刊初印，二帙十六本	三十圆
乔亿《剑溪说诗二卷》	原刊，一帙一本	三圆
薛雪《一瓢诗话一卷》	原刊，一帙一本	四圆
王士禛《五代诗话十二卷渔洋诗话三卷》	一帙四本	三圆五十钱
朱琰《诗触五卷》	一帙八本	二圆
王昶《湖海诗传四十六卷》	原刊，二帙十二本	六圆

表20　　东京文求堂书店大正四年（1915）所售清代诗文集目录及价格表

（单位：圆）①

作者及书名	刊本/卷数	价　格
周亮工《赖古堂诗》十卷	一帙六本	八圆
周亮工《赖古堂集》二十四卷	原刊，二帙十二本	二十圆
恽寿平②《南田诗五卷》	仙芳阁聚珍版本，一帙二本	六圆
宋琬《明月诗简》	原刊，一帙二本	三圆
《渔洋山人精华录十二卷》	巾箱本，二帙十本	十圆
毛奇龄《毛西河文集》	二帙廿二本	五圆
申涵光《聪山集八卷》	一帙六本	三圆
梅清《瞿山诗略三十三卷》	原刊，二帙八本	二十五圆
李渔《笠翁一家言全集十六卷》	大本，二帙二十六本	八圆
查慎行《敬业堂集五十卷》	原刊，二帙十二本	二十五圆
查慎行《敬业堂诗续集六卷》	原刊，一帙二本	八圆
梁清标《蕉林诗集十八卷》	原刊，一帙八本	十五圆
郑燮《板桥诗钞》	通行粗本，一帙四本	一圆

①　此表为笔者据《文求堂唐本目录》〔大正四年（1915）7月发行，东京：文求堂书店编〕绘制而成，据序言称，这些汉籍都是当时从北京购回的、夏天到货的汉籍。

②　恽寿平：(1633～1690)，名格，字惟大，后改字寿平，以字行。南田是他的号。作为明末清初著名的书画家，他开创了没骨花卉画的独特画风，是常州画派的开山祖师，兼善诗文。

续表

作者及书名	刊本/卷数	价　格
王文治《梦楼诗集》二十四卷	原刊，一帙六本	十二圆
王文治《梦楼诗集》二十四卷	初印本，一帙六本	二十圆
刘墉《刘文清公遗集》二十卷	四本	八圆
尹秉绶《留春草堂诗钞》八卷	原刊，一帙二本	十圆
阮元《研经堂全集三十八卷四库未收书提要五卷》	粤刊本，一帙十三本	二十圆
杜濬《变雅堂诗文集十四卷》	通行本，一帙八本	二圆
严虞惇①《严太仆集》十二卷	一帙二本	二圆
翁方纲《复初斋文集》三十五卷	一帙十二本	十圆
吴之振《黄叶山庄诗集》八卷	一帙四本	三圆
全祖望《鲒埼亭集三十八卷外集五十卷》	四帙廿四本	十二圆
方宗诚《柏堂集前后编三十六卷》	十六本	八圆
舒位《瓶水斋诗集》十七卷	一帙八本	三圆五十钱
宫去矜《守坡居诗集》十二卷	原刊，一帙二本	二圆五十钱
罗有高《尊闻居士集》八卷	一帙二本	三圆
徐荣《怀古田舍诗钞》三十三卷	一帙八本	六圆
锡龄撰，鲍兰生注《碧琅玕馆诗注》二卷	一帙二本	一圆五十钱
徐时栋《烟屿楼诗集》十八卷	一帙四本	二圆
任道镕②《寄鸥馆梅花百咏》一卷	一本	一圆
张裕钊《濂亭文集》八卷	原刊，一帙四本	八圆
缪荃孙《艺风堂文集》七卷	一帙四本	二圆
夏秉衡《清绮轩词选》十三卷	巾箱本，一帙八本	三圆
薛雪生《一瓢斋诗话》一卷	原刊，一帙一本	三圆
王昶《湖海诗传》四十五卷	一帙十六本	四圆

①　严虞惇：(1650～1713)，字宝成，号恩庵，常熟(今属江苏)人。康熙进士，官至太仆寺少卿。曾著《读诗质疑》《文献通考详节》等书。

②　任道镕：(1823～1906)，字筱沅，又字砺甫，号寄鸥。拔贡出身，著有《寄鸥馆日记》《寄鸥馆梅花百咏》《寄鸥游草》等。

续表

作者及书名	刊本/卷数	价　格
石文成编《历代论诗丛话一百二十种国朝诗话十二种》	十六本	二十五圆
《钦定词谱》四十卷	内府刊开花纸印朱墨套本，四帙二十本	一百八十圆
周祥钰等编《九宫大成南北词宫谱》八十一卷	庄王府刊本，六帙五十本	九十圆

表21　大阪支那书社大正二年（1913）三月所售由江苏输入之汉籍部分目录

(单位：圆)①

作者及书名	刊　本	价　格
俞樾《茶香室续钞》二十五卷	六本	二圆五十钱
钱大昕《潜研堂全集》五十卷	八本	十圆
钱泰吉《甘泉乡人稿》二十四卷，增年谱及邵晨吟稿	六本	六圆
吴锡麟《吴氏一家稿》精印本	十二本	十二圆
魏锡曾《魏家孙全集碑录十卷题跋诗文存一卷》	白纸初印本，十本	五圆
钱坤一《择石斋诗集》四十九卷	原刊本，一帙六本	六圆五十钱
许宗衡《玉井山馆诗十五卷诗余一卷》	二本	一圆
李颙《二曲全集二十六卷附四书反身录八卷》	十本	四圆
谢叠山选，有邱邦士评《文章轨范七卷》	白纸朱墨套本，四本	三圆
梅曾亮辑《古文词略二十四卷》	四本	二圆
夏秉衡选《清绮轩历朝词选十三卷》	白纸小本，一帙六本	二圆
胡延著《长安宫词一卷》（咏清时宫中杂事）	宣纸精刊本，一本	一圆
万斯同《明乐府诗一卷》	白纸本，一本	五十钱
潘衍桐录《缉雅堂诗话二卷》	一本	一圆
钟秀《观我生斋诗话四卷》	白纸本，二本	二圆
梁章钜《试律丛话八卷》	四本	二圆

---

① 此表为笔者据国会图书馆（东京）所藏《支那书社唐本目录》（1913年刊）制作而成，主要选取其中清诗部分。附:序(译)：愈御清穆，奉大贺候，这回从江苏地方输入的古典书籍，列目如左，敬请阅览……大正二年三月吉日，支那书社。

续表

作者及书名	刊 本	价 格
不著录撰者姓氏《岘傭说诗一卷》	白纸石印本，一本	八十钱
管斯骏校《诗梦钟声录一卷》	白纸本，一本	五十钱
顾炎武《亭林遗书十种》（内有《亭林诗集》五卷）	十本	十圆
陆心源《十万卷楼丛书初二编》	初印精本，六十本	十八圆
顾湘《小石山房丛书四十一种》	二十本	八圆
《今古图书集成全函》	初印本，三百二十帙，一千六百二十八册	四百五十圆

表22　康有为《日本书目志·文学门》（1897年刊）汉诗文献目录及价格

（单位：角、分）

作者及书名	刊本/卷数	价 格
小野湖山《诗法纂论》	二册	三角五分
小野湖山《续诗法纂论》	二册	三角五分
木山槐所《诗法轨范》	二册	一角八分
近藤元粹订《萤雪轩丛书（诗话）》	二册	七角
祇园南海《诗学逢原》		二角五分
藤良国《诗学类典》	十七册	一圆五角
庄门熙编《诗学自由自在》	四册	三角五分
松浦义礼《诗学便览大成》	明治新刻，二册	一角二分
千叶玄之《诗学小成》	四册	三角
藤良国《历代诗学精选》	十七册	一圆五角
木村一是《诗作便览》	明治新撰	一角八分
高桥易直《新撰诗作必携》	二册	二角
关德《新选诗作自在》	二册	二角
堀中东洲《明治作诗必携》	二册	一角五分
山本北山《作诗志彀》		二角五分
松本正纯《作诗诀》	一册	一角五分
铃木重光《活用自在新编作诗必携》	四册	二角五分
四宫宪章《作诗法讲义》	一册	一角三分

续表

作者及书名	刊本/卷数	价　格
永田芳正《作诗精选》	明智新编，二册	四角
藤井次郎《新撰诗文幼学便览》（作例附）	一册	四角
禹阳默斋子《唐宋精选联珠诗格》	二册	二角五分
东条信升《唐宋新联珠诗格》	二册	二角
岸田吟香校正《诗韵全文》	一册	六分
岸田吟香校正《诗韵合璧》	五册	一圆
中井重校《韵府一隅》	二册	四角
平田丰《新增补掌中诗韵笺》	一册	一角
藤良圆著，内山校正《诗语对句自在》	五册	四角
朝野泰彦《新编幼学诗语碎金》	四册	三角
石川鸿斋校正《圆机活法》	二册	一圆七角五分
福井淳《新编增补文材活法》	三册	三角
菅茶山诗，刘石秋解《诗律法门》	二册	五角
祇园南海《南海诗诀》		二角五分
荒山泰义编辑《维新两雄诗文》	二册	一角
清·吴孟举《方秋崖诗钞》	一册	二角
西村贞编辑《朝鲜三代诗》	一册	一角五分
松井广吉《和汉名家诗集》		二角
观风吟社编辑《海外观风诗集》	一册	一角二分
翁伯庵《花历百咏》	二册	四角五分
韩英《韩诗外传》	五册	四角
豫士居迫《获我心诗》	一册	一角
北山《杨诚斋诗钞》	五册	四角八分
绵引秦编辑《烈士诗传》	二册	二角五分
松冈文洲编《训点唐诗选》	二册	二角
菊地海庄撰《溪琴山房诗》	二册	三角五分
中山徹《古今英杰诗钞》	一册	二角五分
佐藤六石编《皇朝千家绝句》		一角
金檀星轺编《高青邱诗集》	八册	七角五分
菅茶山著《黄叶夕阳村舍诗》	十三册	一圆二角

续表

作者及书名	刊本/卷数	价　格
冈三庆讲述《三体诗讲义》	一册	三角
赖山阳《山阳诗钞》	一册	二角
嵩山堂《三体诗》	三册	一角二分
吉田大藏、冈本寅合讲述《三体诗唐诗选讲义》		三角五分
太田真琴辑《近世诗史》	二册	二角
池田观编辑《近世名家诗钞》	三册	二角五分
高井长能《明治诗史》	二册	二角
山田延太郎《明治大家绝句》	四册	一角二分
广濑淡窗著《远思楼诗钞》	四册	二角五分
后藤元太郎编，山阳外史评《批评宋诗钞》	四册	二角五分

　　由田中庆太郎（1880～1951）主持的文求堂，可以说"是近代日本首家汉籍专业书店"①，文求堂是田中的先人于日本文久元年（1861）创办的，取年号的谐音而称书店为"文求堂"。明治三十四年（1901）从京都迁至东京。田中一直关注中土书籍，并多次赴华求购。文求堂在日本的影响很大。田中与郭沫若是好友，还曾出版过鲁迅的小说选集，鲁迅等人还多次通过朋友购买过文求堂的书籍。② 文求堂出售的汉籍量多质优，在日本很有名气。从其出售汉籍的价格，可以看出当时汉籍在日本的销售情况。关于近代中日的货币兑换情况，可以参考晚清东游日记资料中的相关记载，比如："［光绪二十九年（1903）四月］二十六日，云，午前九时至邮船会社购船券，船名博爱丸，自上海至神户，一等室，往复券计墨银八十二圆五角。又至正金银行以墨银易日币，计墨银一圆，易日币八十七钱七厘零。"③ 这里记录的是蒋黼在赴日考察之前买船票，可知当时墨银一圆相当于日币八十七钱七厘零。当然，中间可能有些许变动，但可以大致按照这一汇率来参照以上的书目价格表。由以上的价格表我们可以知道，明治时期日本虽然"脱亚入欧"，并出现了汉诗否定论，汉籍价格下跌，需求量减少，但是汉籍的销售并未停止，两国间对汉籍的供求关系仍然

---

① 陈富康：《民国文学史料考论》，花城出版社2014年版，第37～39页。
② 陈富康：《民国文学史料考论》，花城出版社2014年版，第244～249页。
③ 引文资料出自清（吴县）蒋黼撰《东游日记》一卷，第1页。

存在。日本国会图书馆收藏的汉籍有不少是明治时期［大部分集中在明治二十年（1887）到1917年这段时间内］购入的。而明治时期从中国运抵日本的汉籍价格仍然较高，仍有利益可求，所以文求堂等书店的销售书目中出现了不少的汉籍。而康有为的日本汉籍价格表，① 则体现了当时日本本土汉诗文典籍的价格，其价格远低于中国传来的汉籍，为中国学者购求提供了一定的便利，日本汉诗文典籍也有不少通过贸易、赠送等方式流传到国内来的。这一点，本书其他章节已经做了论述。

---

① 据王宝平教授的考证，康有为的书目表是根据当时日本的销售书目《东京书籍出版营业者组合员书籍总目录》而编的。详细论述请见《康有为〈日本书目志〉出典考》，《汲古》(东京：汲古书院，2010年6月)57号，第13~29页。并见《文献》2013年第5期。

第二章　江户人的富士山汉诗与泰山想象

江户时代的日本，处于锁国期间。自1633年江户幕府颁布第一次锁国令之后，一直到1854年日美亲和条约签订，长达两百多年的锁国政策使江户时代的日本几乎断绝了与海外的交流，这一时期，唯有长崎港口开放，允许部分清朝船只和荷兰船只进入贸易："惟是清兰二国，每岁进港，苟易有无耳。"①其中，清朝的贸易额远远多于荷兰，关于这一时期的中日贸易和文化交流、汉籍流通，前文已经论述过，兹不再赘述。

锁国政策不仅禁止海外船只或人员、物品进入日本境内，也严格禁止日本人出海。因此，江户时代日本人对外界的了解，只能通过长崎的清商、荷商贸易，或者偶尔因为飓风等原因漂流到日本沿海地区的船只。如此，当时日人对外界的了解较少，多止于想象和传说。对于泰山的认识，也不例外。

泰山是一座怎样的山？有多高？有什么样的特点？具体在哪里？诸如此类的问题，江户时代的人们并不清楚，但是，对于汉诗人来说，他们熟悉杜甫的《望岳》，并为他沉郁顿挫的诗风折服，对这首诗的成就，也一致地认为好，他们也熟悉孔子"登东山而小鲁，登泰山而小天下"的典故，所以，每当他们看到高高耸立的富士山，胸中激荡豪迈之情时，往往会联想到杜甫笔下的泰山，会把泰山与富士山做一个对比。本章拟对江户时代富士山汉诗的特点进行较详细的分析，并论述江户时代汉诗人对于泰山的认识和想象。

---

① 检夫尔著,志筑忠雄译:《锁国论》,享和元年(1801)写本,上册:序言。

第一节　富士山汉诗的特点

杜甫的诗集是何时传到日本的呢？现在能看到的最早的杜甫诗集东传日本的资料，是留学僧圆仁携带回国的书籍目录。而在十世纪的时候，我们已经可以在平安时代的摘句集中看到杜甫的诗句。具体的，已有学者做出了充分而翔实的考证，兹不赘录。① 可见杜诗早已传播到日本，并被接受和学习。我们知道，杜甫的《望岳》诗，突出泰山之高，而孔子"登东山而小鲁，登泰山而小天下"，也突出泰山之高。《望岳》诗云：

岱宗夫如何？齐鲁青未了。造化钟神秀，阴阳割昏晓。荡胸生层云，决眦入归鸟。会当凌绝顶，一览众山小。

学术界也有不少学者认为杜甫的《望岳》是以泰山的雄伟，抒发诗人内心的豪迈和抱负。② 但是，对于江户时代的诗人来说，泰山的高峻，却给他们留下了深刻的印象。

在乾峰士云的富士山汉诗中，我们看到，日本汉诗人在欣赏、描写富士山时认为，能与之作对比的，就是传说中让人仰望的泰山：

（序）夫子登东山而小鲁，登泰山而小天下。余也见士山而大扶桑也。

大地撮来无寸土，当空还见此山成。海宽才醮半边影，多少虚舟载雪行。③

乾峰士云在看到富士山时，想到了孔子登泰山而小天下的典故，于是以此

---

① 静永健撰：《关于近世日本所能读到的〈杜甫诗集〉》，《文学研究》第109辑，2012年版，第1~19页。
② 李寅生编著：《古诗精粹》，四川辞书出版社2002年版，第147页。
③ 高柳光寿：《富士的文学》，名著出版1973年版，第152页。

为类比，想到自己今天看到富士山，也可以"登富士而小扶桑"了。诗中描写了富士山傲然独立，不倚不傍的姿势，也写了富士五湖倒映着山色，而山顶上的积雪尤其显出富士山的美丽高洁。

说起来，江户时代关于富士山的汉诗几乎都以吟赏风景为主，且多以"芙蓉"（雪芙蓉、玉芙蓉等）美之，并常以蓬莱喻其仙境。不过，比起芙蓉来，蓬莱之喻较少。以芙蓉比喻富士山的例子俯拾皆是，如柳湾馆题富士山词曰："一枕午窗睡思奇，芙蓉万仞劈云披。岂言闲梦无佳兆，传得名山揽胜诗。"① 以"芙蓉"写富士山美景，甚至以"芙蓉"代称富士山的，在江户时代的汉诗中屡屡见到，这一点，无疑是江户时代富士山的一个特色，也是迥异于泰山诗的一个特点。下面再来看几首诗：

广濑冲的题诗，也以芙蓉比拟富士："芙蓉胜槩入诗来，豪藻瑰奇绝点埃。读至一声长啸句，使人羽化上蓬莱。"二宫督的题诗曰："闲把诗篇仔细看，山峰万壑在毫端。读至芙蓉白雪句，顿觉茅堂六月寒。"这首诗在众多的富士山汉诗中有典型意义，不仅用芙蓉形容富士山的高洁美丽，同时还突出了其"寒"的特点，由于富士山终年积雪，所以诗人以"冰肌雪骨""玉芙蓉、雪芙蓉"比喻富士山，并不是凭空而来的想象和感受，而是有实际上的地理环境依据的。其次，富士山海拔三千七百多米，因此汉诗中也经常突出其"高"，如宇佐美明的题诗："东海名山千万仞，世间谁复可争高。八棱突兀神仙窟，何料收来在兔毫。"诗歌中的富士山，体现出"高处不胜寒"、不染尘埃的人间仙境的形象。也因此衍生出富士山"清"的特点，清丽、清净，因此诗人经常描写哪怕只是仅仅读富士山的有关诗歌，也能感觉到清风拂面，而使人快要羽化为仙，展现了其仙气飘飘的意蕴，如水野行的诗："新诗翻卷坐三更，不尽山峰透骨清。无限罪根浑灭了，正疑两腋羽轮生。"②

除了风景描写之外，诗人也不时联系到中国或日本的民俗、历史、故事传说，如："徐福当年来海外，访仙采药不归乡。如今遗迹无存处，山上唯余大禹粮。"这涉及富士山的故事传说，关于竹姬与不死药。《竹取物语》是日本

---

① 快庵先生：《富士纪行诗》，江户，天保2(1831)，1册，和装，第2页。
② 以上所引汉诗，均出自快庵先生著：《富士纪行诗》，1、2、3，为免烦琐，不在正文中一一标注，在此特作说明。

最早的物语故事，故事梗概是：很久很久以前，山里住着一对善良的老夫妻。老翁经常上山砍竹子。这天，他又到了山上竹林，却惊讶地看到一棵竹子里面发出耀眼的金光，他走过去一看，原来竹筒里坐着一位非常漂亮的巴掌大小的女孩，而那闪闪的金光就是从她身上发出来的。老翁决定把小女孩带回家抚养，老两口非常喜爱这个小女孩，取名为"竹姬"（又称"赫夜姬"）。竹姬很快就长大了，她的美貌传遍了天下，年轻人都来向她求婚，可是竹姬都不答应，出了几道难题把他们都难倒了。最后国王也来求婚，可是竹姬还是坚决不答应，国王求婚求了三年，无法打动竹姬，最后决定动用武力把竹姬带回皇宫，就在军队到达竹姬所住的房子前时，天上忽然来了很多仙女，把竹姬接走了。竹姬临走时，对老翁老婆婆说，她本是月宫里的公主，现在就要回到月宫，为了报答老夫妇的养育之恩，竹姬把不死药放在"日本最高的山峰上"（即富士山），冒烟的地方就是放药的地方。于是老两口爬到山顶，果然看到了竹姬留下来的不死药。

关于这个故事的细节还有多种说法。富士山冒烟的情节与富士山是火山有关，古代的富士山不时喷火，故事中说富士山冒烟，是根据富士山作为火山这一特点来写的。而不死药的想象，恐怕与徐福东渡，替秦始皇寻找不死药的传说有关。在这首诗里，诗人巧妙地把富士山火山喷火冒烟与徐福故事联系在一起，再引入竹姬的传说，让人读了产生无穷的遐想。看来融入民间故事传说和风俗，汉诗就显得更为丰富生动。

在这个故事里，对富士山的高，是这样描述的："（前略）奏群仙夺姬去之状，且献药壶及书，帝览其书，大悲之，绝饮膳，遂至废诸游宴。一日，召集百官有司问曰：四海之内，何州何山最峻，极于天。（中略）有司奏曰：骏河国有高山，去京畿不远，天阙甚近。"① 这些文字，极写富士山的高峻，近于天阙。

而这么高峻的富士山，具体又有多高呢？若与杜甫诗中"一览众山小"的泰山作比较，或者，与中国的古代传说、仙人故事联系起来，人们就会更容易感受到富士山的高了。于是，我们看到，在富士山汉诗中，经常会出现中国

---

① 竹川桥丁：《竹取物语》，写本，写作年代不可考。

古典故事的描述。

除了日本本土的传说之外，中国古代的传说也能激发欣赏富士山的诗人的灵感，如："借得真人九节筇，云梯步步讨仙踪。来游玉井莲池上，王母坛边第几峰。"① 这首诗以王母的传说为背景，写富士山登山的感受，好像借来了真人的九节筇，一步一步登上山上的仙境，来到山上的莲池边，仿佛离传说中的王母娘娘越来越近了。如果我们把眼光转到别的诗人的作品，仍然会发现同样的特点：用泰山之高的比较，或者借助中国的古典故事来描写富士山。

江户时代另一位汉诗人加藤利正的富士山汉诗也以吟咏风景为主，突出富士山的高、寒、美。但是汉诗毕竟源于中国古典诗，以中国古典诗的要求为要求，且会作汉诗者，其汉学功底必然很好，谙熟中国典籍。所以日本汉诗中难免会出现很多中国典故，哪怕诗里写的是日本的风土人情。在加藤利正的富士山汉诗中，我们首先看到，诗中联系到中国的孔子、泰山来写富士山，如其六："君子国中神德风，四时吹雪失青空。若令孔圣浮沧海，直指富山入日东。"② 诗中首先描写富士山的神态，矗立在这君子之国的富士山，仿佛也有着君子的风范，显出凛凛的神德之风。富士山山顶积雪，锋头四季白雪茫茫，使天空都为之失色。如果圣哲孔子渡过沧海来到此处，那么他也会指着位于日出东方的富士山赞叹不已的。此外，加藤利正用中国的五岳与富士山作对比，写出富士山的高峻，如其二十一："云烟卷雪景无穷，山上深渊山下风。五岳低头千里外，九天浮影一壶中。"③ 这首诗是说，富士山云雾缭绕，白雪纷纷，景色无穷，令人应接不暇，富士山下有五湖环绕，低头看去，仿佛深渊，而抬头看山，山上狂风凛冽。站在高高的富士山山顶，遥想远在千里之外的五岳，在高耸的富士山面前，仿佛都低着头，然天空之大，也被这富士五湖的湖水倒映，尽收湖中。言语中为富士山的高峻而不无骄傲之意。

加藤利正还以银河、织女星的传说来写富士山，见其四十六："海东绝顶激烟波，何惯张骞用寄槎。直是客星登可涉，士峰雪浪入银河。"④ 这首诗引

---

① 快菴先生：《富士纪行诗》，江户，天保二年（1831），1册，和装，第2~3页。
② 加藤利正：《富士百诗》，1676年序刊本，第2页。
③ 加藤利正：《富士百诗》，1676年序刊本，第4页。
④ 加藤利正：《富士百诗》，1676年序刊本，第9页。

用了中国的传说,即张骞泛槎,到了银河,见到了织女。加藤利正在这里用银河的典故,极言富士山之高,张骞若是知道有这么一座高山,那么他也不用伐木造船,只需登上富士山山顶,自然就可以顺着山顶的雪找到银河。与其他写富士山的汉诗人一样,加藤利正看到富士,也不由自主地联想到秦帝求药、徐福东游的故事:"秦帝求仙如刻舟,蓬莱雪夜远望幽。若令徐福知清兴,富士山阴王子猷。"① 还有以伯夷相比的:"若将岩雪比孤竹,千岁伯夷论圣清。"等等。

到了江户时代后期和明治时代初期,诗人对富士山的尊崇意识越来越明显和强烈,诗中仍联想到杜甫的《望岳》,并与杜甫笔下雄伟高奇的齐鲁泰山作比:"不是灵踪自琵琶(固是妄传),东天削出玉莲花(何妨太白)。云通奥陆三千里,雪照江城百万家(无所不见)。的的寒光连墨水(墨水在江城),葱葱佳气接金华(金华山在奥陆)。唯须绝域窥神秀,齐鲁青余何足夸(泰宗齐鲁青未了,孰与我富岳,无所不见)。"② 从这首诗可以看出,诗人尊崇富士山的意识变得主动而明显,与泰山作比较的时候,要一较高下。江户后期的富士山汉诗虽然仍然常常以"芙蓉""玉莲花"来比喻富士山,但把富士山描写为"岳王",却是一个新的变化:"堂堂气象帝云霄,四面峰峦拟百僚(岳王照临,群山臣事)。恭立自如尊可仰,拱垂宛似富无骄(岳王之态,形容得好)。皱间应是含星宿,毛孔何妨纳海潮(奇语之甚,楞严云一毛孔中纳四海水)。长酿东方灵淑气,要将膏雨致丰饶。"这首诗塑造了富士山高高在上的岳王气势,四周的峰峦簇拥着富士峰,看起来就像群臣朝拜一样,而富士山俯仰之间均神态自若,表现出了帝王的气度。富士山在诗人的笔下,地位越来越高。

还有别的诗也多次提到富士山作为"岳王"的气势。如:"照临四海绝从衡(真是岳王)。"此外,诗人还以女娲炼石补天的传说,突出富士山天然的神功造化:"娲氏休夸炼石功,兹峰削出放神工。信湖北漾鹅纹乱(信湖名鹅湖,岳影落焉),天水西驰龙气雄(天龙河源自鹅湖)。夏色春蒸千顷绿(信湖),雨声晴泻一川风(天水)。忽惊诡彩妆琼麓,蹴得云间万丈虹(炼石何

---

① 加藤利正:《富士百诗》,1676 年序刊本,第 18 页。
② 仁科白谷著,冈天民评注:《芙蓉百律》,1837 年刊本:第 3,4 页。

足夸)。"有学者认为,住在关东的诗人所写的富士山,具有强烈的"上方意识"①,欲与当时的政治、文化、经济中心京都地区作一较量。这一点,当是仁者见仁、智者见智了。笔者以为,江户后期和明治时期的富士山尊崇意识,反映了诗人的民族意识和本土崇拜。

第二节 东岳先生的富士山诗

江户时代熟悉杜诗、喜爱山水的东岳先生直辰卿,作了不少汉诗,颇得杜甫诗风。据《东岳遗草》鳌洲序曰:"直辰卿,字士宗,号东岳,美作鹤城人也,正德壬辰(1712)生,明和甲申(1764)死。初,家君教兄弟分财别居,宗让三之二于兄,(中略)造酒为业,家政之暇,颇好诗文,偶谒林义卿先生于京师,师事之循循不已矣。大率篇成而请益于先生,先生尝著诗则属宗校订。为人温恭谦逊,其事父母也,朝暮必省,于兄家者三十年一日也。交游者,皆城中君子也。"② 东岳先生以"东岳"为名,取自山名。日本姓名深受中国文化影响,笔者曾撰文论述。③

可知东岳先生家计之余爱诗,常以诗自娱,其汉诗多得山水之助,并得杜甫神韵,诗风清雅沉郁,如《漫题》:"吾昔入长安,偶尔遇奇士。自说游此久,且不说姓氏。日历五陵外,家本在戚里。清才知天文,博物谙地理。一朝出人间,远随赤松子。仙踪不可知,如今在何地。唯有明月色,依稀旧时似。"④

这本薄薄的诗集中多是寄友诗、送友诗、赠别诗和咏物诗,多用中国典故,东岳先生熟悉中国古典诗词,汉学功底较为深厚,如《送僧归山》:"飞锡从斯去,匡庐第几峰。访君看瀑布,何日涤尘胸。"⑤ 看来他对李白的《望庐山瀑布》较为熟悉。诗中写到庐山的还有《舟行即事》:"万里西风江上秋,忽看鸿雁度寒洲。滩头日落潮声急,云里钟传暮色幽。三峡愁损催客泪,孤峰

---

① 池泽一郎:《汉诗所咏的富士山——从京儒之立场出发》,《国文学》2月号(第49卷第2号,东京:学灯社,2004年),第88~92页。
② 直辰卿撰,男则朋集录:《东岳遗草》1775年版,序;第1,9,10页。
③ 拙文:《日本人名的中国文化印痕》,《日本研究》2013年第1期,第96~101页。
④ 直辰卿撰,男则朋集录:《东岳遗草》1775年版,序;第1,9,10页。
⑤ 直辰卿撰,男则朋集录:《东岳遗草》,1775年版:序;第1,9,10页。

明月送仙舟。明朝更向庐山道，白社应从慧远游。"① 作者对庐山相关的名士、传说颇为熟悉，随手拈来，引入诗中。此外，他还仿效杜诗写了不少诗篇，如《秋兴》诗颇具杜诗风格："秋风万里倚高台，满目萧条不胜哀。野岸霜清江树老，洲边水冷塞鸿回。片云几处碪声动，细雨千山暮色催。兰佩独醒初服客，赋成堪愧楚人才。"②

东岳先生自语道："自爱青山此胜游。"（《秋日山寺怀友人》）从诗集中的作品来看，其写山水，送友人归山诗甚多，如《题富士山》："海上三峰天外开，千秋雪色最奇哉。裁歌公子名空有，采药秦人竟不回。犹见瑞烟朝自起，更知佳气日相催。此中须学长生术，谁是即今徐市才。"③ 诗中不仅用了徐福的传说，还提到了《竹取物语》的故事。与前文谈到的江户时代富士山汉诗类似。

众所周知，泰山早在 1987 年被定为世界文化与自然双重遗产。2007 年，富士山与泰山结为友好山，相关单位已经连续几年举办过友好提携文化活动。2013 年，富士山经联合国教科文组织审议，被定为世界文化财产。而实际上，通过以上的分析论述，我们知道，两座山之间的交流，其实早在两国人民分别认识这两座名山之前。即使在锁国期间的日本，诗人们通过杜甫的诗，通过孔子登泰山而小天下的故事，对泰山产生了认识和想象。到了二十世纪初，即使日人还没有登上泰山，但是对于泰山的想象，以及把泰山和富士山作比较的文字，也时时见诸报刊，如《富士山与泰山》一文这样说："富士山是日本第一的山，泰山是支那第一的山。（中略）日本没有黄河、扬子江那样的大河川，但说到山的高度和美丽，毫不亚于支那。（中略）如果支那人看到高高的富士山，又会写出怎样的美文来呢？"④ 不管是江户时代，还是现代，无论是怎样的对比，怎样的想象，两座名山之间的文学渊源，比我们平时知道的，要深远许多。

---

① 直辰卿撰，男则朋集录：《东岳遗草》，1775 年版：序；第 1, 9, 10 页。
② 直辰卿撰，男则朋集录：《东岳遗草》，1775 年版：序；第 1, 9, 10 页。
③ 直辰卿撰，男则朋集录：《东岳遗草》，1775 年版：序；第 1, 9, 10 页。
④ 横山五市撰：《富士山与泰山》，《印刷时报》（新年号），大阪出版社 1940 年版，第 20 页。

第三章　涩川玄耳的泰山和歌

一战期间，一位三十多岁的从军法务官、随笔作家涩川玄耳随着军队来到了晚清时期的东北地区，那时正是日俄战争爆发的时候，日俄为争夺东北三省而展开斗争，并不断扩张各自的势力。一战开始后，日本以日英同盟为由向德国宣战，出兵山东，企图与德国争夺在中国的利益。当时，玄耳作为随军记者来到山东。涩川玄耳在途中结识了东京朝日新闻社的特派随军记者弓削田精二，开始为朝日新闻社撰写现场通讯，后来进入了朝日新闻社任职，负责社会版块的报道。

当时，玄耳在日军青岛占领区租住了一所德国人旧宅，开了一间法律事务所。同时向驻青岛军政署申请办报，但未获批准。随后，他辞去任职约一年的军政署行政顾问一职。回日本又没有什么工作可做，于是他留在青岛，给日本的报纸、杂志投稿，偶尔做一下法律访谈工作，以此谋生。他留在山东，为其毕生事业——中国文史研究而专心地搜集资料。在青岛的大约八年时间里，涩川玄耳去了泰安，并登上了崂山，又坐着轿子上了泰山，并在泰山顶上拍了几张照片，其中有玉皇殿、碧霞元君祠，还有他在山顶上的留影。他还去参拜了孔子故里曲阜，写下了不少随笔与和歌，并整理成书，回到日本后，于大正年间陆续出版：《在山东歌集》（诚文堂，大正九年，1920）和《岱崂杂记》（玄耳丛书刊行会，大正十四年，1925）。涩川玄耳本就热爱和歌创作，曾经积极参加夏目漱石的俳句社"紫溟吟社"，并成为俳句社的骨干。抛开当时的政治环境与日俄战争不谈，涩川氏的随笔与和歌大都与中国的传统文化相关，他研究过泰山的封禅、泰山的信仰，以一个外国人的目光，记录了当时他在泰山的所见所闻,其作品具有史料价值。他还写过《中国游侠传》《中国仙人传》等与中国文化有关的著作。

在涩川氏的和歌中,有一组以"泰山"为题的和歌,记录了他登山所感所见。这组和歌夹杂着一些古典日语用词和语法,翻译起来很不容易,根据原作的特点,有的比较适合翻译成自由体新诗,但为了前后一致,本章还是尽量修改成了五言或七言诗,但在平仄韵律与句意之间,有时很难选择,只能舍韵求意。另外,正如有的日语学者所指出的那样:"每一个民族都有自己的历史、风俗习惯和思维方式。语言是在这种特定的环境中产生的,是文化的载体,每种语言都有其代表各自民族性的特点。(中略)鉴于中日语言表达的差异,在进行日译汉时,为了确保意思的完整,往往要加译。"① 翻译涩川氏泰山和歌时,也难免要加译,但尽可能全面地传达歌人的原意。如果我们把涩川氏的泰山和歌与清代或近代的泰山诗歌比较来看,就会发现许多有趣的现象,不同的诗人,在相似的社会环境中,面对同一个写作客体,却写出了完全不同的诗歌作品,从中可以看出一个外国人眼中的晚清时期的泰山与当时的民俗、百姓生活。

第一节 泰山和歌里的日本民俗

涩川氏泰山和歌的一大特色,就是反映民俗和传统信仰,其中最明显的,就是反映当时泰山碧霞元君信徒进香的盛况,当然,涩川氏的和歌虽然写泰山,但由于作者本人深受日本文化的浸染,所以他的泰山和歌经常会联系到日本的文化。比如他登上泰山玉皇顶,联想到日本的猿田彦神和少彦名神,走到碧霞宫,看到泰山女神碧霞元君像,又想到了富士山女神。如下:

碧霞元君祠

碧霞宫为泰山顶上一大女神庙,历代受朝廷尊崇,在北中国民间信仰

---

① 刘肖云:《从日译汉的加译现象看日本民族的文化特性》,南开大学日本研究院编《日本研究论集》(2003 总第八集),天津人民出版社 2003 年版,第 434 页。

中有很大影响。附近各省年年来此参诣者达数万人。

求神许愿向此君，有谁祈祷国永存？小小绣鞋献台上，哪个石女心悲辛？

何事珍重令人求，求神神来肯停留？富士木花开耶姬，此处行宫暂歇休。

此处女神意难料，忽晴忽雨云变旱。云欲封路不能封，雨又扑来为哪般。

山神威吓凡人惧，雷声隆隆空鸣怒。日本八雷①心犹定，今在此处吾不去。

风吹雨打岩泉涨，见多风浪意气壮。大大金字题"望东"，二字恰如我心想。

这首写碧霞宫的和歌，将碧霞元君和富士山女神木花开耶姬联系起来，关于富士女神木花开耶姬，在《古事记》和《日本书纪》中已有记载，被视为开花女神，还有传说认为她可令人间谷物丰收。和歌最后两句表达了歌人内心思乡盼归之情。

值得一提的是，涩川氏对碧霞元君信仰做过一些探索，他认为："泰山（信仰）盛行的地方在于碧霞元君庙，（中略）碧霞元君，又称天女、玉女，又说为泰山神之女，（中略）成为满足现世利益欲求的神灵而被世人尊崇。"并指出："对碧霞元君的研究，是对中国宗教、历史以及民族心理研究中的一个有趣的问题，作为女神，她与西洋的玛利亚圣母崇拜、日本的弁才天女信仰有类似的心理共通点。"②

弁才天女，原为印度教的河神，掌管音乐、智慧与财富的女神，在佛教中视同吉祥天女，在日本，是七福神之一。然而碧霞元君主要是作为道教女神被信仰的。从日本学术界的相关研究来看，无论是弁才天女还是碧霞元君，不能简单地划分出其宗教性质，她们是多宗教思想混合的信仰体，涩川氏在此将二者并

---

① 译者按：日本通常用数字"八"来表示数量之多，这里的"八雷"之"八"亦有此意，尤其是在记纪万叶时代，以"八"表示数量众多的例子很多，如"八云""八重"等。

② 涩川玄耳：《在山东歌集》，诚文堂，大正九年（1920）版，第27页。

提，是从民间神信仰的角度来说的。关于弁才天女神的研究，有学者指出，弁才天信仰在日本民间很受推崇，有的图像显示弁才天是多臂的，有的则是两臂，拿着书籍、珠子、琵琶或水瓶。也有的记载显示弁才天有"八臂"，各持弓、箭、刀、斧等武器，作为战斗女神的形象出现，到了镰仓时代，弁才天与宇贺神信仰结合，以福神的形象出现。[1] 而有的学者则指出，弁才天信仰是经由中国和朝鲜传到日本的，弁才天的性别，则是超越了人间男、女性别，而具有神秘性质，但作者又认为，从拜祭弁才天的场所需要献祭者有强健的体魄，加上古代日本"女性禁制"，即女性不允许拜祭神灵，否则就是渎神。因此，弁才天应该是一位男神。[2] 日本史学界、宗教学界对弁才天信仰的研究不少，但就目前搜集到的资料来看，并没有对弁才天女与碧霞元君联系起来作比较研究的。涩川氏是第一个指出碧霞元君信仰与弁才天女神信仰有关的，但他并未展开论述，因而他的这一观点，似乎也并未在研究弁才天信仰的学者当中产生多大反响。

涩川氏不止一次在他的随笔中指出："碧霞元君是吸引泰山登山者最大的动力，每年都有数万名参诣者登山，大部分都要参诣此神，祈求现世的福利。"[3] 由于目睹了当时碧霞元君信仰在民间的盛况，他对碧霞元君信仰是怀着较大的研究兴趣的。

涩川氏的泰山和歌中体现中日文化交融的，还有如下两首：

吕祖洞

仙人吕公曾在此炼丹，又称金母洞。洞内有吕纯阳之石像。吕公炼药成，洞内蝙蝠轻。仙药非我欲，只愿见吾卿。

百丈崖

水分神社向，虔诚祈雨吾。点滴可开怀，今赐瀑布下。

---

[1] 山田雄司：《弁才天的性质及其变化》，《日本史学集录》(17)，1994 年版，第 18~26 页。

[2] 荒木祐治：《日本五大弁才天所见身体观》，冈山大学《日本体育学会第四十一回大会》1990 年版，第 830 页。

[3] 涩川玄耳：《在山东歌集》，诚文堂，大正九年(1920)年版，第 33 页。

水分神社，是几乎遍布于日本各地的供奉司水之神的神社，较著名的有吉野水分神社、葛城水分神社、都祁水分神社和宇太水分神社。《续日本纪》中已有关于向水分神祈雨的记载。这首和歌是说涩川氏在看到百丈崖的瀑布时，惊叹于瀑布的大与美，原本只想远远地向水分神社讨一点儿雨，没想到水分神却赐予了他这么大的一面瀑布，实在令人惊喜。这里是以曲折之笔，绕了一个弯来赞美百丈崖瀑布。由此可见玄耳的泰山和歌中，融入了较多的日本民俗信仰。这是玄耳泰山和歌不同于清代泰山诗的一个特色。我们来看看近代诗人笔下的百丈崖瀑布，作一比较，如山东诸城人成榑的诗："双崖夹青天，水帘天放下。有客隐玉壶，日午不知夏。"成榑把百丈崖瀑布的水想象为从天上来，而涩川氏则想到了水分神社，正是有着不同的文化背景，才写出了不同的百丈崖瀑布。我们再看涩川氏其他的泰山和歌：

朝阳洞

岩上贫土植莳萝，待秋能得几升果？

莳萝是多年生草本植物。羽状复叶，花小形，黄色，果实椭圆形。用以调味，可提炼精油，亦可入药，药用价值颇高。在东北、两广地区均有种植。这是涩川氏在经过朝阳洞时的断想，涩川氏一反他人描述朝阳洞的奇景，也并未表达喜悦的心情与雄壮的气势，而仅仅写了莳萝。清代赵国麟的诗《朝阳洞》云："石洞覆泉脉，亭榭护云根。千松稀绝壁，举手若可扪。泉石争趋避，松云互吐吞。高兴不得遏，狂歌舞蹲蹲。"两首诗歌是多么不同。涩川氏仅以容易被人忽视的洞边莳萝为角度，抒发了颇有屈原《离骚》式的感叹"余既滋兰之九畹兮，又树蕙之百亩。畦留夷与揭车兮，杂杜衡与芳芷。翼枝叶之峻茂兮，愿俟时乎吾将刈。虽萎绝其亦何伤兮，哀众芳之芜秽。"又隐约透露出歌人"朝搴阰之木兰兮，夕揽洲之宿莽。日月忽其不淹兮，春与秋其代序。惟草木之零落兮，恐美人之迟暮"的心情。涩川氏在春夏时节的泰山朝阳洞看到了这片青绿的莳萝，恍惚之中想到秋天的时候这片莳萝会结出多少果实。涩川氏之所以有这样的感叹，是因为秋天的时候，他或许已经不在山东了，也看不到这片莳萝的结果。当时的涩川氏，经历过人生的起伏跌宕，在异国他乡，生了一场重病,他发出了这样的悲叹:"我在中国已经很久了,已经走不动了(中略)谁料病情加重(中略)"他甚至想到离世后的嘱托:"我骨子里深爱着自己的出生地,(一旦离世)请把尸身保存,运回东方。"① 在这样的心境之下,他或许想到,自己的人生结出了怎样的果实呢?这正是衰病之中的悲伤感想,因此,涩川氏才写下了这首与清代诗人风格、情调完全不同的朝阳洞之歌。而这也与日本文学"物哀"的特点也有密切关系,所以在我国诗人看来能激发豪迈之情的泰山景色,到了涩川氏的笔下,往往成了感物兴叹,表现玄幽、闲寂、悲伤意境的对象。再看这首和歌:

玉皇顶

泰山绝顶有玉皇庙,故称玉皇顶。中央露出巨岩,称为泰山巅石。

宫柱粗大立山中,身心清净待神降。猿田彦神少彦名,吾攀此山盼君临。

攀登此山恨无伴,平田笃胤荻生惣。费尽天工山色美,试筑富士当何如。

这首和歌虽然写中国泰山玉皇顶,但却透露着浓厚的日本特色的信仰,在日本的信仰中,神通过山顶降临人间,而且,神一般会降临在山中高处的巨石上,因此,山顶巨石往往被当作神体来祭拜。也因此而产生了灵山、灵石信仰,这些山、石在民间也就具有了驱魔祛邪的作用。神灵降临山顶时的寄居物,被称为"よりしろ"。正是在这样的文化背景下,涩川氏登上泰山玉皇顶,才会特别注意中间露出的巨大岩石,这块岩石让他不由自主地想到日本传统文化中的神:猿田彦神和少彦名神。猿田彦,是记纪神话传说中的神,天孙降临时曾担任向导,据说他身材魁梧,相貌堂堂,鼻梁高挺,后世将其同庚申信仰和道祖神联系在一起。而少彦名神则身材矮小,但具有很强的谷物精灵性,据说他与大国主神共掌国土,作为医业、温泉、酿酒之神而受到崇拜。可见创作者的文化背景会深深地影响诗歌创作。我们对比一下清代或者近代的中

---

① 涩川玄耳:《岱崂杂记》,玄耳丛书刊行会,大正十四年(1925)年版,自序。

国诗人笔下的玉皇顶，就会发现其中的不同是多么明显，如王鸿的诗《玉皇顶》："登山未涉太平顶，那识山灵秀气钟。片晌罡风云散去，插天千仞青芙蓉。"这首诗极力描写玉皇顶上的奇秀之境，将泰山比喻为插天而上的青芙蓉，大气磅礴。

玄耳和歌中的平田笃胤是江户后期日本学家，秋田人，提倡古道学，主张尊王复古，形成幕府默契国学主流"平田神道"，被称为国学四巨头之一，著有《古史征》《古道大意》等。荻生惣指荻生徂徕，通称为荻生惣右卫门，是江户中期儒学家，江户人，徂徕为其号，初学朱子，后提倡古文辞学，站在古典主义的立场上，提倡重视政治、文艺的儒学，著有《论语征》等。涩川氏登上泰山玉皇顶，想象如果与江户时代这两位学者一起登山，该是多美的一件事。在泰山玉皇顶，他还想到了日本的富士山和富士信仰。在前面的《碧霞元君祠》和歌中，他把泰山女神和富士山女神联系起来。又如下面这首和歌：

秦无字碑

玉皇庙前立一大石柱，四面玲珑，却无刻字。何代何人建立，不得而知。俗称秦无字碑。

两千年来无刻字，又过千年待谁笔。可惜忆良不在此，好歌可刻此宝石。

歌中的"忆良"指万叶著名歌人、奈良前期官员山上忆良，据说忆良曾来唐学习，归国后在朝中历任数职，汉文学造诣颇深。涩川氏的这首和歌是说：这块无字碑是一块很好的石碑，可惜千年来没有留下一个字，如果山上忆良与我一起登上泰山，他肯定能写出很好得和歌来，说不定还可以把和歌刻在这石碑上呢。看到后石坞时，玄耳又想到了这样的情景：

后石坞

岳北后区，距岱顶约十五里，故称后十五。泰山幽胜过此者无，黄华洞传为玉女炼真处，至今修仙以此为佳者多矣。

富士白霜眺望遥，此山林间岩穴好。窃闻惧祸入山者，仙家自乐水音绕。

　　仙人若还在当世，会见吾饮溪间水。所知有限寿有时，苦思长生可有期。

　　不知人世尊何宝，遗忘红尘入山讨。无酒有风忽满袖，乘云欲去心思重。

　　思妹情意山烦恼，无鱼传书海滔滔。

　　这首和歌开头写涩川氏在泰山上想起了富士山，但马上思绪又转回到泰山的幽静山景中，看到树木掩映间的岩洞、清澈凉爽的溪水，想到应该遗忘红尘，归隐山中，如果古代的仙人还在，应该会遇到这时来溪边饮水的歌人吧。虽然涩川氏心里想到了不如乘云而去，但马上又想到了人间的红粉知己，难以割舍远在故里的佳人，因而又激起了内心的忧伤和思念。从《万叶集》开始，和歌多与男女相思之情有关，表现的，都是很细腻、纤柔的情感，女性色彩较浓厚，所以虽然涩川氏写的是雄伟的泰山景色，仍然难免时时涌现心底的婉转情思。

第二节　泰山和歌中的乱世生活

　　对社会底层百姓生活的刻画，也是涩川氏泰山和歌的一个特点，如描写乞丐、村姑、赌徒、尼姑等，反映了当时的百姓真实生活状况。在清代的泰山诗歌中，描写乞丐的诗作不多，晚清和近代偶尔有之，如江苏南通人徐宗干的《乞儿行》："蓬头赤脚抟泥沙，树为屋兮石为家。或腾逸如窜兔，或瑟缩如盘蜗。讶马街之要路，为螳臂之挡车。山灵垂悯任高卧，虎狼不敢剺齿牙。男妇解囊掷金钱，饥分糇饵渴施茶。"这首诗描写了当时乞儿的情形。关于清代和近代泰山一带乞丐的出现，相关的记载还有《岱史·香税志》所称："方其（香客）摩肩涉远，接踵攀危，襁至辐辏，岂特助国而已，（中略）即行丐亦赖以须臾不死。"由于香社盛行，沿途乞丐光靠乞讨也可免于饿死。

　　又，御史余缙以使者至泰安，登泰山，见沿途乞丐甚多，在《登岱记》中记曰："土人以丐钱为业，道旁多塑土偶，恣行秽亵；妇女癯疾，逢人乞施。(中略) 此数者,俱当厉禁,而当事曾不措意,真大败人意耳。"(《大观堂文集》卷十八) 孙嘉淦《南游记》也记载了当时的情形:"(二更)起,遥见火光明灭,高与星乱。至则皆贫民男女数千,宿止道旁,然炬以丐钱。教养失而民鲜耻,可慨已。"(《虞初新志》卷十七) 萧惟豫《登岱二首》云:"扰扰乞钱子,纷纷求福人。"(《但吟草》卷八) 又,蒋维乔《泰山纪游》载曰:"是时正值香市,愚民男妇老幼,登山进香者不绝。一路所至,皆为乞丐,构茅屋以乱石为墙,沿路索钱,颇可厌。"(《小说月报》1915年第10号)① 涩川氏的泰山和歌,真实地反映了当时泰山一带的乞丐活动。

涩川氏在他的泰山和歌中,还有如下几首是描写泰山一带百姓生活的:

山 氓

泰山登山路左右两边有小屋,又或在山岩间居住,以农、樵、狩猎、乞讨、偷盗等维持生计者,似有上千人。

鳍伏叩首石头响,灵山此处忍饿老。双亲只叫乞米饭,嗷嗷小儿犹待哺。

白杨耸立树荫凉,家家看似狗洞狭。路边儿童成群过,半慌半泣乞凄怆。

路边蹲坐乞儿忙,少女乱发带花芳。爬山涉谷负子行,乞食天天夏日长。

乞食拾柴时当盗,子若成人心仍憷。即为圣人说神道,难忘悲辛曾乞讨。

此"氓"同《诗经·卫风·氓》之"氓",指民,百姓。此歌记载的是乱世之中山民的生活景况。尤其着力于描写乞讨儿童,对社会底层人物生活的关注,是涩川氏和歌的又一个特点,除了乞讨儿童,他还写了村姑,在泰山景色之外,对人,不仅对历史名人,尤其对当时普通人的关注,使这些和歌读起来

---

① 在此衷心感谢泰山研究院陈伟军院长提供《全泰山诗》给笔者作参考,并感谢周郢老师提供关于清代和近代泰山香社和乞丐流民的资料。本文所引清代或近代我国诗人的泰山诗,均出自袁爱国编《全泰山诗》,泰山出版社,2012。

让人感到生动而亲切。到了孔子登临处，涩川氏所写的和歌中也出现了乞丐的身影：

一天门

登岱诸多路径在此会合，有四五十户人家，称为红门街。有"孔子登临处"之碑。

孔子登临处，题字在上头。乞丐四五人，赌博正忙碌。轿夫与乞丐，见我乱开口。索要身上物，不去别处讨。此山几度登，不厌登临频。无论多险要，我愿勇攀登。木石山川灵，召吾附此身。所言又为何，惘然问知否。

在斗母宫，涩川氏的笔下出现了女尼的身影：

斗母宫

从红门到万仙楼孤舟襄亭，经过斗母宫。右边流淌着桃花洞的水。余曾经夜过此路。

日暮登山心中怯，吱嘎轿响虫声歇。观音塑像华光闪，汲茶尼僧芳龄洁。

此外还有描写缠足的登山老妇与儿童的：

柏洞

远去春未画，无风山路拦。木暗柏花散，缠足老媪叹。且牵贫儿险登攀。

中天门

卖果老翁仙人面，牧童岩上拉家常。牛羊顺流缓缓下，远看白石似群羊。此山此夏牛草美，归去恐见屠刀举。

在泰山顶上，涩川氏浮想联翩，不免又想到了自己的故乡，思归之情溢于言表，他还描述了山中道士的生活，展现了泰山美丽的景色：

泰山绝顶

吾今居高山，仿佛自天降。山中迷雾重，静待拂晓还。东方鱼肚白，云照天未明。裾野尚茫茫，汶河流不停。待日日观峰，岩坐呼吸松。徐徐天地气，深味贯日红。高峰此远眺，史上几王临？谁知在东国，有吾来登攀。俯视山下界，依稀不见地。仰观白云出，起伏星满天。吾国日之本，试问在何方。请君一远眺，日出东方处。飞鸟皆东向，我心徒悲伤。欲从鸟归去，心跳欲出膛。掌据山下城，城郭如书画。跃然纸上见，分明漏音声。动乱齐鲁国，触目尽苍绿。可喜初夏风，清凉送人过。日上羊群动，山沟攀峡谷。再登峰顶头，缓缓白云生。神山如裳裾，缠绵白云间。白云间相见，故里不忍看。可惜故里远，未能携双亲。攀登此神山，豪气难一伸。树稀绿苔少，岩间涌清泉。可堪煮香茗，潺潺源不断。群道集此山，生计托其间。时若枯槁季，灶火常难燃。牛粪点为烛，围坐在其旁。道士语殷殷，山中秘事出。索酒于道士，道士言无酒。反复索求之，付钱始得沽。夜班朗空清，星近山低静，片片白云轻。高峰二三日，

云寝我欲眠，虽有饥渴时，夕阳心底宁。

第三节　泰山和歌中的历史兴亡

涩川氏泰山和歌中透露出沉重的历史兴亡之叹，当然，他并不吝啬笔墨去赞叹泰山的雄伟和奇丽的自然景色，这一点，与我国清代泰山诗歌是相同的，如下面几首和歌：

泰　山

远远地　黄河流逝　东方的天矗立着　岩岩泰山

岱 庙

在泰山山麓，泰安县城内，祭祀"泰山之神"。

代代革命代代君，古碑并立风俗淳。王威竖起石碑亘，孩童并作胡桃分。

环咏亭

在岱庙内，历代著名的岱庙诗赋题记刻于石上，嵌于四壁，亭前碑龛处收藏了秦碑残片两枚。

帝业十年尽，今怀始皇秦。秦碑断旧迹，亭有二石新。

秦 碑

始皇统一四海，于天下六处立颂秦功德之碑，泰山为其一。传为秦相李斯所书，所谓小篆之代表。其石原立与绝顶。经历霜雪两千年，至清中叶，火灾亡佚。七十余年后，于碧霞宫玉女池中发现残缺的十字，即今山麓岱庙中之物。始皇石刻，会稽、芝罘、碣石、峄山的四处早已不见，琅琊台的近年也丢失了。今存世的仅有这十字。

长城血不守，高峰千载雪。火烧水浸未消歇，罪臣李斯秦篆瘦。

汉 柏

岱庙内老柏多矣，炳灵殿前有数株传为汉武帝所栽。

昔日不可追，时光悠悠；想此树萌芽，可在汉末？今抚树叹息，又当怀谁？芽出，地肥，风静。历朝历代谁叹咏。

经石峪

阔有千坪①余，溪间平岩刻着金刚经。规模雄大，堪称泰山名胜一号，每字大一尺二三寸，字体在隶楷之间，雅朴可喜。被推为榜书的最好模范。全文三千字，现存不到三分之一。笔者虽然不确定，但推测是六朝所作。

---

① 坪：面积单位，一坪约为3.306平方米。

真金槌打朝夕功,余音袅袅回荡中。桃柳清溪还绕过,千年守护妙经诵。

夏雨溅落岩上松,金刚九百字字宗。我今坐此岩床上,小啖干粮酌泉淙。

回马岭
国土几经践踏,嬴政龙马蹄,越关。

十二盘路
二里三里同攀登,回首山间羊肠道。小小骄傲满心间。

酌泉亭
世上若有久存物,当数石刻动人言。护驾十万踏石裂,不老不死徒心愿。

五大夫松
秦始皇登泰山时,遭暴风雨,在树下躲避,因授其树五大夫之爵。其后几经代谢,今袭其名者三株。

雨下大树避,念念终不弃。万世植青松,松名今犹在。可怜秦二世,阿房主人空。岩间乞栖居,竟有关锁拒。遥遥不可及,与君清贫侣。掬清水,拾落木。小小岩屋,又度一春。

石壁峪
山裂岩尖似涂血,两壁岩倾欲脱落。如画如斯,此山景色,夺人目。

看看清代诗人笔下的石壁峪,会发现二者对景色的描写有共同之处,如嘉庆十二年(1807)举人、山东章丘人刘家龙的《石壁峪》一诗:"石壁分明岭畔沟,忽成孔道任夷犹。桑田沧海从何定,妙悟还须据上游。"当然,由于创作主体的不同,面对同一客体时,具体的感想也是不同的。

涩川氏泰山和歌中表达历史兴亡感叹的还有：

南天门

扶攀石阶千八级，天门屹立浓云间。四顾目眩蝙蝠扇，天门高风拂下轻。

南天门楼短髭吹，快意历历山下城。寥寥可数几处经，足踏靴底平原静。

古登封台

泰山绝顶最高处，今有玉皇阁。自古帝王巡视山川岳渎，登上此处祭山祀天。盖于泰山封禅之礼为帝王特权，三代以前封禅情况不详，然秦始皇、汉武帝、后汉光武帝、唐玄宗、宋真宗等于此山留下颇多史迹。清朝皇帝先来者，如乾隆帝在位六十年间，登山达十次。

治国几代帝此临，渺小如我不悔来。帝王奴隶皆拜倒，盗改帝名①备神祀。

涩川氏泰山和歌有一个特点，即歌中带注者甚多，这些自注是作者为了解释或者补充和歌所咏对象而作，《万叶集》已经出现和歌小注。明治时期，西方文化与新鲜事物不断涌现，成了汉诗与和歌吟咏的主要对象，捕新猎奇，可以说是明治和歌、汉诗的一个特色。涩川氏来到山东，登上泰山，看到的都是全新的景色和百姓生活，他用和歌记录下来，并在和歌前写下小注，使读者能更好地理解和歌的意思。

由于日语语音的缘故，和歌表现出强烈的散文化，读起来、看起来都很像散文，与我国古典诗歌严谨的体式和音律有很大不同，而且，正如中西进教授指出的日本文学的特点之一"非逻辑性、缺乏合理性"②一样，读涩川氏的泰山和歌，会感到与我国古典诗歌创作思维有很大不同，有时甚至难以理解，比如他写到柏洞的时候，先写了景色，突然就转到了一位缠足老妇牵着贫弱的小

---

① 笔者按：盗改帝名，曲用"窃钩者诛，窃国者诸侯"之意。
② 刘德润、张文宏、王磊编：《日本古典文学赏析》，外语教学与研究出版社2003年版：前言。

孩登山。写中天门的时候,只写牧童和羊群,还联想到这些羊群牛群虽然在山间自由自在,但回去之后恐怕还是难免被屠宰。翻翻我国清代或近代诗人写的柏洞或中天门,就可以感受到中日诗歌思维的不同。当然,同中有异、异中有同,异大于同,可以吸引我们的阅读兴趣,如果中日诗歌所写所思基本一样,那我们看涩川氏的泰山和歌,就会感到索然无味了。

第四章　现当代日本诗人的泰山汉诗

　　杜甫的一首名诗《望岳》，使得泰山之名远播日本，日本诗人在还未攀登泰山之前，就已经知道了泰山，产生了许多的联想。当然，登上了泰山的日本诗人，则留下了有着切身感受的诗篇。泰山作为五岳之首，如今是世界双重文化遗产，也是吸引中外文人墨客的旅游胜地。泰山自古就有深厚的山岳文化，是中华民族的象征之一。古人尊山为祖，把山视作自己的"衣食父母"，不仅在物质上认识到山的可贵，更在精神上把山奉为人类生根发芽的摇篮。人们尊奉泰山，还有其自然因素，泰山山体高大，有通天拔地的气势。古今中外的诗人被泰山的生态美景和悠久历史、深厚文化吸引，纷纷登临、歌咏泰山。在浩如烟海的诗篇中，除了古代、近代的诗篇之外，日本诗坛上，二十世纪初井上圆了和田边华的泰山游览诗，以及当代日本汉诗坛领军石川忠久的泰山诗，同样体现了泰山独特的生态美和悠久的泰山文化。

　　泰山的民俗信仰，可以激发文人作诗歌咏，就二十世纪泰山文化相关的诗歌来说，小柳司气太（オヤナギシゲタ）（1870～1940）的泰山信仰诗是比较独特的。小柳司气太致力于道教研究，曾在东京大学讲授道教知识，于昭和六年（1931）夏赴北京参观白云观，并搜集资料，进行研究，并于北京东岳庙内逗留五十多天，后成《东岳庙七十六司考证》。其中每一司的考证后都附上所作诗歌至少一首，这些诗歌，是小柳司气太有感于东岳庙的道教信仰而作，从伦理道德的角度去谈论人间世事，是比较独特的关于泰山信仰的作品，今录数首，以管窥其貌：

速报司之诗

击鼓声随岂待迟，更如形影不相离。电流定是雷来际，云密原为雨到时。

爱众必能蒙众爱，欺人复又被人欺。造因结果无虑伪，报应循环实可悲。

章都察司之诗

政治聪明本是慈，每逢利弊便言之。全篇理论惊人笔，满纸烟云济世辞。

法正官清焉有害，政通民顺在无私。举参不避亲和怨，模范堪为仕宦师。

掌苦楚司之诗

苦楚临身最可怜，须从果处溯因缘。欲知今世遭穷困，总是前生造过愆。

负米养亲师子路，安贫乐道法颜渊。债赏福至归元境，一点灵光到佛天。

掌正直司之诗

耿耿忠诚贯太虚，平生不枉读诗书。可称善性同天地，能致良知似古初。

互弄刀环夸石蜡，每听琴韵骂相如。除奸划恶施威武，竟使冤民意气舒。

掌子孙司之诗

谨慎持躬施杞忧，故将家计费绸缪。勤劳奔走因防患，俭约经营为节流。

幸福全凭辛苦得，安康都自老成修。富而仁是英雄汉，非与儿孙作牛马。

掌还魂司之诗

堪叹顽儒心智昏，谤排佛教语喧喧。既知云里能含水，应断身中必住魂。

不向果因寻妙理，无从前后溯渊源。鬼神生死宜深究，免使群氓造业冤。

掌毒药司之诗

尘寰嗜好害人多，长寿先宜绝六尘。性毒洋烟能弱骨，味甘美酒实伤身。

取财不义如流患，用药不当亦损神。病榻呻吟求速死，自寻苦恼向谁嗔。

掌催行司之诗

行愿弘深推普贤，纯阳功满始朝天。般剌抗肯偷经卷，大志焚身结佛缘。

摩诘施房曾作寺，旌阳拔宅竟成渊。昌黎文字如山斗，亦向潮州礼大颠。

掌长寿司之诗

佛祖为何能永寿，只因立志断攀缘。荆针满腹徒求药，烦恼填胸枉坐禅。

急把六尘勤洒扫，莫将三毒苦缠绵。虽然不是居山洞，也算长生自在仙。

掌卵生司之诗

一心自觉非容易，何况垂慈觉别人。极罪怜愚四地藏，尊敬者论效天亲。

度生须学观音智，医病知当药上仁。佛法弘通弥世界，如来位下作功臣。

掌化生司之诗

满腔仁恕观吴猛,今古同称孝子身。戒杂浑如知佛理,爱亲见天真。成名果报由慈悯,作圣工夫自苦辛。虽未坛前然项臂,命终是往生人。

掌福注司之诗

无事在怀为极乐,有钱买米不生愁。餐三饱饭常知足,得一帆风便可牧。

惟大英雄能本色,是真名士自风流。世间富贵多烦恼,何苦庸夫少后忧。

劝孝歌

奉劝为人子,《孝经》早宜读。古人行孝人,略为群表率。黄香救父危,虎不敢肆毒。伯愈弃母杖,为母衰无力。孟宗哭涸林,三冬笋自出。如何今时人,不效古风俗。何不思此身,形体谁养育。何不思此身,德性谁式縠。何不思此身,家业谁给足。亲恩说不尽,聊且粗与俗。闻歌憧然悟,免得伤蓼莪。勿以不孝头,枉顶人间屋。勿以不孝身,枉穿人间服。勿以不孝口,枉食人间谷。天地虽广大,难容忤逆族。及早悔前非,莫待神间戮。

掌恶报司之诗

一边祥云一边雾,左司欢喜右司怒。案牍未起心胆寒,从头黑气重重布。

生平肝肺如列眉,海水难洗腥闻簿。几何判词皆铁围,一枝班管即锢柱。

砚池洒作滚油铛,笔底攒成刀剑树。急急解往前头去,鬼役张牙赤发竖。

掌施药司之诗

病苦呻吟最可悲,贫富有疾更难支。拾来干草方吹火,典却青衫为请医。

虽向苍天祈性命，全凭妙疾补心脾。善人若肯垂怜悯，慷慨施助药资。①

上述的泰山信仰诗歌有着浓厚的说教意味，表达了一位民俗信仰研究者对泰山信仰的认识、了解，以及从中获得的人生感悟。此外，值得关注的还有明治、昭和时代的诗人田边为三郎的《凌苍集》中有《泰山》汉诗十二首②，比这更早的，有井上圆了的《焉知堂诗集》中的《泰山及曲阜六首》汉诗。

井上圆了也是研究宗教的学者，他所写的泰山诗，却与小柳司气太极不相同，井上圆了是佛教哲学家、教育家，曾在东洋大学任教。他从打破迷信的角度来研究妖怪。此外，在教育方面，他还参与了东洋大学和京北中学等教育机构的建设。从《焉知堂诗集》的序言可以看出，他的山东之行及上述几首诗所写时间是在日俄战争之后："今从北海道开始，把新领土、东洋西洋、南半球的习作集于一册，以《焉知堂诗集》为题发行，内地所作限于七言绝句，海外的话……五绝五律，还有七律长篇合载于此，本集所载诗篇共五百二十一首。余试作诗，始于明治三十五年③第二次海外之行时，由于第一次海外旅行时没有写一首诗，值此诗稿编著之际，回忆第一次旅行当时所感，写了二三首诗，加于本集中。朝鲜和满洲的旅游是在日俄战役次年，仅是日韩合邦前的诗作。"④ 这篇序言作于大正七年，即 1918 年。从序言可以看出，诗集中关于中国的诗作，是在 1906 到 1910 年之间所写。从诗意来看，诗中有对泰山历史的描写，有对泰山外形雄伟的歌颂，从《孔子庙》一诗中，我们可以看出井上圆了游历山东、登临泰山、谒拜孔庙时的激动心情。

田边华（たなべか），即田边为三郎（たなべためさぶろう）（1864～

---

① 小柳司气太编：《白云观志附东岳庙志》，东方文化学院东方研究所，昭和九年 3 月，第 223～345 页。
② 见《凌沧集》，田边华出版，大正十三年（1924）。
③ 明治三十五年为西历 1902 年。
④ ［日］井上圆了著：《焉知堂诗集》，妖怪研究会 1918 年版，序，第 1～2 页。

1931），字秋谷，号碧堂，是明治、大正、昭和时期著名的汉诗人，曾在二松学舍大学、大东文化大学讲授汉诗创作，他在从事实业的同时，在森春涛的茉莉吟社学作汉诗，有《碧堂绝句》和《凌沧集》等传世。

《凌沧集》中有《青岛》《济南散策》《蒿里》《孔林》和《泰山》等诗。今录《泰山》十二首于下：

  我自西来望岱宗，云烟直欲荡吟胸。明朝晞发天门上，独立东南第一峰。

  日观峰头晓霁时，涛光一道曳银丝。东望欲献吾皇寿，五色云中拜海曦。

  人海冥冥白日魂，千年风雨闭天阊。秦皇汉武英雄业，封禅坛荒松柏尊。

  中原天地黯濛濛，气象犹教斯岳崇。他日金鸡鸣半夜，群黎应始仰晨红。

  月观峰头观月升，桂花香散气清澄。今宵不作尘寰梦，身在天阶第几层。

  登岳文章忆李侯，仙才好作白云游。一千年后蓬莱客，抽笔天门万仞秋。

  玉女深怜李白才，手擎环爵不教回。如今此事已千载，岩壑云寒松籁哀。

  杜陵憔悴时正艰，高歌望岳云霄间。当时名与李侯并，恨不振衣凌绝顶。

  岱宗封禅事邈矣，七十二君看尺咫。白云冥冥风泠泠，黄虬为奴游帝青。

  秦松当日翠成堆，几度苍鳞枯又栽。岱宗独有万年色，曾看祖龙封禅来。

  玉检金函安在哉，嬴颠刘蹶总堪哀。巍巍维岳临平野，俯见黄河九折来。

岱宗绝顶气高寒，齐鲁山川脚底攒。诗人亦欲小天下，长啸神州第一坛。①

该集内题"编于东京四谷须贺町精研阁"。序言曰："辛酉孟秋超海自朝鲜经满洲之燕之齐、之鲁，溯长江，泛洞庭，窥蜀峡，洄游江浙间，岁将暮矣，乃东归。阅月四，算程三万华里，登临山水，凭吊古迹。"② 该序作于大正十三年六月，大正十三年即甲子年（1924）。而序中所言"辛酉孟秋"自朝鲜至中华，该辛酉年应为大正十年（1921）。当时来华观光日人甚多，写下了不少游记和诗歌。从田边华的泰山诗歌来看，既有对历史的吟咏，也有对风景的赞美，如"岱宗独有万年色，曾看祖龙封禅来"一句，道出了诗人在游览时对悠久的泰山历史的熟悉与感佩，诗歌内容还涉及泰山的传说、诗人的逸闻等，激动之心溢于言表，最后他从孔子"登东山而小鲁，登泰山而小天下"生发开来，道出了登泰山时的豪迈心情。

无独有偶的是，至今，日本汉诗人创作的汉诗仍然体现着以上的特点，以当代汉文教育学会会长、斯文会理事长、全日本汉诗联盟会长、原二松学舍大学校长、名誉教授石川忠久游览泰山时所做的诗歌《泰山南天门》为例。其诗云："索道登攀山顶台，白濛濛里路才开。南天门下八千级，三五人从云底来。"③ 这首诗生动地描写了登至泰山南天门时看到的高、险和峻，石川忠久曾说，山东，尤其是泰山一带有着丰富的生态旅游资源，生态环境很美，如果加以好好开发、利用和保护，无疑是难得的人间胜地。

泰山生态之美，来自山水天然，而这山水天然经过诗人的耳目，诗人的笔墨，得以传播海内外，使泰山的自然生态美带上了浓郁的人文气息和审美气息，人文的赞美，同样成为泰山独特的风景和旅游热点，比如唐代双子星座的杜甫、李白的泰山诗歌，如今，都成了后人登临泰山时瞻仰的景致。

---

① ［日］田边为三郎著：《凌沧集》（下册），上海中华书局承印 1924 年版，第 6 页。
② ［日］田边为三郎：《凌沧集》（下册），上海中华书局承印 1924 年版，序。
③ ［日］石川忠久：《长安好日》，东方书店 1992 年版，第 82 页。

编 外 编

日藏清代诗人诗作管见录

按：今所录为笔者经眼的清代诗人诗作、诗集，本编所收绝大部分为日本所藏清人诗目，但不局限于日本所藏文献，也间及国内馆藏。遵苏州大学马亚中教授之言，着重选录钱仲联教授主编《清诗纪事》未收录或著录不够详细的清代诗人诗作，考虑到琉球和越南受清朝册封，为清朝藩属，且琉球和越南不少汉诗人从福建、广东等地移居而来，故琉球和越南的一些诗人诗作也在本编收录范围内。本编所收也重在中日文人的诗歌唱和，有唱和诗作散见于各书而比较珍贵者，也在收录范围内。另，本编重在著录部分诗人、诗作信息，尤其是和刻汉诗。限于篇幅，本编原计划收录的诸多珍贵古籍书影不得不割爱，今后将另行出版，以供有志者研究之需。

沈筠

钱仲联《清诗纪事》（凤凰出版社影印本）第三册，2752页有"沈筠"条，但所记甚略，仅提其有《守经堂诗集》十六卷，未言其所编《乍浦集咏》及和刻抄本。

王勇、大庭修主编《中日文化交流史大系·典籍卷》（杭州：浙江人民出版社，1996年11月）93页称《乍浦集咏》："是唐船出航地乍浦港附近的人们所做的诗集。1846年出版，同年传来日本。该地在鸦片战争时不断受到英军攻击，蒙受了乍浦水师副都统为首的许多守备将士战死、老妇少女守节自决这样惨烈的战祸。该诗集除该地出身的文人所作之诗之外，还包括悼念这次壬寅乍浦殉难人士，痛斥英军暴行的诗作。1848年，在尾张养病的伊藤圭介偶尔读到此书，便选录了其中有关鸦片战争的诗作，编印了《乍川纪事诗》2册；次年（1849）在江户，小野湖山出版了《乍浦集咏钞》2册。"王晓秋在《近代中日关系史研究》中论及鸦片战争相关的书籍、资料时也介绍了《乍浦集咏》的相关情况。本书正文对此有论述，可参考。

陈瑚

据大庭修《江户时代摄取中国文化研究》[京都：同朋舍，昭和六十一年（1986）]第 123 页称，宝历四年（1754，乾隆十九年），由戌号外船舶至日本，其中有（清）陈瑚《确庵文稿》（含诗），今日本藏有该集。上海图书馆藏有该集，为善本。

陈瑚（1613～1675），明末清初学者，与同里陆世仪、江士韶、盛敬齐名，被人合称为"太仓四先生"。字言夏，号确庵、无闷道人、七十二潭渔父，尝居江苏太仓小北门外。崇祯十六年（1643）举人。其父邃于经学，家教有法，贯通五经，务为实学。明亡，绝意仕进，奉父居昆山之蔚村。康熙八年，诏举隐逸，知州以其名上，瑚力辞乃已。游其门者，多英俊之士。清圣祖康熙十四年卒，年六十二岁。《清诗纪事》未录"陈瑚"。

周拱辰

周拱辰，明末清初浙江桐乡人，字孟侯。岁贡生。有《庄子影史》《离骚草木史十卷》《离骚拾细一卷》《天问别注一卷》《圣雨斋诗文集》等。（《嘉兴府志》卷八十一）。又见：张㧑之等撰《中国历代人名大辞典》（上海：上海古籍出版社，1999 年：1546）。

蔡大鼎

（韩国）庆尚大学校人文大学教授张源哲的论文《朝鲜与琉球文学交流之一隅——以汉诗交流为中心》（见王宝平主编《东亚视域中的汉文学研究》，上海古籍出版社，2013 年 2 月）第 335 页称：蔡大鼎曾于 1861 年作为琉球进贡使的成员之一访问过中国，在 1862 年之前一直旅居福州。期间创作了 280 多首诗，并于 1873 年整理发行了诗集《闽山游草》。该集在日本亦有收藏。

程顺则

程顺则（1663～1735），祖籍福州（一说祖籍河南），久米村（今那霸市内）人，政治家、诗人、文人。1696 年作为外交使节访问中国，作成汉诗集

《雪堂燕游草》（1698年刊），原刊于中国，但中国刊本现已不存。被誉为琉球成就最高的汉诗集之一，据说程顺则本人也以此诗集为荣。冲绳县立图书馆和国会图书馆、公文书馆等均有收藏。

周新命

祖籍福州，久米村（今那霸市内）人，与程顺则同时代政治家、诗人、文人，翠云楼为其雅号。1688～1695年间逗留福建。《翠云楼诗笺》有1693年的序文，为现存琉球地区最古老的个人汉诗文钞本之一。

濮淙[①]

其作品有清康熙六年（1667）序刊本，内阁文库藏。内有《澹轩诗稿山塘近草》二卷、《蘧楼近稿一集》一卷、《月巢诗稿二集》一卷、《半闲楼稿初集》一卷。

按：濮淙，字澹轩，浙江桐乡人。沈德潜所撰《清诗别裁集》卷二十录其诗二首：《闻梁蘧玉已寓京口》和《赠方望子入黄山修炼》。

国家图书馆有《澹轩诗选》五卷，刻本，清康熙间（1662～1722），另有《澹轩集》一卷，民国二十一年（1932）石印本。

《清诗纪事》第一册页604有"濮淙"条，然记录甚简，未提及其诗集。《澹轩诗稿》有五册，康熙六年序刊，昌平坂学问所旧藏。刻本长27厘米，宽16.8厘米。线装，各卷均有序。刻本四周单边，单鱼尾，书耳处题各卷诗稿名称。版心：卷数+页码。白口，乌丝栏，半页九行，行二十字，天头4.1厘米，地脚2.3厘米。各册的天头、地脚长度也略有出入。各册均有浅草文库印和昌平坂学问所印。分别为：山塘近草（上、下）二册、蘧楼近稿一册、月巢诗稿一册、半间楼稿一册。各卷封面题名除了书名之外，还依次写有"仁义礼智信"五个字在五册的封面上。各册最后一页均有"宽政戊午"的红色印字。

蒋伊

蒋伊（1631～1687），字渭公，号莘田，江苏常熟人，清代书画家、诗人，曾任广东参议等职。《蒋辛田先生遗书》包含：蒋辛田先生流民十二图；

[①] 相关信息可参考李锐清著：《日本见藏中国丛书目初编》，杭州大学出版社1999年版。

苏松田赋考三卷；奏疏。国家图书馆和上海图书馆均不见藏《先生遗书》。

曹贞吉

曹氏全集共十册，东洋文库藏，其中有《珂雪二集》和《十子诗略》。这些书上海图书馆基本都有。《清诗纪事》第一册页 623 有"曹贞吉"条，然未提《珂雪二集》和《十子诗略》。又，第一册页 478 有"曹申吉"条，内记曹申吉有《澹馀诗集》，未提《南行日记》。

高士奇

高士奇（1644~1703），清初钱塘（今浙江省杭州市）人。字澹人，号江村、全祖。以诸生供奉内廷，为清圣祖康熙帝所崇信，官詹府少詹事。国家图书馆有《高江村全集》和《清吟堂集》。然日本所藏其书甚富。日藏高士奇《高江村集》，康熙刊，十二册，长26厘米，宽15.8厘米，线装，封面题签长16.1厘米，宽2.8厘米。刻本四周单边，粗黑口，双鱼尾（对鱼尾），版心：各卷名+卷数+页码。半页十一行，行二十字。天头4.8厘米，地脚1.6厘米。序之第一页右上方有"东京府书籍馆"方形藏书朱印，右下角有"照春堂"长方形朱印。有秀水朱彝尊作于康熙癸丑春之序、雇图河作于康熙庚午季夏之序。第一、二册城北集共八卷，均为古今体诗；第三、四册为随辇集八卷、苑西集十二卷（古今体诗）；第五、六册为苑西集、苑南集，均为古今体诗；第七、八册为归田集（古今体诗十四卷）；第九、十册为独旦集、清吟堂集；第十、十一册为经进文稿六卷（收赋、序、跋、记）、扈从东巡日录。

彭定求

彭定求（1645~1719），清初学者。字勤止，又字南畇，号访濂。江苏长洲（今苏州市）人。康熙进士，官至翰林院侍讲。《南畇先生遗书》为清刊本。《南畇先生遗书》上册为文录二卷，中册为诗录二卷，下册为密证录一卷、姚江释毁灭录一卷，不谖录一卷。写本长26厘米，宽18厘米，线装，土黄色封，封面有题签，题签长18.3厘米，宽3.9厘米，上书"南畇遗书"。目录第一页有"东京图书馆藏"方形朱印，正文第一页右下角有"大槁讷荞珎藏之印"长方形双框朱印。上册文录和中册诗录均有目录，下册无目。无边框，无栏，无页码，楷体书写，字迹清晰，大小均一，半页十行，行十九字，天头7.8厘米，地脚1.8厘米。书中有虫损痕迹。按，南畇先生即清代理学家、诗人、文人彭定求,江苏苏州人,日本藏其书甚富。

又按,《清诗纪事》第一册页 673 有"彭定求"条,然未提及《遗书》,因书中有《诗录》二卷,故录于此。上海古籍出版社于 2016 年 1 月出版了黄阿明点校的《彭定求诗文集》。

王岱

王岱所撰诗集有康熙十九年(1680)序刊本,六册(合二册)。

按,《清诗纪事》第二册页 1785 有"王岱"条,然其所记王岱非此王岱,钱教授所记王岱字云上,一字次岱,江苏常熟人,贡生,且所记甚略,仅录其诗一首。而此"了庵"王岱者,字山长,号了庵,湘潭人,明崇祯十二年(1639)举人。清初官京卫教授,康熙十八年(1679)举博学鸿词科,迁澄海知县。工诗善书画,与顾炎武、王士禛、施闰章等友善。著有《了庵全集》三十卷,含《了庵诗集》十卷、《了庵文集》九卷、《浮槎文集》十一卷。有清康熙间刻本。清乾隆间以其《文集》"卷九高万公传,语有违碍",《诗集》"语有违碍,龚鼎孳作序"而销毁。

《了庵全集》三十五卷,含《了庵诗集》二十卷、《了庵文集》十五卷,有清乾隆十二年(1747)刻本。并有《溪上草堂诗集》三卷、《燕邸日录》四卷、《且园近集》四卷,《四库全书》存目著录。《且园近诗》五卷,《四库全书》存目著录。《浮槎诗集》六卷、《白云集》(编)、《战守议》《明朝实纪》《客问》《湖南纪异诗》《石史赋》《了庵词》一卷、《浙游山水记》一卷、《澄海县志》二十二卷首一卷,王岱修,王楚书纂,清康熙二十五年(1686)刻本。

《了庵全集》,日本国会图书馆藏本,明治三十四年(1901)八月十七日购求,康熙十九年(1680)序刊,六册,线装,刻本长 25 厘米,宽 15.8 厘米,封面有题签,题签长 18.1 厘米,宽 3.9 厘米。第一册内页分三栏题写:名家共订了庵集删诗部,一删客登一集,一删客登二集,一删山书,古文续出,本衙藏版。纸张濡薄,纸面墨污较多,大部分字迹模糊,甚至有不可辨读处。半页十一行,行二十一字。刻本双鱼尾,粗黑口,版心:各卷题名 + 页码。天头 5.5 厘米,地脚 1.7 厘米。

该集全为王岱所作诗。有多篇序:高珩作于康熙庚申十一月的序、庐陵张贞生乙巳中秋的序、方拱乾作于丙申春日的序、淮南龚鼎孳作于戊戌暮春的序、南阳彭而述所作序、黄澍所作序、施闰章作于丁酉二月济南官署的序、单若鲁作于乙未小暑后一日的序、莆田林国球所作序、姜图南所作序、释大错所作序、李道济作于康熙乙巳仲冬的序、庐陵赵巙所作序、山阴徐缄作于丁酉正月的序、戴廷栻作于庚申秋尽之序、黄州舒逢吉作于己未十二月二十四日夜之序。卷一为纪事诗34首、卷二纪事诗46首、哀挽诗48首，卷三游览诗98首，其中有吊古诗39首，卷四咏物58首，其中有咏怀16首，卷五为闲适60首、宴集28首，卷六酬答101首，卷九酬答71首，卷八赠言87首，卷九赠言50首，卷十诗余（即词，笔者按）72首。今录其诗一首如下，以窥其诗风，游览诗第6页《泰安州道中望岳》："四十南北皆跻攀，今日济宁才见山。马头过尽几百里，尚有青苔遮客颜。"书中多赠答、送别、题画、唱和、游览之诗。

董汉策

其著作有清康熙间刻本，六册。内含：莲漪集一卷、寓庵诗一卷、怡颜集一卷、蓝珍词一卷、莲阁诗草一卷、夏五游一卷、芍水游一卷、亭亭怨一卷、自在吟一卷、烟艇吟一卷、安素轩诗一卷、董词一卷、咏昙集一卷、羡门轶句一卷、四载诗存一卷。康熙刊本，昌平坂学问所旧藏。刻本长23.8厘米，宽16厘米，线装，各册均有浅草文库和昌平坂学问所印。四周双边，无栏，无鱼尾，书耳处题各卷名称，版心下题各篇名称。天头3.6厘米，地脚1.3厘米。各册版式略有不同，如第五册四周单边，版心处题卷名和页码。有圈点和句读，有的有评语。第一册为序和文，第二册为寓庵诗，第三册为莲阁诗草，第四册为自在吟，第五册为词，第六册为佚句。其中有登泰山诗多首。

按，《清诗纪事》第一册页1004有"董汉策"条。称其字为"芝筠"，一字"帷儒"，浙江乌程人，有《乍浣居诗集》，所记出自阮元《两浙辅轩录》。然其《莲阁诗草》等并未提及，故录于此。

陈鹏年

《清诗纪事》第一册页767有"陈鹏年"条，然未提及其《沧州诗集》及《沧州近诗》等。据《中国历史人物大词典》等，陈鹏年（1663～1723）清湖南湘潭人，字北溟，号沧洲。康熙进士。历任浙江西安知县、江苏山阳知县、江宁知府。抑制豪强，清理田赋，平粜粮食。平反冤狱，反对加赋，为官清廉，有政声。被总督阿山诬陷下狱，为李光地营救获释。后任苏州知府，又被总督噶礼所构陷罢官。不久，被任为武英殿纂修总裁修书。康熙末署河道总督，慎宣防，严启闭，邮徒庸，努力堵塞武陟黄河决口。世宗即位任河道总督，夜宿堤上，往来风雪中，后病卒。著有《道荣堂文集》《历仕政略》《河工条约》和《沧洲近诗》等。

徐浩

撰有《南州草堂诗文》六册，昌平坂学问所旧藏。刻本长27厘米，宽16.8厘米，线装，封面右上角有昌平坂学问所长方形墨印，第六册最后一页右上方也有昌平坂学问所长方形墨印。内页为黄色，有"浅草文库"长方形双边朱印，另有两枚朱印，暂未辨何印。并有"当代诸先生鉴定十二州诗文初集南州草堂藏版"字样。有陆荣登作于康熙癸未仲秋的序，并有印章。无跋。序称："徐子雪轩乃山阴贵胄宫允文孙，与予同里而未识者，缘其祖宦于吴，久籍云间故耳。甲子岁，雪轩从使星入岭南，时予宰英德，得见丰度、读其诗。"并称赞作者的诗文"更得江山之助，所谓护持于神物，而广益于词林者"。另，各册均各有序。

观目录，此为初集。其中诗占绝大多数，如下：卷三粤游草、西湖草；卷四北游草、二东草、南还草；卷五黔游草；卷六蜀游草；卷七渡泸草；卷八东还草；卷九山石草；卷十闽游草。

刻本四周单边，单鱼尾，白口，乌丝栏，书耳处题：南洲文抄。版心：卷数+页码。半页九行，行二十字。天头6.6厘米，地脚2.3厘米。

张浤

张浤，字西潭，汉军旗人。监生，历官湖南驿传盐法道，有《买桐轩集》，内阁文库藏有乾隆二十二年（1757）序刊本，昌平坂学问所旧藏。刻本长26.3厘米，宽16厘米，线装，序第一页右下角有浅草文库双边长方形朱印。四周单边，单鱼尾，版心题：买桐轩集+页码。无栏，半页十行，行十九字，天头6.8厘米，地脚2厘米，白口。有欧阳正焕作于乾隆丁丑新秋的序，并有印；有陈浩作于乾隆丁丑秋望二日的序；有黄宫作于乾隆二十二年新秋的序。各序均有印。无跋。集中多游历、游宦之诗，如泰安州、碧霞宫等诗。另有文《买桐轩始末》，述买桐轩为其祖所购别墅，为其幼时读书之所。其后附有《绣余诗纪》，为其同堂兄嫂刘氏所作诗。

王杰

王杰（1725～1805），字伟人，号惺园，亦号畏堂、葆淳。有《葆淳阁集》，藏于大阪府立图书馆，清刊本，八册。

王崧

王崧（1752～1837），字伯亮，号乐山，洱源人。清代著名诗人和史学家。他的著作有《说律》《乐山集》《道光云南志钞》；史著《云南备征志》等。东洋文库藏有其《乐山全集》，清嘉庆刊本，十二册。

陈鳣

陈鳣（1753～1817），清代著名藏书家、校勘学家。字仲鱼，号简庄，又号河庄，新坡。浙江海宁硖石人。生于乾隆十八年（1753），卒于清嘉庆二十二年（1817），年六十五岁。其《简庄集》［清嘉庆十年（1085），土乡堂刊，十册］藏于内阁文库。

陈鳣撰有《简庄集》，十册，清嘉庆十年（1805）刊，土卿堂，昌平坂学问所旧藏。此为文集。刻本长24.6厘米，宽16厘米，线装，目录第一页有浅草文库双边长方形朱印。无序。第一、二册为对策，第三册之后为论、序、跋、记等，最后两册为谕语古训。

尚元鲁、郑元伟、魏学贤

三人合撰《东游草》［天保十四年（1843）刊］，这是1842年琉球向江户将军派遣表示问候的使节团中的尚元鲁、郑元伟和魏学贤三人在前往江户途中所做的汉诗集。后呈赠萨摩藩文人鲛岛玄雾，玄雾于1843年分三册刊行，又回赠琉球。

黄文澍

黄文澍字雨田，一曰田，又曰亭，丰城人。所撰《石畦集》有诗。京大人文研村本文库所藏《石畦集》，康熙六十年（1721）序，墨耕堂刊本，十册。

俞绣孙

为俞樾之女，俞樾将其爱女绣孙诗集《慧福楼诗草》一卷（按：疑"诗"

为"幸"之误)一百部寄送日本友人北方心泉:"为弟转致贵国诸吟好,庶其微名得流播东瀛也。"(《北方心泉·人和艺术》附录之《俞曲园尺牍》第12函)①。俞樾托北方心泉传到日本的《慧福楼幸草》今仍存于日本,另有俞绣孙的词作,还有不少是随着《春在堂全书》而传到日本的,如静嘉堂文库藏光绪九年(1883)刊《慧福楼幸草》一卷,附一卷。

李文馥

撰有《李克斋粤行诗》和《西行诗纪》等,其所撰《闽行诗话·石浔席话记》乃重要的中越汉诗人(清代)的诗文唱和。

日本藏有李文馥撰《周原集咏草》。嗣德三十五年(1882),写本,一卷一册。六眼线装(即康熙缀),茶色封,写本长28.8厘米,宽15.6厘米,内页为褐色硬纸,内用黑色笔题写数行字,与正文颠倒放置,阅后发现与正文并无联系。正文无界栏,无页码,小字双行,半页十行,大字行二十五字。该集为李文馥部分诗歌的钞本。前有黎文德序,序中称扬李文馥之诗曰:"惟放而有法,艳而有气,方足称豪作,而驰骋乎古今,至其挥毫落纸间,不思索而自得,不雕琢而自工,又是天然呵成,殆非力而至、学而能者也。余于邻窗李先生之诗而悟其妙,(中略)先生学问淹贯,研究精微,其用工于诗为尤笃,更因十余年之历涉,重洋绝域,人所罕到者,先生皆亲履之。(中略)江山助其神,照眼自成风物,供其妙,所以随触随发,愈出而愈不穷。(中略)则先生之诗之妙,多得于天地之陶成,即以试卷长留天地间一语并诸诗首,无乎不可,是为序。"正文中有红色句读标点。最后一页题:"嗣德三十五年岁在壬午七月日青仁氏抄在快州东安溪之塾。"

王文治

王文治著,宍户逸郎钞《王梦楼诗钞》,和刻本,东崖堂,明治十四年(1881)抄本,藏冲绳县图书馆。

姚文栋

姚文栋(1852~1929),字子梁,又字东木,上海人,地理学者、藏书家。曾任清政府驻日、驻英使馆随员,缅甸勘界委员。家有昌明文社书库,藏

---

① 《中日文化交流史大系之九·典籍卷》第三章日本汉籍西传中国之历程,第297页也有相关记载。

十六万卷，以日本版本最多。撰有《琉球地理志》《日本地理兵要》《东槎杂著》《墨江修禊诗》和《海外同人集》等。《海外同人集》二卷，《归省赠言》一卷，《墨江修禊诗》一卷，清光绪，合一册。刻本长24.4厘米，宽15.5厘米，线装，内页为李坤题字。无序无跋。四周双边，乌丝栏，单鱼尾，版心：海外同人集+卷数+页码。半页九行，行二十字，天头3.6厘米，地脚1.5厘米。开篇为日人所作姚文栋《日本国志》十卷之序。其中《海外同人集》均为文，无诗。《归省赠言》则为日人赠别诗。首为向山荣所作，其序曰："清国姚志梁参使将归省乡里，乙酉四月八日招诸名流会于不忍池长酡亭告别，赋此送别"云云。另外还有小野湖山、龟谷省轩、冈千仞、森槐南、日下宽、三岛毅、副岛种臣、宫岛诚一郎、石川鸿斋等人的赠别诗。后有番禺潘飞声作于光绪戊子八月的跋，曰："（姚文栋）出使日本六年，以文章经济为外人所钦佩，（中略）日本为我同文之国，敦诗说礼，向不乏人。自明治维新崇尚西学，风气所渐，举国趋之若鹜矣，而二三耿介之士犹能抱持风雅，播为篇章，且知诗之原本于忠孝而乐道其性情之正者，盖人伦教化久行域外，断非异学所能淆乱。"

《墨江修禊诗》也是收录了当时日人诸多诗作，也有姚文栋的诗歌，如："玉骢底事趁鞭丝，百万韶光恰好时。修禊开筵临曲水，扶鸠入室有庞眉。花迟陌上寒犹勒，鱼乐濠梁人未知。何必张裴谈娓娓，抽毫拟续建安诗。"

黎汝谦

黎汝谦（1852~1909），字受生，贵州遵义人，黎庶昌侄子。中国变法维新运动参加者。出身世代书香之家，幼时酷爱读书。光绪元年（1875）举人。光绪八年（1882）随黎庶昌出使日本，充神户领事。光绪十年（1884）回国，流寓上海，与李经方交游，情谊至厚。光绪十三年（1887）随黎庶昌再次出使日本，任横滨领事。三年后任满回国，以知府分发广东，任财务提调等职，历时十年，因"墨误"罢官，寓居贵阳。他关注国家及天下形势，使日时，同翻译蔡国昭合译《华盛顿传》，纂译《日本地志提要》，还与莫庭芝、陈田共辑《黔诗纪略后编》三十卷，主要著作有《夷牢溪庐文集》四卷和《夷牢溪庐诗钞》七卷。

黎氏游日期间与水越成章等唱和不断，如《和水越耕南秋思原韵》："华年逝水怅难追，独抱浓愁欲诉时。昨夜银河忆秋梦，谁家璧月写新诗。虫声断续花含露，萤光高低草蔓池。一样关山人万里，鬓眉只觉负男儿。"又，《题耕南先生诗刻四绝》："读罢新诗未易评，文章秀骨本天成。就中拈出惊人句，始信前贤畏后生。唐诗晋字汉文章，一代宗风独擅长。若欲寻源探坠绪，须从骚选问门墙。涂粉研脂亦偶然，最难风骨树苍坚。韩黄自有真诗格，正法于今惜少传。千古诗人栗里高，胜他苏海与韩涛。太羹元酒饶真味，莫羡雕虫绣虎曹。"

黄超曾

字吟梅，上海崇明人，县学生，授同知，工诗律，喜绘事，时任驻日公使黎庶昌随员，著有《东瀛游草》和《同文集》。在日期间曾与幕末明治时期著名汉诗人小野湖山有诗歌唱和，黄曾作和小野湖山七十自寿诗二首，诗曰："海上仙翁海鹤姿，嘲风弄月任人嗤。琴书闲适陶元亮，诗酒清狂杜牧之。吏退漆园容小隐，名倾洛社半相知。平生事业文章在，其实年来所作为。"又："斋营十笏地偏幽，北海樽开快拍浮。但得身闲归便好，不知老至乐无忧。一篇冰雪争传写，千里云山付梦游。却忆登高良宴会，东南宾主数名流。"诗后有序曰"去年重九节我节使黎公，宴客精养轩，登高赋诗，翁亦在座。陈孝廉允颐，邮寄和章，诗中有糕字，不敢题，因搁笔。今春乞假游西京。与我国陈曼叟明经，适相遇鸭川行馆……案头见有贻明经摺扇，上书大制自寿两律，并见东京诸名流纷纷和韵，客中援笔立就……以申颂祝而已"云云。可参考小野湖山《赐砚楼诗》卷三（东京：凤文馆，1884年刊）。

黄超曾还撰有《东瀛诗草》，蓬莱仙馆，清光绪元年（1875）序刊，一册。刊本长18.4厘米，宽11.7厘米，线装，四周双边，无栏，书耳处题：东瀛诗草。单鱼尾，版心：各卷题名＋页码。下题：蓬莱仙馆。小字双行，半页十行，行二十二字。天头2.9厘米，地脚1.8厘米。内页处题："雪来柳往，使于四方，诵诗专对，为国之光。明治十六年二月，太政大臣公爵三条实美题。"并有印。有龟谷省轩作于明治甲申（1884）冬月的序，有黎庶昌作于光绪十年（1884）甲申三月五日的序，有徐承祖作于光绪十年（1884）十一月的序，有下野小山朝弘作于明治十八年（1885）立春前三日的序。无目录。

内容包括：神户前集、神户后集、横滨集、同文集、东京集、采风集。正文第一页有"江苏崇明黄超曾著"字样。其诗如下："光绪辛巳冬随节使日本，奉命驻神户，登楼望海作：仙山缥缈挟飞涛，万里祥云拥节旄。独上高楼瞻蒂阙，一轮红日照银袍。"（页1）

集中有多首与廖锡恩的唱和诗。《同文集》中则收录多位日本友人的赠诗。如高桥贞的《题黄吟梅先生游草》："载得如椽笔，星轺使日东。采风三致意，奉职一思忠。道大交愈广，才高诗自雄。此游呼快处，富岳起遥空。"（页26）

郑孝胥

郑孝胥（1860～1938），字苏堪，号太夷，别号海藏。福建闽县（今属福州）人。光绪八年（1882）中举。光绪十五年（1889），考取内阁中书。同年秋，改官江苏试用同知。光绪十七年（1891），任清政府驻日使馆书记官。次年，升任驻日筑领事、神户、大阪总领事。武昌起义后，以清朝遗老身份隐居上海。凡诗文简札，均用宣统年号。1913年组织"读经会"。其诗初学谢灵运，继之学柳宗元、孟郊、颜延之、韩偓、吴融、梅尧臣、王安石、姚合等。尝自评其诗曰"多苦语"与"太清哀"（《广雅留饭谈诗》）。与沈曾植同被陈衍推为清末"同光体"诗派魁杰。钱仲联《梦苕庵诗话》曰："海藏之诗精洁，其失也窘束。"著有《海藏楼诗》十三卷。

傅云龙

傅云龙（1840～1901），德清（今浙江德清）人，字懋垣，监生，官直隶候补道，光绪十三年（1887）被派往日本、美国、加拿大、秘鲁、古巴及巴西游历。工文词，通小篆，亦工刻印。著有《日本金石志》和《实学文导》。著作等身，有《不易介集诗稿》《游历日本图经》《游历巴西国图经》等，辑有《续汇刻书目》及《纂喜庐丛书》[四种三十二卷，清光绪十五年（1889）刻于日本东京，七册]。

顾厚焜

字少逸，号敦盦，江苏元和（今苏州）人，光绪九年（1883）进士，以刑部学习主事考取游历使，与傅云龙同赴日本和美国考察。有《敦庵诗钞》《对马岛考一卷》《巴西地理兵要一卷》《巴西政治考一卷》《新政应试必读六种六卷》《日本新政考二卷》《美利家英属地小志》和《美国地理兵要》等。

王韬

王韬（1828～1897），原名利宾，易名瀚，字懒今。后改名韬，字仲弢，一字子潜，号紫铨，又号弢园，别署蘅华馆主、钓徒、天南遁叟等。江苏长洲（今苏州市）人。十二岁学诗，十三岁学笺札，十四岁学文。道光二十五年（1845）以第一名入县学，督学使者张筱坡称其"文有奇气"（《弢园文录外编·弢园老民自传》）。有《西学辑存》《三续聊斋志异三十四篇》《中西纪事二十四卷》《分类尺牍备览》《增批分类尺牍备览残存十八卷》《弢园尺牍》《弢园尺牍续钞》《弢园文录》《弢园文录外编》《弢园笔乘》《弢园著述总目》《弢园经学辑存》《弢园老民自传》《扶桑游记》《探地记》《操胜要览》《日本通中国考》《春秋历学三种》《泰西著述考》《淞滨琐话》《清季墨妙》《漫游随录》《火器略说》《花园剧谈》和《蘅华馆尺牍》抄本、《蘅华馆诗录》等传世。

郭庆藩

郭庆藩（1844～1896），学者，原名立壒，字孟纯，号子瀞。湖南湘阴人。十五岁补县学生。官至江苏候补道。尝主扬州运河堤工。提倡实业，主张发展外贸、铁路、邮电、矿务等事业，颇具明识远忠。涉猎文事，精研《说文》。有《许书转注说例》《说文经字考辨证》《说文答问疏证补谊》《合校方言》《庄子集释》《泊然庵文集》《梅花书屋诗集》《静园剩稿》等。东洋文库藏《十二梅花书屋诗六卷》清光绪十五年（1889）刊本六册。

黄协埙

黄协埙（1851～1924），字式权，原名本铨，号梦畹，别署鹤窠树人、海上梦畹生、畹香留梦室主。江苏南汇（今属上海市）人。早年博学工诗词，尤长于骈体文写作。有《淞南梦影录》《粉墨丛谈、附录》《锄经书舍零墨》和《黄梦畹诗钞》等。

何如璋

何如璋（1838～1891），字子峨。广东大埔人。光绪二年（1876）晋侍讲，加二品顶戴充出使日本大臣副使，旋改正使，聘黄遵宪为参赞随任。光绪六年（1880）归国，累迁詹事府少詹事。九年（1883）出为福建船政大臣。十年（1884）法军攻马江，毁我舰艇甚多，以失机罪革职论戍。十四年（1888）赐还，粤督李瀚章延主韩山书院讲席，卒于院舍。喜诗、书，使日期间，"（日本）朝野名士咸以诗文相质正唱和，或就乞书，得其一屏一笺，以为珍玩"（温廷敬《清詹事府少詹事何公传》）。其诗多为出使日本时作，咏日本风土民俗、明治维新后新事物。《清诗纪事》虽录有"何如璋"条，然此处值得一提的是其《袖海楼诗草》二卷，此集收录何如璋与浦生重章、栗本锄云、副岛种臣、三岛中州、中村敬宇、宫岛诚一郎、青山延寿等日本文人的酬唱之作，由其子何寿鹏编于民国九年（1920）。

钱肃润

钱肃润（1619～1699），字础日，明清之际无锡（今江苏无锡）人，明诸生，崇祯十七年（1644）后隐居不仕，康熙时曾北游齐鲁，著有《十峰草堂集》等。又据《无锡名人辞典首编》（赵永良主编，南京：南京大学出版社，1989年）页53载：钱肃润（1619～1699），清文人，字础日，无锡人，顺治十一年（1654），以不改明代服饰，被捕解到南京刑讯，折一足，因自号跛足生。十六年（1659），与昆山归庄、太仓陆世仪等渡太湖再访西洞庭，先夕宿长洲徐增家，论诗竟夕。康熙间，游泰山、曲阜孔林。十七年（1660）游楚归，作自传文《十峰主人传》，辞不应博学鸿儒荐。辑有《南忠记》和《泰山诗选》《阙里诗选》《文教》二十卷，著有《燕台小品》《十峰文选》《十峰诗选》《十峰诗选二集》《史论一编》七卷。日本图书馆多藏其书，如其所辑《阙里泰山诗选》，国内已佚。本书正文对钱氏的诗作进行了详细介绍。

朱舜水

明清之际学者。名之瑜，字鲁屿，号舜水，余姚（今属浙江）人。崇祯、弘光时屡奉征辟不就。南京陷落，据舟山抗清，舟山失陷后仍与张煌言等进行反清复明活动。失败后，流离日本讲学二十余年，传播中国文化，与日本文人时有诗文往来。受到日本水户藩主德川光国礼遇。史学观点与黄宗羲、顾炎武相似。死后，谥文恭先生。遗著由门人整理成《朱舜水先生文集》。后人又辑有《朱舜水集》。

陈元赟

明末清初学者。字羲都,号既白山人,别署芝山、升庵、菊秀轩等,武林(今浙江杭州)人。年轻时科场乖阻,仕途不遇,乃赴嵩山少林寺,研习少林拳术。天启元年(1621),作为福建总兵使节单凤翔的随行译员渡日商讨倭寇事。崇祯十一年(1634)赴日本定居,被名古屋尾张藩主毛利义直聘为顾问,传授诗文与少林拳法。武士福野正胜右卫门、三浦义辰右卫门、矶贝次郎左卫门等皆为其门徒,他被尊为日本少林拳法的开山祖。毛利义直逝世后,移居江户国正寺,授徒为生。与僧人元政友善,诗文酬答,并向其介绍公安诗派独抒性灵之旨,从此公安派文学得以在日本流播。释元政(1623~1668),字元政,原姓石井,京都人,日莲宗僧人,日本性灵派诗人。陈元赟晚年返名古屋,卒葬建中寺。著有《升庵诗话》和《老子经通考》等;尚有《虎林诗文集》与《既白山人文集》等,已佚。二人有《元元唱和集》二卷(1883年),为陈元赟与释元政唱和专集,陈氏另有《长门国志》一卷(1891年)传世。

蒋兴俦

蒋兴俦(1639~1695),字心越,初名兆隐,别号东皋、鹫峰野樵、越道人、心越子、越杜多等,浙江浦江人。八岁在苏州报恩寺剃度出家。十三岁起即漫游江浙间,寻师访道,参究禅法,后归隐杭州永福寺。清康熙十五年(1676)八月,应避乱于日本的高僧澄一之邀,乘商船东渡,于十二月抵九州,次年正月到长崎,谒澄一于兴福寺。说法之余,吟诗作画,皆臻神妙。日本道俗闻风与之交往,求教古琴及绘画、治印之艺。同年,为长崎延命寺撰《法华三昧塔铭》,名声由是广扬。时日本水户藩主德川光圀雅重中国文化,闻其名,差人迎至江户小石川别邸,尊为上宾。又越年,幕府准其入水户。德川光圀先在府内设别馆招待,一面依明代寺院式样改筑已废之天德寺。康熙三十年(1691)五月,天德寺修竣,改名为寿昌山祇园寺,延请其为住持和尚,为曹洞宗寿昌派开山祖。其日本墓地至今保存完好。工诗文,善书画,精篆刻。有《自刻印谱集》《东皋琴谱》遗世。日本有清代东皋心越释兴俦原著,清水善行写《东皋先生七绝》,长24厘米,宽17厘米。线装,文化十三年(1816)丙子仲秋钞本,无序无跋无目录,无页码,无界栏,首页右上角有长方形朱印一枚，最后一页右上角也有同样的印章一枚。字体工整美丽，颇为悦目。半页十一行，行二十字。内中多有虫蛀痕迹，但不影响阅读。明治四十四年（1911）东京一喝社出版了浅野斧山所编的《东皋全集》。

王治本

王治本（1836～1908），字维能，号桼园，清慈溪黄山村（今属浙江宁波江北慈城镇）人。精诗文，尤擅骈文，并工书善画，具有出色的文艺素养。清光绪三年（1877）夏赴日，与大河内辉声等交往，其游览新潟时吟诵当地景色的诗作收于《舟江杂诗》，明治十六年（1883，光绪九年），新潟井简驹吉等刊。今列《舟江杂诗》几首如下："舟江旧是一沙洲，岭抱东南海北流。天辟膏腴夸瑞穗，米山遥接饭山头。""开基旧族几家存，遗迹渺茫未足论。披阅图经稽古地，至今无复识原村。""纵三横五画成坊，三十余街曲又长。西列禅林东酒舍，梵声弦韵共铿锵。""弥山环保港门开，潮急风狂浪作台。为问源头何处起，汪洋水自信浓来。""丛丛碧树晚风轻，红藕池前载酒行。川水亦知偕乐意，涛声至此带欢声。""买得游园券一枚，茶亭小酌任徘徊。白山浦上白山庙，半是烧香修福来。"

陈明远

（？～1920，一作1919），浙江海宁人，一作海盐人。字哲甫，号锅翁，室名红叶馆。廪贡生。以道员候补广东。曾随徐承祖、黎庶昌两使充日本使馆参赞。又督办黔南矿务。陈明远辑与日、朝友人唱和赠别诗为《红叶馆留别诗》。

欧阳述伯

撰有《扶桑集》，录作者于1898～1899年间的诗作。欧阳述伯生平事迹不详，可参考王宝平教授主编的《晚清东游日记汇编》之一《中日诗文交流集》（上海古籍出版社，2004年：前言第13页。）

石逊

撰有《瀛谈剩语》，1908年刊。石逊生平事迹不详，可参考王宝平教授主编的《晚清东游日记汇编》之一《中日诗文交流集》（上海古籍出版社，2004年：前言第13页。）

沈丙

字灯炜，号燮庵，杭州府人，岁贡生，据大庭修教授调查，沈丙于享保十二年（1727）十二月九日乘四十一号厦门船来到长崎，协助幕府翻译《大清会典》，并协助再校《唐律疏议》，其再校订本今仍存于宫内厅书陵部，沈丙逗留日本五年，在日本颇受尊崇，曾作《长崎孔夫子庙记》，并有诗作流传，《长崎名胜图会》采其诗三十余首。

李天植

李天植（1591~1672），诗人。字因仲，改名确，字潜夫，浙江平湖人。明崇祯六年（1633）举人。遭明末丧乱，削发入陈山，训童子十年。山僧开堂，避喧返其蠡园故居。卖文为食，不足则与妻编棕鞋竹器以佐之。贫甚亦不受施与，有司往访，避而不见，终至饿死。其诗多感怆。著有《蠡园遗集》。生平事迹见《清史稿》卷五百零一、全祖望《蠡园先生神道表》、罗继祖《李蠡园先生年谱》。钱仲联教授《清诗纪事》有录"李确"，但未言其《蠡园诗》及《蠡园诗续集》。二集于日本弘化二年（1845）由中国商船运到日本（见大庭修著《江户时代摄取中国文化之研究》，京都：同朋舍，1986年：358页），今其诗文集仍存于日本图书馆内。

赵淞阳

苏州昆山医生，享保十一年（1726）十月九日，乘廿六号南京船进入长崎，时年已六十三岁，享保十四年（1729）八月二十八日回国，《大墨鸿鹄集》中留存了他的诗作，他还携带了二十一部汉籍到日本，其中大部分为医书。具体可参考大庭修教授著《江户时代摄取中国文化之研究》（京都：同朋舍，1986年：468~469页）。

江艺阁

江苏苏州人，嘉庆二十年（1815）以后多次赴长崎贸易，并与赖山阳等交游。滞留长崎唐馆期间，与名伎袖笑相好，后袖笑离开引田屋（即花月楼，艺伎居处），其干妹妹袖扇成为江艺阁陪客艺伎，天保元年（1830）袖扇诞下一男名八太郎，天保二年（1831）夭折，江艺阁为其所作墓志铭仍保留至今。其事见大田南亩《琼浦杂缀》。

江艺阁曾为袖笑的画像题诗，诗曰："风流出上都，媚态有谁多。春风吹罗袂，秋水驻横波。不过情河过爱河，何时得此娇娥。"

另，赖山阳女弟子江马细香曾与江艺阁唱和，江艺阁作《己卯又清和月，寄赠细香女学士》，通过赖山阳，送给细香：

能书能画总文章，有女清贞号细香。京洛风华游艺学，此生不喜作鸳鸯。

细香很用心地画了一幅墨竹图，并在赖山阳的指导下，作了回诗：

寒闺万里见文章，宝鸭先焚一炷香。几日柔荑耽把玩，金针不复绣鸳鸯。

痴嗫无句报来章，漫写修篁亲爇香。海外不知何日达，霜深闺瓦冷鸳鸯。

时隔八年之后，江艺阁回了一首诗：

多谢琼瑶报短章，笔痕潇洒墨痕香。琅玕欲把黄金铸，怀袖殷勤护彩鸯。

清词丽句好文章，袅袅风怀字字相。雨夜披图吟到晓，自怜鳏况泣鸳鸯。

细香再叠前韵，回诗曰：

天涯两度领琼章，五彩吟笺墨有香。欲就幽窗诵来句，春池水暖浴鸳鸯。

到手天边云汉章，无由一面浴熏香。结他翰墨因缘在，何恨孤鸯不遇鸳。

女儿何足接文章，自讶相知情意香。百度千回思不得，前身或是两鸳鸯。

停针聊欲报来章，先拂几床先爇香。一片情怀达千里，乃知鸿雁胜鸳鸯。

文政十三年（1830），江芸阁（时已五十一岁）第三次回诗给细香，这些诗是在细香所写诗作纸张的余白处写的：

山阳绛帐产文鸳，意蕊心花细细香。千里新交丝不断，天孙惯织锦云章。

前生烧了数头香，地角天涯鸳与鸯。千种思量无一语，吟声和泪诵瑶章。

琅玕一幅墨痕香，玉手题诗和短章。早付装池悬卧榻，此情一似并鸳鸯。

相思相望杜兰香，双鲤迢迢寄翰章。问取天台会仙石，几时遇合两鸳鸯。

二人如此往返唱和，成为中日汉诗交流史一段佳话。关于二者的唱和研究，可以参考马越彬子的论文《江户女诗人与长崎清客的交流——以江马细香与江芸阁的唱酬诗为中心》，见《纯心人文研究》第12号，2006年。另外，文学博士中山久四郎所编的《唐人诗史》收录了多首江芸阁及其他当时赴长崎通商的清朝人士的诗歌，由于篇幅的关系，将另外撰文整理和论述。

杨西亭

清代医师、文人、商人，文政初年到日本长崎寓居，颇受礼遇，江户时期医师多纪元坚《时还读我书》卷下有相关记载,多纪元坚评杨西亭"卓越超群",据松浦章教授的研究,杨西亭对日本的影响"达三十四年之久"(松浦章《清代帆船与中日文化交流》,上海科学技术文献出版社,2012年:112页)。杨西亭与赖山阳交游,有诗文往来,时赖山阳三十九岁,赖山阳题诗于杨西亭扇面,赠之,诗曰:

萍水相逢且举杯,醉魂恍讶到苏台。看君眉宇秀如许,犹带虎丘山翠来。

西亭遂和诗一首,曰:

九咏时当聊奉杯,诗家秀士适临台。羡君落笔惊风雨,立意清新谁道来。

此诗见《赖山阳全书·全传上·日谱》(1931)。

朱佩章

清代儒者,讳绶,字佩章,一字端笏,《元明清书画人名录》有相关记载,享保十年(1725)随医师朱来章等乘商船到长崎,《长崎名胜图绘》中载录其诗二首。

朱子章

清代汀州人,出生于医学世家。自幼习医,至康熙末年其医术已闻名于当地。因受幕府聘请,与其弟朱来章二人于清康熙六十年(1721)七月十六日乘商船抵达日本长崎,肖林榕、林端宜撰《闽台历代中医医家志》(北京:中国医药科技出版社,2007)有相关记载。《长崎名胜图绘》中载有其诗《新春瑞雪偶作》等,享保十一年(1726)三月二日病逝于长崎。大庭修《江户时代摄取中国文化之研究》(京都:同朋舍,1986)附篇第一章470页有相关介绍。

汪启淑

汪启淑(1728~1799),字秀峰,号讱庵,一字慎仪。自称"印癖先生"。清著名藏书家、金石学家、篆刻家。安徽歙县人,居于杭州。喜交友,与厉鹗、杭世骏、朱樟结"南屏诗社"。嗜古代印章，曾搜罗周代、秦代迄宋、元、明各朝印章数万钮。其所撰《撷芳集》[乾隆五十年（1785）序刊]为女性诗人诗集，采女性诗人九百多人，而《清诗纪事》烈女卷并未全部收录（约录三百多人）。

十九世纪前半期松江府川沙厅官民《赠倭国难民诗》及日本船员答谢诗

清道光六年、日本文政九年（1826）三月十五日越前海浦蓬莱屋庄右卫门的商船（载重七百石的宝力丸）因要到松前购买海带而出海，于三月二十三日到达松前购买了五百石海带，八月二十八日离开松前，准备前往大阪，不料在南下日本海途中遭遇海难，漂流到中国长江口附近，得到上海当地渔船的搭救，船员还得到了松江府川沙厅的救济和保护，后被送到浙江乍浦，最后搭乘赴日的中国商船，于文政十年（1827）正月三日到达长崎。这些日本船民在离开川沙厅时，几位川沙厅官民作诗赠送，是为《赠倭国难民诗》，并有顾文光所做的序言，曰："此本名诗为你们被难到川沙所作，你们拿回日本，送国王看，有赏你们。日本国航海商民遭风漂失到我大清国江南松江府川沙抚民厅境内，得渔船相救至城中，与之通语，彼此不解。幸番夷中有名市平者，稍知书写，始悉伊等于大清道光六年九月九日，装载昆布（按：即海带）货，由日本国出海至大阪地方销售，在船共十人皆往越前岛（按：大致相当于今天日本的福井县北部），适遇大风，漂流几昼夜，至二十八日，船破裂，一人名永助者已溺海中，此外九人乘海舟随风逐浪。至三十日，遇救得生，余职任地方，勉加抚恤，安顿捷宿，赋诗纪事。"

赠倭国难民诗

川沙抚民府顾文光

番舶乘风碧海头，凌波岂计怒潜蚪。三秋爽籁来中土。万里乡心忆旧酋。逐利几忘身是我，重生应以喜消忧。何如挥手三山去，渺渺凭虚不系舟。

无　题

川沙典吏金山县人李梼

倭人涉海为蝇头，小舶漂沉遇怒虬。三百年前犯我土，数千里外救夷酋。故乡自有伤心恸，异地应无捣腹忧。记取圣朝恩莫大，怀柔替尔觅归舟。

无 题
徽州府绩溪县人胡志坚

裸衣赤足更蓬头，悲述番樯付海虬。小岛飘零馀断梗，长官抚恤慰残酋。江南木落秋同感，天际心悬我共忧。万八千程登彼岸，慈云呵护送归舟。（予侨居海上二十八年，屈指十八寒暑未归故里。）

次漂民饯送诗之韵
大东越前福井府士官平山连

波涛万里海西头，求利小民因怒虬。仁国固虽多厚惠，神朝何必比胡酋。长官殊悯漂流苦，商旅遂忘饥渴忧。赖有骚人韵士在，数篇锦字附归舟。

次韵漂民饯送诗
大日本越前藩府士水间敬

相送西方天尽头，归帆岂复起潜虬。我邦自古真皇帝，彼土于今实狄酋。只赖宽容些子惠，遂忘龋龙若干忧。不须海外累传译，愿把文风送载舟。

这些赠答诗都记载在《福井县乡土丛书·片聋记》（第二集，1955年3月）和王宝平教授在辽宁图书馆发现的满铁资料藏书中，另，光绪《川沙厅志》也有相关记载。松浦章教授曾对此做过专题研究，可参考其专著《清代帆船与中日文化交流》（张新艺译，上海科学技术文献出版社，2012年：221～222；226～231）。

清代广东越南华侨郑天赐的诗作①

郑天赐之父郑玖（1655~1735），出生于广东雷州，由于康熙为了制约台湾郑氏集团的反清活动，实施迁界令，严禁海边居民从事海上贸易，清康熙十年（1671），郑玖为谋求生计而渡来东南亚一带，发展商业贸易活动，取得巨大成功，1708年，由其支配的河仙镇②归属于越南广南朝，郑玖出任河仙镇总兵。郑玖亡故后，其长子郑天赐（1718~1780）继承父位。郑天赐设招英阁，招待乡人，诗酒唱和。郑天赐有《河仙十咏》传世，陈耕和《河仙郑氏的文学活动——尤其关于〈河仙十咏〉》一文对此作了详细研究，见《史学》第40卷，第2、3号，1969年。十咏包括十个题目，三百二十首诗篇。如其中郑天赐所作诗歌：

金屿澜涛

一岛崔嵬莫碧涟，横流奇胜壮河仙。波涛势截东南海，日月光回上下天。得水鱼龙随变化，傍崖树石自联翩。风声浪迹应长处，浓淡山川异国悬。

屏山叠翠

茏葱草木自岧峣，叠岭屏开紫翠娇。云霭匝光山势近，雨余夹丽物华饶。老同天地钟灵久，荣共烟霞属望遥。敢道河仙风景异，岚堆郁郁树萧萧。

萧寺晨钟

残星寥落向天抛，戌夜鲸音远寺敲。净境人缘醒世界，孤声清越出江郊。忽惊鹤唳绕风树，又促鸟啼倚月梢。顿觉千家欹枕后，鸡传晓信亦

---

① 这则材料承蒙越南宗教科学研究所客座研究员大西和彦（おおにしかずひこ）老师赐教，并参考其大作《广南朝：开拓中南部越南的王朝——广南朝南进政策中华侨的作用》（日文原稿为作者所赐拜读）。特此致谢！

② 承蒙大西和彦老师赐教，越南西南端河仙省为古行政区域名，现为坚江省（キエンザン省）。特此说明，并致以谢意！

寥寥。

江城夜鼓

天风回绕冻云高，锁钥长江将气豪。一片楼船寒水月，三更鼓角定波涛。客仍竟夜销金甲，人正千城拥锦袍。武略深承英主眷，日南境宇赖安牢。

石洞吞云

山峰耸翠砥星河，洞室玲珑蕴碧珂。无垠草木共婆娑，风霜久历文章异。最是精华高绝处，随风呼吸自嵯峨。

珠岩落鹭

绿荫幽云缀暮霞，灵岩飞出白禽斑。晚排天阵罗芳树，晴落平崖泻玉花。瀑影共翻明月岫，云光齐匝夕阳沙。狂情世路将施计，碌碌栖迟水石崖。

东湖印月

云霁烟销共渺茫，一湾风景接洪荒。晴空浪静传只影，碧海月明洗万方。湛阔应涵天荡漾，凛零不愧海沧凉。鱼龙梦觉冲难破，依旧冰心上下光。

南浦澄波

一片苍茫一片清，澄连夹浦老秋情。天河带雨烟光结，泽国无风浪沫平。向晓孤帆分水急，趋潮客舫载云轻。也知入海鱼龙匿，月朗波光自在明。

鹿峙村居

竹屋风过梦始醒，鸦啼檐外却难听。残霞倒挂沿窗紫，密树低垂接圃青。野性偏同猿鹿静，清心每羡稻粱馨。行人若问住何处，牛背一声吹笛停。

泸溪渔泊

　　远远沧浪衔夕照，泸溪烟里出渔灯。横波掩映泊孤艇，落日参差浮罩曾。一领蓑衣霜气迫，几声竹棹水光凝。飘零自笑汪洋外，欲附鱼龙却未能。

漂流江南船船商和日本儒者的相互赠诗

清道光七年、日本文政十年（1827）正月七日，一艘江南商船因遇大风而漂流到日本土佐湾浦户港，得到了日方的救助，后辗转经长崎返回江南。该船为蒋元利船，船上共有如下江苏籍船员：王玉堂，江南苏州府南通州吕泗场街上住；彭耀曾，同，街东住；高福林，同，街上住；陈扣保，同，街东住；张扣宝，江南苏州府靖江县住；徐圣林，同，同住；高华廷，江南苏州府南通州街东住；赵斌，江南松江府上海县本城住；曹老二，江南苏州府吕泗场西住；彭福堂，同，街上住；卞锦堂，同，街西住；卢有龙，同，同住；吴贡廷，同，街东住；俞凤群，同，街上住；彭大乾，同，街东住。该船船主蒋炳也是江苏人。由于语言不通，船上仅有代驾彭耀曾可与日本儒者笔谈，船员与日方的交流就是通过这样的笔谈进行的。

彭耀曾在与日本儒者的笔谈过程中，互相作诗相赠，这些诗作至今仍然留存，比如江南有折梅赠诗之俗，彭耀曾虽自称"未作诗"，却也作了一首诗送给日本儒者，诗曰：

　　三千里外转漂人，波上何知莺语新。休道今来乡信绝，一枝聊赠江南春。

此诗颇为清新可喜。日方笔谈者有名曰箕浦耕雨者，他有《寄赠苏州府彭耀曾兄》：

　　春风系缆异邦船，你们思乡日万千。休愁此地无知己，四海弟兄元有缘。

其中，日本儒者秦里作诗多首，如：

雨扑涛惊风又摧，心寒惭自过严限。一船后伴来犹远，宛在瞿塘滟预堆。

题樱花赠彭耀曾

樱花百余种，清艳压群芳。山樱为第一，小异不遑详。春风二三月，开花独坛场。海棠如无色，野梅殆让香。弑君与夺国，花性忌不祥。蛮夷无根柢，只在我东方。东方何所赏，绵延帝统长。花性真如许，所以为花王。

这些资料，均保存在松浦章编《文政十年土佐漂流江南商船蒋元利资料——江户时代漂流唐船资料集七》①（关西大学出版部，2006年）。

大田南亩与清人的唱和诗

以狂歌闻名的大田南亩从文化元年（1804）九月开始，受幕府之命在长崎逗留大约一年时间，期间，他与多位清人交往，并留下不少汉诗唱和作品，具体情形载于《琼浦杂缀》（《大田南亩全集》卷二十）。比如，其中有关于他和清人钱位吉的诗歌唱和。

另，关于中日唱和，据松浦章《文化十二年豆州漂着南京永茂船资料——江户时代漂着唐船资料集九》［吹田市：关西大学出版部，平成二十三（2011）年二月］页133所录朝川善庵所撰《清舶笔话》（五册，公文书馆藏）第四册第58页，朝川鼎作诗一首赠南京永茂船船员：

南京永茂船主杨秋棠、陶栗桥驾往长崎之路因风不利漂到下田港，虽海上欠安，幸人船无恙，可祝可祝。但一路在船日久，苦楚不少，鄙词一

---

① 在此，感谢李猛同学从复旦大学图书馆复印这份资料供我参考。

首聊以寄慰。

  一路都无恙,孤蓬入下田。已经危险海,更送太平年。彼此虽殊俗,东西共一天。阳春元有脚,何不到吴船。(日本文化十三年丙子春正月,江户朝川鼎。)

  又,关于唱和,还有朝鲜人士和清人的唱和,如朝鲜洪锡谟所著《游燕稿》三卷,钞本,三册,京都大学文学部图书馆藏。洪锡谟(1781~1857),该书是他四十六岁至四十七岁燕行时的记录,以每天所写的诗为中心,对诗题和内容附有详细的注释,具有重要的史料价值。而且,该书有一个特点,即与清代文人有密切的交往,据书中记载,与他交往的清代文人有纪昀之孙纪树蕤,此外有曹江、戴嘉会、张祥河、徐松、蒋吟秋、陈延恩等人。①

  又,朝鲜姜玮著《北游日记》一卷,钞本,一册,静嘉堂文库藏。据目前所知,该书仅存于静嘉堂文库。姜玮(1820~1884),字仲武,又字韦章、韦玉,号秋琴、古欢等,晋阳(晋州)人。是韩国开化思想的代表人物之一。该书是姜玮跟随高宗十年(同治十二年,1873)冬至使正使郑建朝(字致忠,号蓉山)燕行时的记录。书中记述了作者与清人的交流。他见到了御史吴鸿恩。此外《古欢堂收草》卷十二《北游草》以及卷十三《北游续草》收录了这次燕行时的诗作。其中包括很多和张世准、吴鸿恩唱和之作。②

  朝鲜李裕元著《蓟槎日录》一卷,钞本,一册,天理图书馆(今西文库)藏。李裕元(1814~1888),字景春,号橘山,又号墨农,谥忠文,庆州人。这是他于高宗十二年(光绪元年,1875)作为正使前往北京的日记体著作,记录每天的活动,还有当天所作诗文,其中值得重视的一点是李裕元通过诗文与清人交往,如游智开,游氏字子代,号天愚,又号藏园,湖南新化县人,他撰有诗集《藏园诗钞》一卷,于光绪九年(1883)首先在朝鲜以活字本出版,其后才有刻本问世,《清人别集总目》有记录。游智开和李裕元曾以橘树和诗

---

  ① 此则材料见于[日]夫马进著,伍跃译:《朝鲜燕行使与朝鲜通信使使节视野中的中国·日本》,上海古籍出版社2010年版,第241~243页。

  ② 此则材料见于[日]夫马进著,伍跃译:《朝鲜燕行使与朝鲜通信使使节视野中的中国·日本》,上海古籍出版社2010年版,第263~265页。

赠答，游智开还特意向李裕元赠送了橘树（李裕元号橘山），此外，游智开还向李裕元赠送了自己的四册著作，这些在他的日录里都有记载。另外与李裕元有诗文来往的是吴鸿恩、周寿昌、周棠等。①

范敦仁

安南人范敦仁撰《义溪诗集》，写本，残本，长28.6厘米，宽15.7厘米，六眼线装（康熙缀），封面有题签，无序无跋，无页码，有红色圈点。该集内页深棕色，内有黑色字几行，有的由于纸张剪裁的原因无法辨读，其中可辨的是：嗣德十二年（1859）二月二十六日。左下方有署名，并有方形墨印一枚，印章模糊不可辨认。封底前也有一张这样的棕黑色护页，仔细观察，模糊可见写有文字，但仅可辨"嗣"字。诗集中有评语。

据台湾地区"中研院"越南汉籍目录，得知《义溪诗集》作者为范士爱，字敦仁。东洋文库藏有范士爱作品。复旦大学出版的《越南燕行文献集成》中并未收录范士爱的任何诗文集。

从诗集内容来看，作者似曾到过广西，并游桂林一带，交游唱和，且其祖籍恐怕也在广西，如《记桂林会诸友》："万里关南屡刮目，十年江北故族心。归鸿欲度千山月，好鸟空传隔树音。寄语满（原本后缺）"。

此写本为不全本，据字意可知，第一页开篇八字为前面一首诗的文字，但前面的内容均已脱落，故不知具体内容，开篇八字为："是。正思戎马泪沾巾。"此后还有一首七言诗，无题，估计与前面的应是同题二首，今录于下："乡迷江树泪空频，何事浮名绊此身。才子风流难定见，文章心事每相亲。莫愁前路无知己，若比同心是幸人。珍重彩衣归正好，园收芋栗未全贫。"从诗意看来，是送友人出征之作。作者在该诗集中多次引用唐人诗句，如杜甫的诗，可见其汉学功底深厚，并熟悉古典诗词。诗中还有集句诗。

从诗意来看，作者与杜晖甫、高敏轩等交往甚密。集中有多首诗涉及交游，如《和高敏轩游西湖漫吟见寄》，此"西湖"可是杭州西湖否？待考。另有《忆西湖春景因寄河内诸亲友》。有《闻河内故居失火》，可知其故居在河

---

① 此则材料初见于［日］夫马进著，伍跃译：《朝鲜燕行使与朝鲜通信使节视野中的中国·日本》，上海古籍出版社2010年版，第269~274页。

内。又有《忆河内诸亲友》。

从诗集内容来看，作者与北行官使多有来往，其中有几首送某某北旋诗，另有一首抄写并不完整的诗《续何阁老、吴郎中九月九日登越秀山怀陆大人之作》："秀峰下见赵王楼，汉节何年此地游。不是使星重到越，未应（后缺）"。又如《饯翰林侍读阮黎光充如清副使》。全集并无目录，今据诗集整理出部分诗目如下：

《上疏请外补就近养母，允请喜题（由辞御史职）》《代母亲喜题》《题画兰扇》《访高敏轩暮回次敏轩所赠原韵》《广昌莅日思家集古二首》《京中思归（集唐二首）》《早起》《饯快州知府阮之任》《记桂林会诸友》《端阳前一日邀诸同心》《暮访方亭宿馆，方亭为镇海城之游舟行席间喜赋》《与杜晖甫对酌话适冬至后一日夜雨偶成》《重派董理清查顺庆二省》和《登感山寺》等等。

廖锡恩

廖锡恩，字枢仙，号子日亭主人，广东省博罗县人。随驻日参赞黄遵宪游日，与日本汉诗人水越成章等诗文唱和，留有唱和诗作多首，如《拟广寒游》，此诗作于光绪七年（1881）中秋后二日，时与日本友人把酒问月，中秋夜"云师雨子、牢锁蟾宫，不肯放嫦娥一面"（水越成章编《翰墨姻缘》），廖锡恩后作诗一首曰："坐待蟾宫开，悠然事旅酬。俗氛乘隙至，逸兴霎时收。雨打十分月，云霾一半秋。曾当凡骨换，再拟广寒游。"又："已卯四月，携同事吴瀚涛，访水越君子于其家，值开诗会，作春尽抒怀题，因次韵呈正柳暗花迷昼欲暝，连镳访旧到书亭。频年作客头将白，入座同人眼倍青。幸得语言通秃笔，不嫌踪迹聚飘萍。三春归后身犹滞，冷雨凄风苦惯经。"

张宗良

字芝轩，广东省香山县人。光绪年间游日，与水越成章等唱和，如《中秋理署赏月，即席奉和耕南先生原韵，并呈郢正》："异国逢佳节，伊谁共唱酬。宴开宾卒至，笺擘韵先收。露泔金茎冷，云磨玉镜秋。人间今夜景，士女乐遨游。"

徐寿鹏

字进斋，江苏省绍兴府人。游日期间遇廖锡恩，并因此结识水越成章等日本汉诗人，互为唱和。如《去来轩席上见赠》云："海外初为汗漫游，几人携手上山楼。黄花红叶饶风趣，名士佳人妙品流。是处岚光皆好景，重阳时节已深秋。明年此会知何地，踪迹还能记忆否。破浪欣乘一叶舟，天风吹过海东头。登高何幸逢名士，西去思君总未休。"前有诗序云："辛巳九月，余将赴亚美利驾，道出神户，廖枢翁以正值重阳，邀登瀑影山，同行者有水越耕南先生，情意甚殷，书此以赠。"

郑文程

字鹏万，号莺石山房主人，广东广州府香山县人。游日期间与廖锡恩、水越成章等人多有唱和。如："吾儒砥砺重廉隅，风雨联床信岂渝。交到祢衡忘贵贱，谈偕尹敏乐宵旰。琴无知己音难奏，诗有同心照不妆。"又有书序云："余与廖内翰枢仙、冯副理相如、水越先生耕南诗酒流连，相交最契，感三君子之忘年降德，喜而有赠，乞赐和章。"

庄介祎

字吉云，江苏镇江府丹徒县人。曾游日本，游日期间与廖锡恩、水越成章等唱和，如《奉和耕南先生原韵以赠》："迅速鸟飞隙过驹，多才当路任驰驱。胸无尘俗情耽古，腹蓄诗书行若愚。笑我遨游留笔记，羡君高洁似梅癯。名流自昔推风雅，欲唤先生作汉儒。"

江稼圃

清代杭州临安人，为江艺阁之兄，善画，十九世纪初与江艺阁来到长崎从事贸易，多次往返于中日之间，并以画传名，受日人喜爱，今长崎市立博物馆藏其所作画《天平幽境》一幅，另外，其所画兰图中有简单的自我介绍，如是曰："余若帝都上四库馆并金书考，余一等第三，又上如意馆共八百八十余人，亦在考一等一十名，持授刺史……时先大夫以疾归，余即还侍奉，疾久九年不能任矣。先大夫病嘱曰：汝不必为官，留心翰墨，亦可名于世。"① 他曾为传荒木如元所作的《平安福寿图》（藏于长崎县立美术博物馆）题诗曰："老人持物我不知，少女无言常独立。借问伊家何处人，形容想象贺兰人。"落款处题："丙子仲春，江稼圃。"

---

① 长崎开港四百年纪念实行委员会刊《开港四百年长崎图录》，长崎文献社 1970 年版，第 129 页。

虞渊

与东皋有旧交，后人辑其诗文为《虞渊诗文集》，有原任浙江道监察御史肥上年家眷同学弟徐国显所作序。日本有其藏书。如下列几张书影所示：

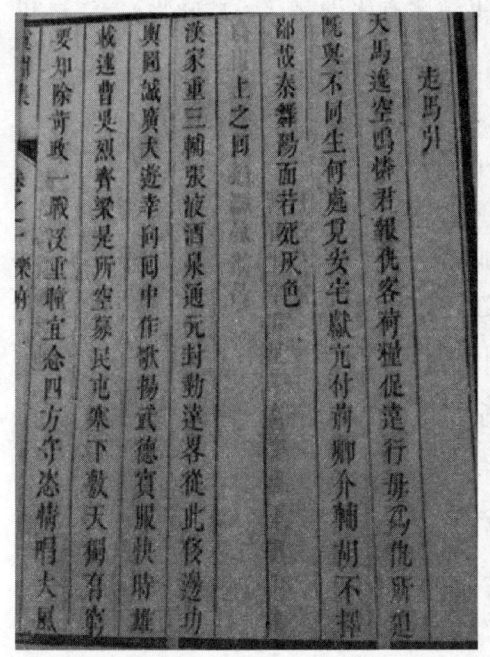

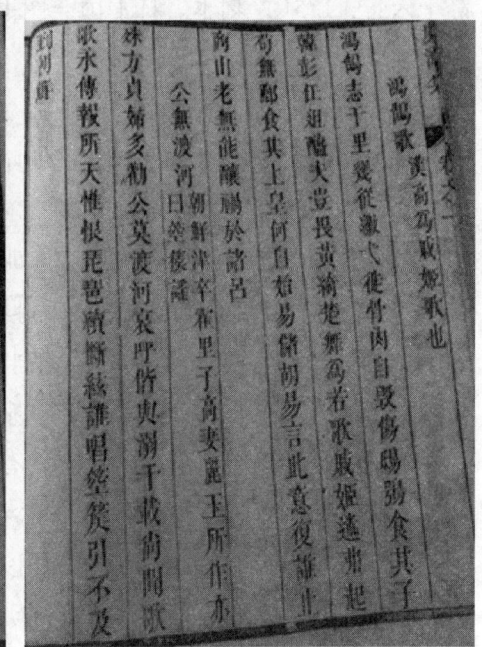

陈元辅

字昌其，清代福建人，善书法，爱作诗。有文集、诗集和诗论传世。其生平事迹限于资料未得详细，仅从其流传的和刻本诗文集的序言中略知一二，陈氏少年即有文坛飞将之称，善诗书，有《课儿诗话》和《枕山楼诗话》传世，日本有收藏，爱作诗，推崇唐诗。此外，致力于易学研究，曾给琉球使者程顺则讲授易经。与以程氏为代表的琉球朝贡使团成员交游甚好。

释苣亭

即黄檗道本（1664～1731），俗姓陈，号苣亭，法号道本，法讳寂传，故后又以法讳寂传称世。日本江户中期黄檗宗僧。福建省福清县人，五十六岁时，受其师灵源海脉之召，于康熙五十八年（1719）东渡日本长崎，后为长崎崇福寺六代住持。有《萧鸣草》诗集传世，《萧鸣草》现存有清刻本和江户钞本。

张劭

又作张邵，字博山，清代浙江嘉兴人，布衣，传为朱彝尊弟子，善诗，以咏物见长，有《木威道人集》。上海图书馆有藏其《木威诗钞》（水明楼，乾隆十六年，1751）刻本。日本国会图书馆藏有张劭著《木威咏物》，江户刊本，一册。灰蓝色封面，长 22.5 厘米，宽 15.7 厘米，线装，无书签，仅墨书"木威咏物"草字作题，内页分三栏，右栏写"文化十癸寅孟春发兑"字样，文化十年即 1813 年，可知此和刻本刊行于该年。中栏写书名"张木威咏物"五字，左栏写"左宽贵（存疑）藏"，有虫蛀痕。

前仅有作者（即木威道人书于水明楼）之序，提出其诗集大致缘由，并提出其咏物诗的主张："（咏物）取胜在语言文字外，有物无物乃臻化境。东坡云论画以形似，见与儿童邻。"序半页十行，行二十字，四周单边，粗黑口，单鱼尾，版心处题"张木威"三字，天头 4.3 厘米，地脚 1 厘米，乌丝栏，正文也是半页十行，行二十字，有虫损痕迹，有假名训读。集中多咏植物，另有对人体部位，如手、眼等的吟咏，也有对各种情绪的吟咏。无跋。

《清诗纪事》明遗民卷录有张劭相关资料。然未载其咏物诗传到日本并在日本刊刻，其具体流传过程，仍有待研究。长泽规矩也所编《和刻本汉诗集成》也未收录这本诗集。

黄道周

黄道周（1585~1646），明末遗民，福建漳浦县人，号石斋先生，乾隆赐"忠端"之号，善诗、书，性刚烈敢言，明亡后坚持抗清，被俘不屈殉国。其传世作品甚多，诗二千多首，有《黄忠端公全集》（又题《黄漳浦集》）五十卷、《黄石斋诗草》等。

《黄漳浦集》，土黄色封，线装，长 25 厘米，宽 16 厘米，书签长 15.6 厘米，宽 3 厘米，内页分三栏，居中题"明漳浦黄忠端公全集"，有"东京府书籍馆"方形朱印，书脊 0.8 厘米（各册厚薄略不同）。边框长 18.6 厘米，宽 14 厘米，四周单边，双鱼尾（对鱼尾），粗黑口，版心题：各部/卷名+卷数+页码，半页十二行，行二十四字，天头 4.8 厘米，地脚 1.5 厘米，乌丝栏（有的页界栏已磨灭无痕）。纸张泛黄，脆薄，略有虫蛀之洞。前有乾隆四十一年（1776）十一月十七日乾隆帝谕，后为"御制题胜朝殉节诸臣录"序，时有小字双行。宋体字。

乾隆四十一年十一月十七日谕曰："汇选各家诗文，内有钱谦益、屈大均所作，自当削去，其余原可留存，不必因一二匪人致累及众，或明人所刻类书，其边塞兵防等门，所有触碍字样固不可存。然只须削去数卷或削去数篇或改定字句，亦不必因一二卷帙遂废全部。"

乾隆四十四年（1779）二月二十六日谕曰："明季诸臣如刘字周、黄道周等立身行己，秉正不回，其抗疏直谏，皆意切于匡济时艰，忠尽之沉溢于简牍，已降旨将其违碍字句酌量改易，无庸销毁。"又："况诸臣弹劾权奸，指摘利病，至不惮再三入告，实皆出自爱君体国之诚，而其姓名章疏不尽见于明史，朕方欲阐幽显微，又何忍令其湮没弗彰。"

集中关于黄氏简介，引用明史材料颇多。正文不时有墨改痕迹，如卷二十三，十九页。正文均无句读圈点。

另撰有《黄石斋诗草》刻本，公文书馆藏，长24.6厘米，宽14.3厘米，有书签长20厘米，宽2.8厘米，线装，浅黄色封，内页分两栏，从右至左墨书"黄石斋先生诗草"，下有"长篇杂咏郎出"分两栏排布朱字，目录首页有粗边方形朱印，暂未辨何印，版心下方标页码。四周单边，无界栏、无鱼尾、无象鼻，天头2.9厘米，地脚1.9厘米，纸张较白，边框长19.7厘米，宽11.5厘米，半页九行，行二十四字，无序无跋无句读圈点，分乾、坤两册，乾册五十页，书脊厚0.6厘米，坤册开首第一页亦有印，同乾册，坤册共七十页，书脊厚0.6厘米。

程用昌

撰有《亦爱堂诗集》，日本国会图书馆藏。清程用昌撰、陈鹏年选、吴启昆函评《亦爱堂诗集》，四册，十二卷，线装，刻本长25厘米，宽16.4厘米，封面有题签，题签长18厘米，宽3.5厘米。四周单边，单鱼尾，半页十一行，行二十字，小字双行。天头5.5厘米，地脚1.3厘米。明治三十四年（1901）八月十七日图书馆购求。有长沙陈鹏年作于"癸巳孟春"的序，有目录，第一、二卷为五言古诗、第三、四卷为七言古诗，第五、六卷为五言律诗，第七、八卷为七言律诗，第九卷为五言排律，第十卷为七言排律，第十一卷为五言绝句，第十二卷为七言绝句。有句读标点，有小字评语。版心处题：亦爱堂及卷数+诗歌体式。下有页码。有虫损痕迹。今录其诗二首如下，以见其诗风：

卷五页11《十二月归舟》："屈指将除夕，年华转似轮。那堪逢积雨，况复是征人。心共归帆急，情同宿鹭驯。长河冻冰雪，未必耐阳春。"

卷七页 21《红叶》："才见芳草照眼新，又看红叶点衣频。只言春色能娇物，不道秋霜解媚人。宫水正寒愁字字，吴江初冷锦鳞鳞。更余一种闲风景，醉杂黄花野老巾。"

李长荣

南海（今广东）人，李长荣编，森鲁直校《海东唱酬集》，收录其诗作多首。明治十二年（1879）刊本，一册，长 25 厘米，宽 11.5 厘米，六眼线装（康熙缀），封面有题签，题签上除了题名，还有作者信息："南海李长荣原稿，东京森春涛校刻。"刻本四周单边，乌丝栏，书耳：海东唱酬集。版心空白，不分卷，无页码。半页八行，行二十字，小字双行。有句读圈点。天头 4.2 厘米，地脚 1.7 厘米。

卷首有数枚图章，分别为：李柳堂（即作者）先生专用图章"美人赠我青琅玕"；"海外存知己"阴刻和阳刻方形朱印各一枚；李长荣方形朱印一枚，"子虎"方形朱印一枚；"枏渔"方形朱印一枚；"才论四海还嫌窄，眼有千秋不敢高"方形朱印一枚。森春涛（1819～1889），幕末至明治初期的汉诗人，为汉诗人森槐南之父。

有鹫津宣光作于明治十年（1877）八月的序，并有李长荣自序。鹫津宣光在序中称誉李长荣与森春涛的文字交谊之深，堪与李白杜甫相媲美。并曰："闻李发感圣人之遗言，将观君子之故俗。惜乎未暇培风于鹏翼，忽诸赴召于玉楼。人之云丧，文尚在斯。"可知此集为作者仙去后由森春涛整理遗篇而成，是为"表挂剑绝弦之诚"（鹫序）。集中有森春涛哭友诗《柳堂李君讣至诗以哭之》其一云："古来难得是名流，痛子骑箕挽不留。百锾曾辞粤南聘（原注：手书曰：将之日本，适粤南国王专使以书下，见招，固辞不受，仍拟作海东之行），一帆终欠海东游。诗褒义马时誉重，迹伴冥鸿勉节忧。纵使斯人捐馆舍，文章行谊自千秋。"又，据湘云关义臣哭诗之序曰："丁丑六月廿八日，柳堂李先生讣至，兼接其病中所寄手书，书尾有七律二首，凄然不堪卒读。"可知其为抱病西去。在湘云外史关义臣（1839～1918，号湘云，武士、政治家，曾就学于昌平坂学问所。有《秋声窗诗抄别集》传于世）作于乙卯重阳后一日的跋中，交代了李长荣与他、与森春涛交往的原委，以及该集成书的因缘,曰:"距今十余年前,余航清国广东,与卓少琼、吴贯之结交。二子称道李子虎诗,啧啧不释口(中略)无暇扣其门,以为憾。既而贯之来我横滨,再得相见。遂托贯之通书子虎,自时厥后,鱼雁往复,殆无虚舟。友人铃木蓼处,巧于吟咏者也,亦介余纳交子虎。唱酬之篇,汇然成卷。丁丑之春,子虎将游吾邦,寄诗于余与蓼处曰(中略)。未数月而子虎讣闻至,于是蓼处将校刻唱酬诸作以表绝弦之意。"可知李子虎并未游历东瀛,却是借乡人而结文字之缘于东瀛诗家。铃木蓼处(1833~1878),幕末至明治时代的儒者和汉诗人,师从森春涛学作汉诗。名鲁,字敬玉,有《蓼处诗文稿》等传世。他与李长荣也有诗文之交。关于李长荣与日本诗人的唱和活动,可以参考《被人遗忘的日本人八户弘光——十九世纪六十年代中日民间往来一例》(《国际汉学研究通讯》第2期,中华书局2010年版,第255~256页)。文中提到了日本人八户弘光整理的《李长荣笔谈资料》,包括李长荣等诗人与八户弘光的往来书信、唱和的诗、文等资料。

作者自序曰"倡予和汝,兴往情来。得诗若干篇,为《海东唱酬集》,纪实也。嗟乎万里相思,海外存知己。三生宿契,人间共有奇缘"云云。该集所录为李长荣与森春涛、小野湖山等人的唱酬之诗。如李长荣《奉报吟诗,寄请吟正》:"日东芳信柳堂驰,望远据怀快展眉。海外风骚全盛会,山中姓字独藏时。何来酒具兼茶具,况借师资及友资。岂独青琅玕有赠,美人都寄画书诗。"关于该诗集的成书过程,可参考陈捷著《明治前期中日学术交流之研究——清国公使馆的文化活动》(东京汲古书院2003年版,第23~30页)。

陈兆奎

撰有《表忠诗抄》三卷三册,清陈兆奎、印经、戴宏琦原选,尾张伊藤清民圭介抄,江户:冈田屋嘉七,嘉永四年(1851),花绕书屋藏版,伊藤圭介(1803~1901)。和装,汉诗。刻本长25.8厘米,宽18.1厘米,线装,封面有题签,题签长17.3厘米,宽2厘米。四周单边,单鱼尾,白口,半页八行,行十六字,版心处题:表忠诗抄及卷数+各题名。无页码。

内页注明出版信息:尾张伊藤锦窠抄,嘉永辛亥新镌,花绕书屋藏版。并有花绕书屋的圆形朱印。该书于明治三十二年(1899)三月三十日购求。伊藤氏在抄选时作了几首诗,以诗代序:"庚戌夏日太古山庄抄《表忠崇义集》

题其首（原集今节略之，因称表忠诗抄）"，摘录其中五首：

　　日午庭槐影渐移，黑甜一枕始醒时。悠然太古山房里，闲读清英酣战诗。
　　千秋愤恨满心胸，挥泪几人长表忠。一卷新诗未抄了，案头忽觉起腥风。
　　峙海舟山湾岛回，危崖骇浪激如雷。浙东屏蔽称天险，英贼却为巢穴来。
　　斡旋促浪火轮船，万里针程一水连。转瞬突唐惊众目，煤烟千丈直冲天。
　　妖氛毒雾锁吴淞，杰气凛然谁挫锋。十万军民弃甲遁，男儿唯有一莲峰。

　　诗中的"莲峰"就是指原任江南提督陈化成。该诗集是抄选表征杨化成为守城而牺牲的忠勇行为。集中有文有诗。正文中有句读标点，并有日语训读。前文附谕旨："道光二十二年十二月二十三日，内阁奉上谕，原任江南提督陈化成，潜在吴淞口，临阵捐躯，降旨赐恤。"并有宝山黄树滋所做的表忠纪实《陈忠愍公殉节始末记》："公讳化成，号莲峰，福建同安人。由行伍积军工，官至提督。（中略）道光二十年庚子，英伊因禁鸦片烟构乱，上谕沿海严防，调公为江南提督。（中略）赴松江，进提署才六日，忽闻英夷扰越，舟山失守，公立统本标兵，于六月初十日，驰抵吴淞口。（中略）既而客兵皆遁，夷匪水陆交攻，公竟中重伤，伏地喷血，随叩关而薨。春秋七十六。"

　　集中抄选了刘国标、许耀、杨廷栋、沈士桢、王兆均、朱镛、吴骥、黄钰等人的诗歌。后有眉山外史泽田师厚作于嘉永庚戌榴夏的跋，曰："英吉利，何猖獗，轮船擘海飞，来去殊疏忽。道光廿二年，侵逼江浙东，四月破乍浦，五月陷吴淞，火攻其所长，火器尤精绝。天狗连发万雷轰，黑云匿日乾坤裂，可怜百万海濒民，一时焦烂穷惨烈。嗟哉，清国纪纲衰，方面防御失机宜，禁阿片烟却贾祸，满地流血满城火，忠勇独见陈化成，一身屹尔为干城，宝山失守终殉国，芦中藏尸有刘生，表忠一集当青史，义胆常激热肠士，锦橐购获喜抄之，传播四方印万纸，君看此刻亦似并刀快，剪取吴淞半江水。"

　　最后一页还列出了伊藤圭介所抄选的其他集子，有出版广告的意味：花绕书屋藏版泰西本草名疏三册，英吉利国种痘奇书一册，乍川纪事诗二册。书贾：大阪藤屋禹三郎，名古屋菱屋藤兵卫；江户冈田屋嘉七。

张竞光

字觉庵，撰有《宠寿堂诗集》二十四卷，康熙五年（1666）序刊，石镜山房刊，八册。长25.2厘米，宽17.1厘米，线装，封面有题签。原帝国图书馆明治三十三年（1900）三月三十一日购求。刊本四周单边，单鱼尾，书耳：宠寿堂诗集。版心：卷数+页码。版心下方有"石镜山房"字样。乌丝栏，半页九行，小字双行，大字行十九字。第一册为序和目录，其余为诗，从第二册开始，各册部分间有红色句读标点，显然是阅读时留下的痕迹。有楚汉阳王世显所作序、同里顾豹文序、平江蔡方炳序、甬东陈鸿绩序、钱塘毛先舒序、陈祚明序、汉上戴扬祖序、回浦项继甲序，以及作者自序。次为目录。

综合各序，大致勾勒一下作者的生平。据顾豹文序："（觉庵）终日言或不一及诗，以是人莫能窥其际。盖觉庵生平不轻与人交，惟余及同学数子相与晨夕，垂二十年。"可知其性格较为孤僻，常埋头书卷，少与人交往，知己甚少。又据作者自序："余幼时闵然不敏，日侍先大人皋比侧。大人晚节扬镳，事著述者几五十余岁，时时揣摩，举子业手口提命，旦暮不遑，余虽好为诗歌，间取古人篇什，稍稍讽诵之，然迫于庭训，经史而外未暇旁及也。"可知作者生平致力于举业，并不专事诗。"先生家食时，命余往谒，自越抵吴，山川灵秀，颇怡人性情，余遂作诗数篇，奉教于先生前，先生反复叹赏，（中略）顷之，大人服官四方，奔走道路，余乃得从大人发丹阳，渡黄河，逾孟门，走宛洛，上泰岳，登金台，游恒岳，南自吴楚之墟，瓯闽之地，领略殆尽，胸襟豁然。"可知作者游历各处，得诗情以写意。其诗均采汉魏，古朴质直，如《招隐诗》《情诗二首》等，记游之作甚多。其诗如《春日杂兴》（卷二十一页1）："青甸传烟火，寻春度小桥。风光今日好，为我问渔樵。"有其侄芬所撰跋、侄孙纲孙所撰跋、侄曾孙沁所撰跋。

王成瑞

字云卿，著有《瀛台爪雪集》一卷，一册，线装，长23.7厘米，宽15.3厘米，四周单边，前面自叙部分有乌丝栏，正文部分无栏，粗黑口（正文部分为白口），单鱼尾，书耳处空白，版心处仅题页码，半页九行，行十九字。封面有题签，此为早濑已熊寄赠本，首页有"早濑"之印，寄赠于明治四十三年（1910）二月九日。内页仅题书名，有序无跋。书中有黑色、蓝色和红色的标点符号,显然是阅读时留下的痕迹。

该书有诗有评,开篇为《玉山行有引》,云:"东瀛玉山屹峙番界,高冠台澎,然人不恒见,见必获快意。事观察前,任台属厅县多年,亦仅于云天缥缈间见一二次。兹奉天子命巡视台甸,并授钺专征。于十月初三日,自竹堑拔营赴大甲,所过香山,汛至中港十五里许,遥遥盘旋山麓,凡山之横峰侧岭真面目,一一都见,喜不自胜,瑞随营在后奇观,亦得供奉,因赋长歌,志事业以预凯捷。"诗曰:"一峰昂首高插天,彩飞玉宇惊华鲜。石中蕴玉山辉出,光芒万丈腾眸前。初疑云生泰岱顶,须臾云散山依然。又疑峨眉积层雪,东宁从未花如拳。非云非雪何所似,但见日暖生青烟。惊沙尘风金闪烁,飞瀑溅雨珠勺圆。奇观应须夸海外,似将俗眼为洗湔。想见月明三五夜,山月一色光娟娟。恨不化作飞空仙,昔闻昆山宝片玉。况此琼璧纷堆填,大造精华亦秘洩。鞭石特遣东瀛边,五丁手擘所未到。至今不受人雕镌。上有虎豹之蹲伏,下有蛟龙之蜿蜒。人皆可望不可即,蛮犵亦莫登其巅。浑然元气皎云表,亭亭玉立超蓝田。海上神山本鼎峙,玉山独耸无比肩。台人生长在台地,恨多未见情空牵。使君昔时留爪雪,缥缈想望常狂巅。未见此山真面目,别后梦绕犹缠绵。今日统师来海国,一见山色欣抽鞭。高擎天半一玉柱,琪花瑶草相争妍。昔年恍惚徒梦想,豹斑今得窥其全。山色皎然作迎送,一十五里相环旋。例诸明月清风价,奇景不须买一钱。山灵献璞岂无意,对此豪兴尤腾骞。想必狼氛克荡扫,不日即解民倒悬。不然足以庇嘉谷,岂独多黍歌丰年。彦伦亦抱游山癖,失之交臂徒慕膻。纪程有诗恨败兴,囊中笔大空如椽。鲰生初来即获观,料亦早订三生缘。诗成多瑕请加琢,预送凯奏班师还。"

作者自序曰:"癸亥莫秋,定述翁观察兼提学使统师平台,招致戎幕三阅月,葳事次年春,即补行岁科试,张慎修明府、陈芍亭太守相继延余襄校贴括,闲获佳构,试律阙如,不事吟咏。其风气使然,爱于点窜,后如题每赋,一什并择,各属题之,枯窘者,闲拟一二,见猎心喜,聊志一时爪雪,若谓可作多士之津梁,则吾岂敢。甲子蒲节,平湖王成瑞书于赤嵌试馆。"据此可知,开篇的《玉山行》为作者被招入幕,随军出征途中看到玉山而作。戎事之后,于试馆中教授举业,偶得一二篇章,即示友人,刊刻时,每诗之后均附评赏之语。

姚朋图

字古凤,著有《扶桑百八吟》,杨让木校刊,中华书局,民国十六年(1917),石印,一册,线装,长26厘米,宽14.9厘米,封面有题签。内页题曰:"云在山房校印扶桑百八吟俞复署签"。刊本四周单边,单鱼尾,版心:题名及页码。细黑口。乌丝栏,半页十行,行二十四字。有杨寿枏序,有唐文治所撰《姚君柳屏传略》。最后有版权页。由传可知,作者"字柳屏,一字古凤,姓姚氏,江苏镇洋人"。乙巳之冬,作者与杨寿枏出使东瀛,参加大阪的博览会,此为作者在日本期间的所见所闻,以诗的方式记录下来。如:其中第二十五页有诗云:"火山化作千寻雪,沧海填成十亩园。世事盛衰何可说,有人落日望中原。"后附有说明文字:"富士山高一万二千四百七十四尺,为国中第一高山,顶形如盂,终年见雪,昔为喷火山,今东京浅草地旧亦沧海变为桑田,至今海苔犹以浅草名也。"又,同第二十五页:"火树银花绣陌连,衣香鬓影阗阗。烛龙忽作凌风舞,咳唾繁星落九天。"后有说明文字曰:"烟火亦名花火,之作精妙,视广东所制为胜。岁以五月至七月为施放之期。(后略)"

该诗集体式类似黄遵宪的《日本杂事诗》,所记均为日本之事之物,且于诗之后,每缀文字,重在说明,便于理解。

于振宗

于振宗(1878~1956),字馥岑,河北枣强人。光绪举人,后赴日本留学,回国署赵城知县,任天津实业厅厅长。工楷书。著有《逸馨室诗文集》等,其《旅东吟草》一卷录其1904~1911年留日诗作,1920年刊,中国国家图书馆有藏。于氏著有《旅东吟草》,民国九年(1920)六月序刊,石印,一册,线装,长26.2厘米,宽15.2厘米,四周双边,单鱼尾,细黑口,版心:页码。乌丝栏,半页十一行,行二十六字,有句读圈点。有序无跋,无目录。序为作者自序,据序曰:"甲辰秋间,东渡留学,暇则刻烛为诗,自写胸臆,间与海邦骚客杯酒联吟。(中略)辛亥之秋,卒业回国。(中略)日前偶检故簏,觅得留东时诗稿多篇,每一披阅时,觉十年前之陈迹历历在目,虽拙稿已多残缺放失,然昔年雪泥鸿爪,尚见一斑,爰即诠次其年月,录成一帙。"可知该集所录,为作者旅东留学期间所作。如《寄赠禾原侍郎即用其寒翠庄青字韵》（页12）："天地蜉蝣梦未醒，六年风月等闲经。鬓因尘污无多绿。灯为诗成分外青。瓦釜声惭鲛室鼓，阳春曲在风池听。穷途老阮忧才尽，更向江郎笔乞灵。"与永井禾原的酬唱之作，还有页30《腊月十九日禾原开筵于来青阁，为东坡作生日，折柬见招，席上用宋牧仲祭苏诗原韵，赋七古一章》，另有《寿苏席间森槐南询余近作口占答之》（页30）等等，可见作者与日本汉诗人的交往唱和之密。

林旭

字暾谷，著有《晚翠轩诗》（附清沈鹊应《崦楼遗稿》），光绪二十五(1899)年序，一册，墨巢丛刻。长26厘米，宽15.1厘米，线装，封面有题签。有作者林旭遗影一幅。有李宣龚序、陈衍序。四周单边，双鱼尾（对鱼尾），书耳：题名。版心：页码。版心下有"墨巢丛刻"字样。乌丝栏，半页十行，行二十一字。林旭为戊戌六君子之一，年仅二十四岁就因变法失败而就义。该集有"晚翠轩补遗诗十三首、崦楼补遗诗十四首，并检涛园冯庵二长者题记辑为一卷，益以暾谷手简及其应试文字"（李序）。有《闽候县志列传》中的林旭传记。

陈尔锡

字壬林，著有《半隐庐诗草》，民国十七年（1928）刊，石印，一册，长26.2厘米，宽14.7厘米，线装，有作者作于"戊辰秋"的自序一篇，无跋。四周双边，单鱼尾，版心题：半隐庐诗草及页码。粗黑口。乌丝栏，半页十行，行二十四字。最后一页天头处有正误文字。刊刻单位不明。作者年少时赴日本游学，后归国任职。其书斋名曰"半隐庐"。序曰："余校印先君遗稿竟。端阳王子谓余曰：子之为此，将以继述也。若以子所作列于尊公集后，则犹继述之大者，谁谓非宜。顾先君在日，余于诗道虽粗闻概略，而失怙既早，旋又求学海外，游宦国中，更无暇殚精及此，时有所作，大都成于枕上，或舟车之间。"可知作者刻印这部诗集，是为"继述"而作。诗集无目录，大概按照时间顺序来排序，以赴日—归国—再赴日—再归国—国中官宦生活为序。如页2《将之日本夜泊昭潭》："出门才一日，乡思已千周。亲老时多病，身孤况远游。枕浮双鬓泪，灯暗四山秋。回首昨宵话，白云天际流。"把思乡思亲的感情描写得深入而动人。

黄璟

南海人,字小宋,编有《东瀛唱和录》,清光绪二十八年(1891)序刊,石印,一册,长22厘米,宽13.7厘米.封面有题签,题签长21.7厘米,宽4.3厘米。题签书名由孙家鼐题字。线装。四周双边,单鱼尾,粗黑口,版心仅题页码。乌丝栏,半页十行,行三十二字。天头2.9厘米,地脚1.4厘米。有定州王瑚的序,后有庞鸿书、孔宪邦、萧遇春、吴籛孙、荒浪坦、薛廷榮的题词(诗)。

据序言可知,该唱和诗集是黄璟奉命随员到东瀛视察农业时,与同行诸人,以及日人所做的唱和诗。序曰:"瑚始从孙亦郊观察处识小宋观察。亦郊每道其官河南时,治河劝农,捕盗兴学诸善政,心窃慕之。壬寅夏,当道振兴农务,而以观察总其事,瑚与同乡诸君得参末议,(中略)其所为诗,皆写性灵也,(中略)又为民辟新机赴东瀛购农器,考查其所以富强之故,往返万余里,勾留三阅月,研究靡遗,精勤不倦。而彼邦士大夫皆以得接风采为欢,乞诗书画者,日不暇给。并梓其《东瀛唱和录》,争相传诵。"

开篇为黄璟所做的《和吴缄斋观察韵》:"上上农田属冀州,新翻花样更东游。我行我法难藏拙,谁是谁非尚待诹。好似槎轻追汉使,也同年少步瀛洲。惊人佳句装行色,盼到归来天地秋。"

该唱和集收录了多人的作品,除了黄璟,还有中日诗人吴家修、杨毅成、孔宪邦、沈艾孙、沈守廉、吴汝纶、森太来、岩溪晋、永井久(永井禾原)、长冈护美、永阪周二、江木衷、森川键藏、菊池晋、内野悟、荒浪坦、吴启孙等。无跋,最后为正误。

陈哲甫

与副岛种臣等编著《红叶馆话别图题词》,清光绪十八年(1881)序刊,石印。刊本长26厘米,宽15.1厘米,四眼线装,四周双边,单鱼尾,粗黑口,版心:序/题/附+页码。天头5.6厘米,地脚2.7厘米,乌丝栏,半页八行,行十八字。无目录,首页有"横崛藏书"正方形朱印。该刊本有序无跋,序有王韬作于光绪十八年(1892)古重阳后七日的序、石川鸿斋作于明治二十三年(1890)庚寅冬日的序、西岛醇梅作于同年冬日之序。石川鸿斋的序较为详细地介绍了该书的来历,曰:"大清国参赞陈先生哲甫观察停骖我国七年,(中略)今也先生任满将归国,(中略)濒行,出小蘋女史所画红叶馆话别图索序于余。(中略)先生少负不羁才,有澄清天下之志,当甲申之岁,佛兰西犯顺闯入闽垣,先生时以中翰供职京师,伏阙上书,慷慨激烈,感动满廷,为南皮相国张公所赏。适值前公使六合,徐公奉命来驻我国,遂辟先生为参赞。(中略)窃尝谓清日为亚洲唇齿之国,断不可因细故而致乖辑睦之谊,使旁观局外者得以窥觎,媒糵其间。先生深以为然,其与我国大臣酬酢交际,率体此意以周旋,七年如一日焉。(中略)丁亥冬三年任满,今公使遵义黎公又来我国,知先生之才,请于朝,坚留之。(中略)严太史芝僧,大清名宿也,尝赠余《墨花吟馆诗集》,内与先生唱和之作最多,极为推重。太史因先生而爱及余之诗画,虽隔海万里,时相函索。余曾为绘辑志四图,灾之梨枣,遂不得藏拙,贻笑于上国名流,为可愧耳。而先生代为揄扬于太史之前,推友以及我,(中略)都下同志百余人谋饯于芝山红叶馆,以申别悃,先生因绘此图示余。"从中可知该书的来历,与陈哲甫有很大关系。黎庶昌出使日本期间,与日本汉诗人的交流密切,多次与日本汉诗人饮宴唱和于红叶馆。石川鸿斋与严太史的鸿雁往来,也是中日近代诗文交流史上的一段佳话。

西岛醇梅的序则又交代了更多的时代背景:"大清出使参赞观察陈哲甫先生驻日东已七年。今兹庚寅十二月属瓜代之期,将归其乡,嘱小蘋女史绘红叶馆话别图。馆在芝山西南,翼然而高耸,其地往昔为枫树之丛,德川将军大猷公所手植,(中略)节使莼斋黎公每岁宠招都下名流,觞咏于此。"

序之后有"红叶馆印"双边方形朱印。有俞樾(时年七十有二)的题字,有日本女史野口小蘋所绘的一幅《红叶馆话别图》。该书不仅收录了日本汉诗人的作品,如向山荣、宫岛诚一郎、森槐南、本田幸之助等,还收录了朝鲜人的诗,如李鹤圭(寿庭)、金夏英,此外还有几位清人的作品,如大兴张滋昉、遵义刘庆汾、侯官卢永铭、会稽陶大均的诗。如张滋昉所作的诗之一曰:"高馆离筵清夜开,瀛洲仙侣共登台。三神山有秦人迹,万里源从禹域来。画壁双鬟歌妙什,凌云百尺擅雄才。那堪枫落空江冷,客里同倾话别杯。"

观云蒋

诸暨人,字智由,著有《居东集》(诗集)二卷,上海:文明书局,清宣统二年(1910)石印,一册,长26厘米,宽15.1厘米,线装,封面无题签,封面左上角直接墨书"居东集"三字。有简短的序言，无跋，最后一页有版权信息。刊本四周单边，乌丝栏，单鱼尾，版心：蒋诗＋卷数＋页码。半页十行，行二十二字，无句读标点。

序曰："删存在日本时所作诗。约始自光绪丙午丁未间，至宣统元年己酉冬止。其以前见之报及题书诸诗，概未录入。己酉后所作续刊。"序后为目录，诗有《好山》《一哭黄金台》《天道二首》《东海》《秋风》《咏史》《旧国》《浩浩太平洋二首》《梁甫吟》《五岳读书》《扶桑歌》《静冈》《由日本回望中国》《见山》《宇治川口》《三井寺望琵琶湖》《长野锦溪山》《玉手山》《和歌山和歌蒲及纪三井寺》和《姬路药师寺》等等。如：页1《好山》："平生慕至游，好山为余乐。年少尚奇峻，峰峰踏吴越。及长意未衰，所至寻丘壑。古云蓬莱山，高浪连天麑。仙人所往来，金银丽宫阙。余构时俗弃，窜身东海曲。手把扶桑枝，沧浪濯我足。徒倚方丈云，啸傲员峤月。翻觉世路狭，差喜天宇阔。独有故山心，展转不可掇。白云从西来，了知是乡国。中夜梦还归，身飞绕五岳。"

页11《五岳读书》："抛却名山计尽迁，丹崖绿壑麑天愁余。拂衣终谢时人去，五岳中间吾读书。"

页16、17《由日本回望中国》："扶桑拂影连西海，郁郁葱葱佳气间。直走溶溶双戒水，高临岳岳五名山。赤城霞气通方丈，青岛烟痕接下关。挥手直凌衣带水，使君草绿可曾还。"

该书最后一页的出版信息有："宣统二年庚戌文明书局印定价大洋三角五分寄售处北京琉璃厂第一书局上海棋盘街文明书局及各分局上海棋盘街会文堂。"

魏禧

安积艮斋辑刊了魏禧的《魏叔子文抄三卷》三册，线装，和刻本。长26.2厘米，宽18.3厘米，封面有题签，内页为绿色，上书：弘化丙午新镌魏叔子文抄江都见山楼藏版。有福山小岛书、安积艮斋撰，作于天保七年（1836）丙申嘉平月的序，序曰："清初诸儒之文多可观，而侯朝宗、魏叔子、汪尧峰尤为杰出，当时学者称为三大家，而徐述斋推叔子为第一，盖以其识力过二子也。（中略）其文足以行远而垂久也，安知其果不行于百世之下乎哉。顷，余读三家之文，而于叔子尤爱之，因扱其粹为三卷，以盼同志云。"由此可知，安积艮斋爱慕魏叔子的识力和文采，并有感于明末清初易代之时，魏叔子的洞见和立场，对于明亡后隐居山中著述的魏叔子的境况和心情深有同感。

序首页右上角有方形朱印一枚，暂未辨何印。另，右边中间处有"太室"圆形朱印，估计是藏书者之印。

该刊本有目录，分为上、中、下三卷，刊本四周单边，乌丝栏，细黑口，双鱼尾（对鱼尾），版心：书名+卷数+页码。半页十行，行二十字，有训读，有句号型和顿号型的句读标点，天头处偶有方框框起来的简短的解释说明。第三册最后一页为版权页，上书：嘉永二年巳酉五月，发兑书林：京都寺町通五条上藤村治右卫门、大阪心斋桥安堂寺町秋田屋太右卫门、江户大传马町二丁目丁子屋平兵卫、同日本桥通壹丁目须原屋茂兵卫。

陆楙

当湖人，字林士、匏湖，撰有《鹊亭乐府》四卷，四册，康熙二十五年（1686）序刊，线装，长24厘米，宽15.6厘米，封面有题签，刊本四周单边，粗黑口、单鱼尾，版心：书名+卷数+页码。半页九行，行十九字。序首页有"东京书籍馆"圆形朱印、桑名文库长方形朱印、立教馆图书长方形朱印、白河文库长方形朱印。明治九年（1876）由文部省交付收藏。此为词曲集。有澹归今释序、蔡启僔序、朱彝尊序、肯堂序。有目录。据朱彝尊序曰："元人小令之工，至张小山而极矣。散套之工，至马东篱而极矣。白仁甫、郑德辉、李致远又其次也。世所传太平乐府阳春白雪集，以元人选元曲，其赏音自别今之为曲者，（中略）观陆明府林士所作庶几不失承安盛元之体，（中略）试令善歌者按其声，其朝阳鸣凤乎，其田风珮环乎。小山东篱当不得专美矣。"由此可知此集为长短句，合曲调唱乐之作，如其卷一页14百年歌（正宫）云："绵途寻半及，如月悄中更。稠鬓可怜偏，遮教微霜映。"

李汝谦

济宁人，字一山，著有《螺楼海外文字》，民国五年（1916）序，石印，一册，长21.1厘米，宽13.8厘米，线装，封面有题签，题签用纸为红色，有底纹，上面墨书"螺楼海外文字"。有护页一张，左下角手书："李一山先生赠。梁世英。"刊本四周单边,无栏,无鱼尾,版心下仅题页码,书耳处题书名,半页八行,小字双行,大字行二十四字。有作者自序,无目录,有肖像两幅。集中有文有诗,多言东瀛事,其中四十八页到六十一页为"东游杂咏(并序)"。如"樱花时节试春衣,士女扶携带醉归。水畔屐声蛙两部,林边裙影蝶双飞。"(页52)

又如页46《早发斗母宫将尽览泰山之胜,时方卸篆故也》:"晓雾涳濛作雨飞,清寒渐著佛灯微。鸡声眠起相终始,鹊语悲欢听指挥。幸有日光开我抱,深惭云气逼人衣。萧条身世知何似,贪看秋山看转悲。"

新新日本杂事诗

2012年博士毕业后，在一所师范院校任教。当时，我就开始关注黄遵宪的《日本杂事诗》了。《日本杂事诗》被称为《日本国志》的姐妹篇，是记载日本的历史以及明治时期的风俗、社会、明治维新各项举措的，是优秀的史诗作品。2015年，我在东京都立中央图书馆阅读古籍时，发现了乐恕人仿照黄遵宪的作品而作的《新日本杂事诗》，且加上了日本风情的照片，甚是生动。我向来嗜书爱诗，忍不住东施效颦，作《新新日本杂事诗》。今摘录一二，略见日本访书之心路历程，并作为拙著的跋。

家 书

一

日读古文东海边，忽见窗外是晴天。谁家儿女语不停，使我乡愁一线牵。

二

夜灯如雪影相伴，街树犹待春共暖。直到樱花烂漫日，与儿摘取一片天。

三

掩卷出门夜已深，一碗面条一寸心。女儿争看烟花放，却是中华元宵灯。

刚来日本时，虽然天天去阅览文献，过得充实，但也常常想念家乡亲人。

东瀛访古籍

不求韵律工,但要心意通。千百年前语,海东寻旧踪。

小竹向原早梅

寻寻觅觅此路中,梅花开得一树浓。春天何处问风雨,暗香飘来止萍踪。

三月的一个周日早上,东京板桥区小竹向原车站附近,梅花傲放。

东京樱花

一

春来樱花叠云烟,雁过碧空一线连。莫愁前路无风景,人间又到艳阳天。

二

处处风景处处光,绿叶又伴春姑娘。寻常粉黛皆不见,惟有梅樱满城香。

夜 樱

才觉梅花早,又见樱瓣飘。风来花吹雪,芳庭立中宵。

三四月之交,公文书馆旁的北之丸公园樱花满开,绚烂夺目。午饭时路过,惊讶于怎么满园人来人往,抬头,方见樱花满开!实在太美了!难以言表。而人来人往,三五成群,花见之日,甚是热闹。

伊藤园绿茶

书香茶香伊藤家,绿意荡漾随年华。那堪一树婆娑叶,来对旧时满庭花。

国会图书馆六楼有一家便利店。我每每吃了午饭就在那里逛逛,不买东西,逛逛也是美好的,一是消化满腹的拉面,二是享受那满货架整整齐齐的精致。日本店面小、干净、幽雅。十月的一天,我买了三盒伊藤绿茶,袋装的,去上课的时候带一包,泡着喝一天,很方便。此后几乎每天都喝这种绿茶。茶香清淡,绿意盎然。宁静的美好。

板桥陋室铭

一板一木一石阶,二分绿萝绕篱笆。最是午后艳阳里,玻璃琥珀东京呀。

寓居一室,位于东京板桥区,斜对面是日本大学游道部。楼下石阶两边满植花草。每周周日,都有一个园艺工人来打理,清扫落叶,修剪枝条,做得一丝不苟。我常常想起夏天时和宝宝一起到楼下散步,都会在这石阶旁的花草间流连。午后晴好的话,整个建筑沐浴在阳光中,仿佛玻璃琥珀。

宝 宝

咿呀学语宝宝乖,保育园中爱玩耍。散步归来歌一曲,吃饭拍手感谢啦。

要学习和工作,所以平时宝宝在保育园里。保育园里很多玩具,宝宝喜欢和小伙伴们一起做游戏。每次散步回来,吃饭之前,老师们都会弹一曲,小朋友们听了之后鼓掌,对面前的食物和老师表示感谢,才开始吃饭。下午还有点心和麦茶。下雨天无法出去玩耍的时候,就在屋里跳舞或者讲故事、做游戏。

11月23日,东京雨

一点一滴听心声,谁道人间最冰冷?看取乌云暴雨外,尚有一树枫叶情。

深秋到东京都立中央图书馆

穆穆清风满地荫，纷纷落叶转低吟。千回百折入风景，分得阳光一树金。

咏东京红叶

一株秋秀满庭轩，万种风情到碧天。莫说岁寒无好景，欣然红叶正当前。

每过学艺大学，即见红枫一树，立于门庭廊边，虽岁暮冬寒，然满眼红枫，欣欣向荣，冬季美景，尤觉醒目。所以提醒自己：勿忘人生也要如此，虽寒而不屈，愈寒应愈美。

咏驹场公园大名和室

曲径回廊几重天，红枫银杏百来年。榻之米上茶香远，萦绕东瀛梦里牵。

12月9日于前田育德会查阅孤本文献。前田育德会在驹场公园里。时值冬寒，有银杏一株立于园中，金叶如扇，翩翩婉转，自然美景，过目难忘。

记学生反战运动联盟

举牌呐喊反战篇，时局不稳心绪添。莫把世事窗外挂，大学诸君勇当前。

12月12日，周六，到国文学资料研究馆听学术讲座。出了立川站，看到一些大学生举牌呐喊，反对安倍破坏宪法九条，反对安保法通过，反对任何战争。

虽然距离安倍政权强行通过安保法已有一段时间，但日本各地还时不时掀起反对运动，坚持他们的立场、表达他们的心声。多年来不问政事的大学生们，自此以后积极地参与这场活动。他们的勇敢和坚持让人佩服。和平，真的很重要。

记国际交流基金恳亲会

相知扶桑举杯盼，各国发言研讨欢。不问东西或南北，交流理解众心宽。

2015年12月11日，日本国际交流基金会在新宿为各国研究者、学生举办了交流宴会，宴会前是各国研究者就日本研究的发表，大家畅怀讨论，然后饮酒、用餐，增进了相互的理解，也听到了同行的意见，大家都很高兴。与会者来自不同的国家，却都彬彬有礼。相互尊重、和平探讨，很重要。

同姓别姓之争

明治遗风今尚在，夫妻同姓宪章载。夫人若要留原姓，须等法庭来判裁。

女子婚后需改姓，即与丈夫用同一姓氏，这是明治时代的法律规定的，沿袭至今。2015年12月中旬，由于一位女子提出婚后要保留原来的姓氏，而引起了大家对于婚后女子是否可以与丈夫别姓之争，NHK新闻对此作了报道，众说纷纭。最高裁判所做出判决认为：夫妇同姓符合宪法规定，不承认夫妇别姓。

由于当今社会变化快，夫妻离婚的情况时有出现，所以近几年夫妇别姓引起了关注。NHK采访时，不少女子认为夫妇别姓比较合理。此时，我恰好在一本汉语教科书《はじめての中国語》（野村邦近著，东京株式会社ナツメ社，2014年版）中看到附录的中国文化介绍，其中一则是"中国是夫妇别姓的先进国吗？"（页193）文中面向日本人介绍了中国自古就有同姓不婚的风俗，现代社会，夫妻结婚后妻子也不改姓，孩子跟父姓或是母姓都可以，但多数是跟父姓。可见夫妇同姓或者别姓确实引起了日本社会普遍的关注，不少人倾向于别姓。

富士山遐想

屹立东海千余年,疑是蓬莱雪中仙。休管舟楫无系处,银河莲峰在眼前。

我住的地方不远,就是富士见町,顾名思义,以前从这里可以看到富士山。现在高楼耸立,在东京都内想看到富士山是很难的了。但地名保留了一段历史。每次坐巴士经过富士见町,报站名的时候,我常常浮想联翩,脑海中出现富士山的面容:雪岳莲峰。

"地球上的好朋友"日语教室

日文教室板桥区,世界友人来相聚。内田老师志愿者,退休教学多乐趣。

一丛白发杏坛志,两盏清茶韵如故。夕照无边心意长,举头好与晴天遇。

内田和正老师退休七年多,一直在板桥区的志愿者中心义务为外国人教授日语,他并不富裕,却从不收取分文。还有许多六七十岁的退休老人,也有二十几岁的日本大学生来这里教日语,或者陪外国人练口语、辅导中小学生功课。比如大塚和古比老师,就是我的口语会话老师。另外还有许多老师,我都叫不出名字来。内田老师的学生,百分之九十八都是中国人,年龄最大的学生有六十多岁,年龄小的,有二十岁左右。我自2015年五六月间到志愿者中心学日语,成为内田老师的学生。他不仅讲语法、词汇和敬语等知识,还给我修改论文和日语口头发表原稿,认真负责,细心之至,对我的帮助很大。这些老师,都是我永远铭记和感激的。

不上锁的研究室
——致谢

经师兄周生杰教授的介绍,我到苏州大学从事博士后研究,导师就是马亚中教授。第一次见面的时候,刚好是午饭时间。我和先生想请老师吃顿好的,但又不熟悉独墅湖校区周围的环境,让老师挑地方,老师说下午还要上课,随便吃点就行。我以为是客套话。没想到,他开车把我们送到的地方是一家类似真功夫的快餐店。席间他一直在谈研究相关的话题,二十多块钱的一顿快餐,他还要争着付款。我在国内从来没有和一个博导吃过一顿二三十元的快餐。而这却是我给马老师的见面"招待宴"。周师兄说得没错,马老师就是学生们的"大朋友"。

当我得知他最近在做他的恩师钱仲联教授所编著的《清诗纪事》续编工作时,我主动请缨,要承担其中海外清诗的部分。他欣然答应。

为了这项研究,我来到了日本,到了东京学艺大学佐藤正光教授的研究室。

从学艺大学正门进去,直走,走进迎面的第一栋教学楼,穿过自动门,左转,再走一会儿,就到了佐藤教授的研究室。

研究室不大,四壁摆满整整齐齐的书籍,书架高到天花板,有一把简易的梯子靠在书架旁,拿上面的书籍时,就不得不借助这把梯子,不用的时候,就折起来,节约不少空间。除了四周的书架,中间靠后一点,还有两排高高的书架并立着,塞满了书:二十五史、古今图书集成、十三经、汉语林、全唐诗、全宋诗、康熙字典、大汉和字典、大辞海、舶载书目……佐藤老师的办公桌就在中间两排书架之后，一张方桌，一台大屏幕触摸屏电脑，一把椅子，放在不同格子里的文件、资料，还有一个挂外套用的简易衣架。书桌旁，有小型冰箱、微波炉、开水瓶，老师忙的时候，就在这里吃个饭团、冲杯咖啡当作午餐和晚餐。

若要从右边墙壁的书架和中间的书架之间穿过，到佐藤老师的办公桌前，就要微微侧着身子才能走过去。

此外，只能放下一张长方形书桌了，打开门就到这张书桌前，四周放了几把椅子，还叠着五六把靠着书架。选课学生不多的时候，师生就坐在这里上课。

门的左边，是一台兼打印和扫描的仪器。门口外，还时不时摆着几大箱的书籍，等着上架。

大家都知道，这间研究室的钥匙，放在走廊上一个信箱里，用磁铁固定在信箱顶上，谁要用研究室里的资料、打印机，都可以随时来。出来时再锁好门，把钥匙放回走廊的抽屉里就行了。若是借书，老师不在没关系，只要在门口右边挂着的一个本子上写上姓名、所借的书名、日期，就可以了。

所以研究室相当于是不上锁的。假期也如此。

当然，不说的话，谁都看不出，这还是一间校长办公室。佐藤老师兼任附属高中的校长。不过他基本不在这里处理附属高中的工作，这里只是和大家一起研讨、上课的地方。

每次上课，四周的书架就会跟着热闹起来。中国的学生也好，日本的学生也好，都非常准确地知道书籍的位置，都非常熟练地抽出一本本书籍，翻开，找出资料中出现的每个典故。有一个字的异文，都会被发现、被讨论，有时一个字会被讨论两个小时。

没有现成的教材。用的都是原典。比如，讲夏目漱石的汉诗，夏目漱石的汉诗集就是教材，而学术界研究夏目漱石的论文、专著等，就是这门课的辅助材料。讲汉乐府、讲六朝诗歌也是如此。

一节课一个半小时一首诗。训读、朗读、字词句的注释、现代语释义、提问、回答。学生轮流主讲，老师则在一旁听，不时提些问题，或解答一些问题。

有时会因为一两个词卡在那里讨论半天，未能理清，老师就微微笑着说，那么下次我们再把它好好讨论一下。一个字，通常能做出几页纸的考究、释义、本义、衍义、引用例。一字一句地读，一字一句地解释。学生课后一周的努力，化作课堂发表一小时，就像一盒芝麻摊在桌上，老师让学生一粒粒地慢慢地捡起来。捡起来了，发现是个大西瓜。期末的时候，大家都有相当不错的成绩。期末学生写篇论文或者报告，加上平时的课堂表现，就是期末成绩了。

因为住得远，有时候要写自己的报告，有时候要赶到保育园接宝宝，有时候是偷懒，我并非每次课都去旁听。不过佐藤老师总是微微笑着，坐在学生中间。所以来来去去，我都感到很自在，没有任何拘束。

在这个不上锁的研究室里，一切都慢下来、静下来，远古传下来的经典，就这样被大家轻轻打开。

感谢在这里自由而开放的研究。此外，感谢我求学路上每一位老师的帮助，比如硕士导师李寅生教授、博士导师曹旭教授、日语教室内田和正老师、大塚和古比老师。也感谢周生杰师兄的一再鼓励和赐教、杨瑞师姐的不断督促、谭燚师姐的安慰和提醒。也感谢写作教研室的同事杨昊鸥对我研究的支持，在我出国访学期间，一人承担了教研室的写作课程任务……也感激去各个图书馆查资料迷路时，不知名的路人热情而细心的引路……无以言表的感激之情溢满心间，使我不断努力，不敢懈怠和放弃。

当然，最要感谢的，是我的母亲邵翠霞和我的宝宝糖糖（大名"年涵钰"），她们在用自己的方式支持着我，让我完成了研究任务。这枚小小的研究果实，也是要献给我的母亲和女儿的。如果没有母亲无怨无悔的支持和帮助，尤其是帮我照顾女儿，我是没法工作的。所以，最深的感激要给母亲。

感谢东京的保育园，让我在日本既可尽为人母的责任，也可以继续从事热爱的学术研究和文学创作。

也要感谢每一位读者，希望这本小书能够起到抛砖引玉的作用，中日文学交流是一个说不完的话题，期待着更多的研究者从事这一项研究，得出更多的成果。